Director
Javier Ruiz Portella

Así no fue. El pasado no fue lo que tantas veces creemos que fue. Las ideas y ansias que nos mueven no tanto las de los historiadores: las de la época marcan nuestra visión del ayer. Y la deforman, la falsean. ¿Inevitablemente?... Evitarlo en toda la medida de lo posible: tal es el propósito de la presente colección.

¿Fue, por ejemplo, la Edad Media esa época cuyo «oscurantismo y tinieblas» se ha convertido en el más socorrido lugar común? ¿Era la vida en el Antiguo Régimen todo lo estrecha y mísera que le puede parecer al hombre actual? ¿Fueron Grecia y Roma períodos marcados exclusivamente por el esplendor artístico de la primera, y político de la segunda? ¿Es la historia de España la de ese país tiránico y lóbrego que la leyenda negra pretende... y que tantos españoles afirman hoy? Hasta que se unieron las coronas de Castilla y Aragón, ¿eran Cataluña y el País Vasco naciones enteramente desligadas de *Hispania*, como la llamaban romanos y visigodos? ¿Fue nuestra guerra civil una lucha por defender la democracia... o por hacer triunfar la revolución comunista?

Preguntas no faltan. Abordarlas con el máximo rigor es el empeño de esta colección. Lo es también plantearlas sin nostalgia, pero con la vista puesta atrás: sabiendo que, contrariamente a lo que imaginamos, el pasado no pasó: su memoria sigue marcando, de múltiples y enrevesadas maneras, nuestro presente. Lo marca incluso cuando el pasado, por ejemplo, les permite a nuestros contemporáneos encerrarse en su presente, jactándose de los progresos materiales de hoy y vilipendiando las penurias técnicas de ayer.

No hay que vilipendiar el pasado pero tampoco hay que glorificarlo. No hay que caer y aquí no caeremos en la nostalgia «pasadista» por la Arcadia perdida que nunca nadie conoció. Pero tampoco hay que caer en el «progresismo»: esta visión que concibe el tiempo como una flecha que, despegada de la memoria, se lanza recta hacia el futuro, avanza hacia el «progreso», prosiguiendo esa imparable marcha en la que arrasa ancestros, arraigos, identidades... Como si, al nacer, los hombres apareciéramos en el mundo por primera vez.

Títulos de la colección

1. Pío Moa. *1934: Comienza la Guerra Civil.*
2. Rodolfo Vargas Rubio. *La libertad de costumbres en el Antiguo Régimen* (de próxima publicación).

Otros títulos

- Pierre de Bourdeille, Seigneur de Brantôme. *Bravuconadas de los españoles.* Estudio introductorio y traducción de Pío Moa.
- Miguel de Ferdinandy. *El emperador Carlos V.*

Pío Moa

1934: Comienza la Guerra Civil

El PSOE y la Esquerra emprenden la contienda

Pío Moa

1934: Comienza la Guerra Civil

El PSOE y la Esquerra emprenden la contienda

Prólogo de Stanley G. Payne

Coordinación general:
Javier Ruiz Portella

ALTERA

Primera edición: octubre de 2004

Diseño gráfico de la cubierta: Jordi Xicart

Imagen de la cubierta: fotomontaje de la Cámara Santa de la catedral de Oviedo y de un mitin de las Juventudes Socialistas y Comunistas

ISBN: 84-89779-59-7

Depósito legal: B- 38214 - 2004

Ediciones Áltera, S. L.
Comte d'Urgell, 64
08011 Barcelona
Tel. 934 519 537
Fax 934 517 441
editorial@altera.net
www.altera.net

Impreso en España por Novagráfik, S. L. y G2B, S. L.

A nuestros muertos. A todos. A quienes, alzados en 1934 contra la República, cayeron atacándola, y a quienes frente a ellos perecieron.

Existe un arma peor que la calumnia, y es la verdad.

TALLEYRAND

Se está contando a los españoles —con todos los recursos del Poder y de las técnicas— lo que han hecho y lo que les ha pasado de una manera irreconocible [...]. Podría pensarse que después de haber mostrado la guerra desde la perspectiva de los que la ganaron, ahora se la ve desde el punto de vista de los que la perdieron. Pero no es así. La visión que se está dando es particularmente desfiguradora desde la perspectiva republicana.

JULIÁN MARÍAS

Índice

Prólogo

Stanley G. Payne

TODOS LOS GRANDES HISTORIADORES, tanto si se sitúan en la izquierda como en la derecha, están de acuerdo en que la insurrección revolucionaria de 1934 significó el inicio de la violenta polarización que, dos años después, explotaría en la Guerra Civil española. A partir de entonces la polarización fue aumentando cada vez más, avanzando inexorablemente paso a paso hasta llegar, como si de una tragedia griega se tratara, a su desenlace final. El 70.º aniversario de la insurrección constituye, por lo tanto, un momento muy adecuado para volver la vista atrás e intentar comprender el papel que la insurrección de 1934 desempeñó en la caída de la República democrática.

La tradicional alegación de la izquierda para justificar el asalto contra la República democrática ha consistido en decir que las fuerzas izquierdistas actuaron exclusivamente a la defensiva, tratando de evitar que la derecha asaltara la República. Nunca, sin embargo, se ha presentado la menor prueba de que la derecha proyectara efectuar dicho asalto, aceptándose ampliamente en la actualidad que las fuerzas católicas de la CEDA eran absolutamente respetuosas de las leyes y trataban de modificar las instituciones políticas exclusivamente a través de medios pacíficos y parlamentarios. La verdad es, con toda claridad, que ninguno de los cinco intentos de derrocar a la República llevados a cabo entre 1932 y 1934 —o sea: ninguna de las tres insurrecciones de los anarcosindicalistas, como tampoco la débil intentona de Sanjurjo en 1932 y la de los socialistas en 1934— constituyó una respuesta a una auténtica crisis o a una violenta amenaza procedente de las fuerzas opositoras. Cada una de estas acciones representó un intento de apoderarse violentamente del poder, y el hecho de que cuatro de estas cinco intentonas provinieran de la izquierda no hace sino indicar la escasa estima que la izquierda radical sentía en aquellos tiempos por la democracia.

No existe hoy un historiador español mejor calificado que Pío Moa para analizar la insurrección de 1934 y situarla en su adecuada perspectiva. Desde la publicación de su primer estudio de historia, *Los orígenes de la Guerra Civil española*, en 1999, el fenómeno Moa ha constituido el acontecimiento más espectacular que se ha producido en los últimos tiempos en la historiografía contemporánea española, un fenómeno que ha alcanzado su punto culminante con las masivas ventas de *Los mitos de la Guerra Civil* (2003). Lo más importante que ha efectuado Moa ha sido poner en tela de juicio las interpretaciones «políticamente correctas» que sobre la República y la Guerra Civil han dominado en España a lo largo de los últimos veinticinco años. Su obra ha destacado el papel de la izquierda como subversora de la democracia en España durante los años 1933 a 1936, no siendo de sorprender las iras que ello ha despertado entre las fuerzas dominantes de la historiografía española.

Moa ha sido acusado de «restaurar prejuicios franquistas» y de ofrecer la versión franquista de la Guerra Civil. Es cierto que sus obras se han centrado en la izquierda, no habiéndose extendido sobre los excesos y crímenes de la derecha (los cuales obviamente reconoce), unos excesos que no se produjeron durante la República, sino sobre todo en el ulterior decenio de 1936-1945. Existe, sin embargo, un principio universalmente reconocido en la crítica historiográfica según el cual no se puede criticar a un historiador por no haber escrito un libro totalmente distinto, sino que se le ha de juzgar con arreglo a la exactitud o validez de lo que ha escrito. De ello resulta que difícilmente se pueden impugnar de buena fe un libro o unos libros que analizan la izquierda, invalidándolos con el único argumento de que no constan de un estudio completo de la derecha. Con tales razonamientos se tendrían que ignorar la inmensa mayoría de obras de historia.

Cabe destacar, a este respecto, que los numerosos críticos de Moa no han hecho en realidad ningún esfuerzo por refutar, desde un punto de vista científico o académico, ninguna de sus principales tesis y conclusiones. Por ejemplo, muy poco o nada es lo que se ha hecho, desde el mundo académico, por refutar que: a) las izquierdas intentaron denodadamente anular las elecciones de 1933, tan pronto como las hubieron perdido; b) Manuel Azaña y los catalanistas de izquierdas trataron constantemente de promover un golpe de Estado dentro de la legalidad durante el verano de 1934, pero tuvieron que desistir de ello al no apoyarles los socialistas; c) que la insurrección de octubre de 1934, planeada desde mucho antes, no consistió en ninguna actitud «defensiva», sino en un intento revolucionario por adueñarse del poder. Y así sucesivamente, pues la lista sería sumamente larga.

Lo que plantea inquietantes cuestiones sobre la situación de la actual democracia española son las persistentes exigencias de que Moa sea: a) silenciado o b) ignorado. Reclamar tal censura demuestra la estrechez mental de los sectores dominantes de la historiografía española, así como que carecen de todo interés por establecer el menor diálogo o debate, cosas que resultan verdaderamente asombrosas al cabo de cerca de treinta años de democracia. Todo ello plantea la cuestión de saber si la democracia se ha implantado de verdad en las universidades españolas.

Además de lo anterior, se ha alegado a menudo que Moa tendría que ser ignorado porque «no es profesor». Parece, pues, sobreentenderse que sólo los «profesores» pueden tener un pensamiento serio o escribir convenientemente sobre historia. En primer lugar, ello resulta risible, dado que es fácilmente demostrable que no fueron profesores la inmensa mayoría de los hombres y mujeres más sabios de la humanidad. Semejante idea sería particularmente grotesca en países como Inglaterra o Estados Unidos, donde la mayoría de las mejores y más leídas obras de historia no las escriben profesores. Todo ello pone una vez más de relleve el carácter estrecho, semicerrado, corporativista y endogámico del mundo universitario español a comienzos del siglo XXI. Se ha de admitir, no obstante, que estos numerosos defectos también son condenados por no poca gente dentro de la propia universidad española.

Existe hoy en España una nueva tendencia que pretende repolitizar la historia reciente del país. Dicho fenómeno parece remontarse a la campaña electoral de 1993. Hasta entonces estaba vigente un compromiso tácito entre los principales grupos políticos españoles para que ninguno de ellos tratara de usar el recuerdo de la Guerra Civil para sus propios objetivos. Pero en 1993, los socialistas, por primera vez en un decenio, corrían seriamente el riesgo de perder las elecciones, y ello les llevó a romper dicho acuerdo tácito al intentar instrumentalizar la Guerra Civil, atacando repetida y muy vehementemente a José M.ª Aznar y al Partido Popular, a quienes acusaban de representar simplemente la vuelta de Franco. Por absurda que sea tal acusación, parece evidente que no dejó de producir su efecto, y cuando Aznar obtuvo la victoria en las siguientes elecciones de 1996, se incrementaron aún más los esfuerzos por politizar la historia reciente.

Pío Moa no milita en ningún partido político, sino que efectúa un muy válido trabajo consistente en recuperar la memoria sobre la verdadera naturaleza de la convulsa historia de la II República. Este nuevo libro suyo explica el trasfondo y la génesis de la insurrección de 1934, describiendo con exactitud la propia revuelta, y explicitando sus efectos sobre la ulterior historia de la República.

Un pueblo que no quiere recordar su historia y enfrentarse a ella puede verse condenado a repetirla. En estos últimos años, Pío Moa ha llevado a cabo la principal contribución tendente a derribar los mitos de los años treinta, y el considerable número de lectores que han leído sus libros parece indicar que tales esfuerzos no han sido baldíos. No cabe duda de que este nuevo libro constituye también una importante contribución a esta tarea y merece contar asimismo con una amplia audiencia.

Introducción

ME PREGUNTABA un oyente en una conferencia: «Aun aceptando que no todas las versiones de la historia tienen el mismo valor y veracidad, y que algunas pueden ser un fraude, ¿qué importancia tiene, después de todo, que se imponga una u otra versión, si ahora los problemas son distintos? El conocimiento del pasado no influye en la realidad actual, sólo vale como una ilustración interesante, pero poco útil». Opinión sin base, a mi juicio. No sé hasta qué punto será justa la frase de Santayana de que un pueblo que ignora su historia está condenado a repetirla, pero en todo caso parece que un pueblo con una visión falsa de su pasado será más proclive a obsesionarse con viejos fantasmas, a repetir errores y a caminar en círculos. En otras palabras, una versión errónea del pasado puede traer serios perjuicios al presente y enturbiar el porvenir: «¡Los muertos matan a los vivos!», gustaba decir Ortega, citando a Esquilo.

Y eso está ocurriendo en los últimos años de manera muy literal, con la utilización, por ciertos intereses, de las víctimas de la guerra, sólo las de un bando, para resucitar los antiguos odios. Se trata de las víctimas sufridas por las izquierdas, que, según la versión aludida, constituían «el pueblo»... a pesar de que los rencores y matanzas entre ellas mismas estuvieron a la orden del día. También defendían la libertad y el progreso... a pesar de que sus ideologías eran totalitarias e incompatibles con la democracia o con la mera convivencia en paz de los españoles. Esta falsificación del pasado, por tanto, sólo puede generar odio, y el odio convierte a la ciudadanía en chusma. He aquí la lección básica de aquella República, donde tantos cultivaron el odio como una virtud emancipadora, hasta desembocar en la catástrofe.

Pero, de creer la versión de la historia prevaleciente en los últimos treinta años, durante la República y la Guerra Civil la democracia habría sido defendida por los socialistas marxistas, los anarquistas y los comunistas, al lado de unos republicanos y nacionalistas catalanes que en 1933 habían replicado a la victoria electoral de la derecha con intentos golpistas. Y todos ellos bajo la tutela de aquel demócrata sin par que fue Stalin, el déspota que ya había acumulado una gigantesca montaña de cadáveres (Hitler sólo estaba empezando por entonces) e implantado un sistema totalitario sin parangón en la historia. Basta considerar estos evidentes dislates para entender que esa versión sólo puede ser falsa. Y, sin embargo, esa falsedad restallante, intelectualmente corrupta, sigue circulando como moneda de curso legal en la universidad, la televisión, la prensa y el cine, apuntalada contra viento y marea por medios muy poderosos, entre insultos y descalificaciones —nunca polémica seria— a quienes osamos contradecirla.

Pues bien, con motivo de este 70.º aniversario de la Guerra Civil, comenzada en 1934 y no en 1936, mi amigo y editor Javier Ruiz Portella me ha sugerido publicar este volumen de carácter divulgativo sobre aquel suceso, que he estudiado detenidamente en *Los orígenes de la Guerra Civil.* La experiencia habida con este y otros libros resulta bien ilustrativa de lo anteriormente dicho. Cuando publiqué aquel estudio, hace ya cinco años, pude sorprenderme de la cerril negativa de muchos, incluidos intelectuales supuestamente objetivos, a cuestionar viejas tesis cuyo absurdo resalta, a menudo, con sólo enunciarlas fríamente. Parecía imposible abordar la guerra desde un punto de vista académico, y la elemental exigencia científica de revisar el pasado se sentía como una amenaza inaceptable... a posiciones políticas muy actuales.

Ese cerrilismo se transformó en apasionamiento realmente feroz cuando, el año pasado, salió a la luz, con éxito inesperado, *Los mitos de la Guerra Civil.* La reacción de quienes llamaban demócrata al Frente Popular y a sí mismos osciló entre la injuria y la exigencia de censura. En esta poco edificante actitud destacaron la SER, *El País*, que me ha impedido el derecho de réplica en varias ocasiones, la cadena de *El Periódico*, y otros diversos medios. En foros de internet lanzaban juicios denigratorios gentes que evidentemente no habían leído los libros citados, y que a menudo presumían de ello. Una estudiosa inglesa me achacaba en una renombrada revista británica tesis ridículas que yo nunca he sostenido...

He expuesto en *Los crímenes de la Guerra Civil* algunas de estas reacciones belicosas e inquisitoriales, y no hace mucho recordaba Carlos Dávila en *Toda una época*, a propósito de una entrevista que me hizo en televisión: «Moa se atrevió, y esto fue ya inaguantable, a definir a Franco como un buen militar y no tan gran represor como Hitler o Stalin. ¡Demasiado! El país entero, el dominado aún por el felipismo más irregular, crujió. Pío Moa vendió todos los ejemplares del mundo, y el entrevistador, yo, qué quieren que les diga, soportó la más feroz campaña que se haya urdido nunca. El más atrevido llegó incluso a solicitar ¡mi extrañamiento! Así son las cosas en el país de los progres con telarañas». Dávila entrevistó también a otro historiador, Preston, sobre cuyas desvirtuaciones he escrito ampliamente sin que él haya podido replicarme en ningún caso. Por supuesto, no hubo la menor protesta. Para ese mundillo fanatizado, sólo la visión de la historia al estilo de Preston tiene derecho a divulgarse, por mucho que salte a la vista su inconsistencia.

Stanley G. Payne, uno de los hispanistas anglosajones más prestigiosos, ha observado: «Quienes discrepen de Moa deben demostrar su desacuerdo en términos de una investigación histórica y un análisis serio que retome los temas cruciales en vez de dedicarse a eliminar sus libros por medio de censura, de silenciamiento o de diatribas denunciatorias más propias de la Italia fascista o la Unión Soviética que de la España democrática». Me temo que Payne no exageraba demasiado. UGT e Izquierda Unida pidieron en las Cortes el castigo de Dávila por la increíble osadía de entrevistarme, e *historiadores* como Javier Tusell exigían sin pudor la censura. Del éxito de esta campaña intimidatoria da idea el hecho de que ya no fui llamado a hablar en la televisión pública ni en casi ninguna de las privadas, pese a mantenerse *Los mitos de la Guerra Civil* como el libro de no ficción más vendido durante más de seis meses. Por supuesto, en cuanto los socialistas han vuelto al poder, la primera cabeza que ha rodado en TVE ha sido la de Dávila, aun siendo su programa probablemente el de mayor éxito entre los de carácter cultural.

Otra manifestación, entre las muchas citables, de ese espíritu de asfixia inquisitorial pude percibirlo en Barcelona el año pasado. Fui a dar una conferencia a la universidad, donde grupos de nacionalistas, con la connivencia de las autoridades académicas y otras, habían agredido e impedido hablar a personas perseguidas por el terrorismo, como Fernando Savater o Gotzone Mora, a las cuales procuró silenciar también casi toda la prensa local. Iba yo con la inquietud de sufrir parejas agresiones, pero aquellos «demócratas» habían aprendido. Viendo que sus violencias daban mayor relieve a los actos, obligando a la prensa a ocuparse de ellos, optaron por arrancar sistemáticamente los carteles anunciadores de la conferencia, de modo que muy pocos estudiantes llegaron a enterarse de ella. Y la prensa barcelonesa, muy comprometida en el encubrimiento de los vándalos —solidaridad nacionalista—, hizo exactamente lo mismo: no publicó una sola convocatoria del acto, pese a haberle sido remitida varias veces por la sociedad organizadora, Convivencia Cívica Catalana. La unanimidad totalitaria de este silenciamiento empieza a explicarse cuando salen a la luz informes internos de los partidos catalanes ahora en el poder, sobre sus propósitos de control de la prensa, y sobre el antes logrado por CiU con métodos corruptores.

«Progres con telarañas», los llama bondadosamente Dávila. Todo el mundo tiene derecho a sus propias telarañas, pero hay mucho más que eso: hay la decisión de aplastar, de silenciar al discrepante. Estos episodios enseñan mucho sobre la actualidad y sobre el pasado. Si los marxistas, anarquistas y jacobinos ya antes de la guerra se proclamaban guardianes de la libertad, y en nombre de ella cometieron mil abusos, lo mismo hacen ahora quienes agreden de tal modo las libertades y hasta el simple sentido común. No extrañará a quien tenga en cuenta que, así como la derecha interpreta el franquismo como un fenómeno excepcional surgido de una situación excepcional, y no se proclama heredera de él, la izquierda y los nacionalistas siguen proclamándose herederos de aquellos partidos clara y abiertamente totalitarios. Al abandonar el marxismo, el PSOE parecía haber cambiado fundamentalmente con respecto al partido que planeó la guerra civil en 1934. El nuevo nacionalismo catalán parecía también muy distinto. Pero comprobamos a cada paso lo insuficiente de ese cambio. Las conductas tiránicas, ahora como antaño, siguen presentándose con el marbete de «democráticas», envenenando con mayor efectividad nuestra convivencia.

Y, precisamente por esa razón y por ese peligro, conviene hacer todos los esfuerzos para debatir y aclarar una historia que nos sigue interpelando con tal fuerza. Ello es lo que pretende este libro, el cual constituye la más importante aportación documental y gráfica jamás efectuada sobre los acontecimientos que, en 1934, marcaron la sublevación socialista y nacionalista contra la II República española.

I

Las rebeliones contra la II República

Si, en palabras del historiador británico Paul Johnson, la guerra civil española es uno de los sucesos del siglo XX sobre los que más se ha mentido,* debe admitirse que las desvirtuaciones en torno a la II República apenas le van en zaga. La pintura de aquel régimen como una etapa de progreso y libertad, rota en 1936 por una sublevación fascista, ha sido impuesta sistemáticamente en los medios de comunicación y en una historiografía menos preocupada por el rigor científico que por la conveniencia política.

Ciertamente hubo en 1936 una sublevación derechista, pero la misma sólo fue la última de una serie de no menos de seis rebeliones armadas y sangrientas contra aquella

---

* Se impone una advertencia previa: por el carácter divulgativo de esta obra no la sobrecargaré con referencias de citas y similares. Esto no quita rigor al libro, pues muchas de las referencias las encontrará el lector en el abundantísimo material documental aquí presentado, y, si le interesa estudiar más a fondo estas cuestiones, las hallará igualmente en mis libros *Los orígenes de la Guerra Civil* y *El derrumbe de la II República y la Guerra Civil*, a los que aludiré a menudo. También podrá el lector interesado consultar la bibliografía básica que se incluye en este libro.

República. De las cinco anteriores, las cuatro más sangrientas tuvieron carácter izquierdista y sólo una, la del general Sanjurjo, en agosto de 1932, provino de la derecha. Vemos, por lo tanto, que la II República concitó en sus cinco años de vida una oposición extremadamente violenta, provocando las convulsiones más fuertes experimentadas por España desde hacía un siglo.

Como es sabido, en 1930, después de la dictadura de Primo de Rivera, la monarquía intentó volver a un régimen constitucional mediante elecciones. Los republicanos rechazaron ese proceso e intentaron imponerse mediante un golpe militar en diciembre de dicho año. El golpe fracasó, dejando varios muertos, y los republicanos acudieron entonces a las primeras elecciones, de carácter municipal. Las ganaron en las capitales de provincia, pero las perdieron muy ampliamente en el conjunto del país. A pesar de ello, unos líderes monárquicos completamente desmoralizados y sin respeto a sus propios votantes, les entregaron el poder, en uno de los sucesos más extraños y sin precedentes de la historia española.

Nació así la II República, el 14 de abril de 1931. En su corto desarrollo pasaría por tres etapas (cuatro, si se tienen en cuenta los primeros meses de consolidación): dos de ellas, con duración de un bienio cada una, y una última de sólo cinco meses. El primer bienio, desde 1931, correspondió a gobiernos compuestos por republicanos de izquierda y socialistas; el segundo, de finales de 1933 a finales de 1935, a gobiernos de centro derecha; y la tercera etapa, de febrero a julio de 1936, al Frente Popular. Estos rápidos cambios habrían sido normales en una democracia si no hubieran constituido verdaderos bandazos en medio de una creciente radicalización política.

El primer bienio quedó definido por la personalidad de Azaña, que marcó la Constitución con una impronta no ya laica, es decir, neutra en sentido religioso, sino abiertamente anticatólica, ofensiva para los sentimientos de la gran mayoría de la población. Al condenar a la indigencia al clero, prohibir la enseñanza a las órdenes religiosas y disolver a los jesuitas —causando, entre otras cosas, el hundimiento de instituciones de enseñanza muy acreditadas—, la Constitución refrendaba en cierto modo la oleada de incendios de iglesias, bibliotecas y centros de enseñanza con que se inauguró la República. La respuesta muy mayoritaria de la derecha fue, sin embargo, legalista y pacífica. Sólo algunos militares iniciaron conspiraciones tan inefectivas como las tradicionales entre los militares republicanos (no debe olvidarse que, contra una idea muy extendida, los pronunciamientos en el ejército desde el siglo XIX habían tenido muy mayoritariamente carácter izquierdista).

Pero si la derecha, en general, optó por la legalidad, no hicieron lo mismo los anarquistas. Éstos habían ayudado con sus votos a traer la República, no tanto por simpatías hacia ella como porque la consideraban un régimen débil ante sus aspiraciones revolucionarias. Muy pronto comenzaron sus huelgas revolucionarias, intentos de provocar la «liberación» de Andalucía, etc. Y el 18 de enero de 1932 se produjo la insurrección del Alto Llobregat, donde los anarquistas se apoderaron de varios ayuntamientos e instauraron la revolución libertaria, pensando en extenderla desde allí. Azaña hace constar en sus diarios su reacción «rápida y con la mayor violencia. Se fusilaría a quien se cogiese con las armas en la mano». Ordenó actuar al ejército, y hubo treinta muertos. El gobierno deportó a las colonias africanas a más de un centenar de líderes anarquistas y hubo acusaciones de torturas.

La rebelión anarquista no hacía sino culminar una serie de incidentes sangrientos que en sólo diez meses totalizaban un mínimo de 122 muertos, todos ellos causados por organizaciones izquierdistas, ácratas en su mayoría. La CNT describía a Azaña como un monstruo sanguinario, y sometía al régimen a una inestabilidad permanente. Con el pretexto del desorden y del proyecto de autonomía para Cataluña, visto como el comienzo de un proceso de secesión, el general Sanjurjo se sublevó a su vez en agosto, probablemente con la idea de sustituir a Azaña por Lerroux. Debe recordarse que Sanjurjo se había inclinado por la República en abril de 1931, cuando, como director de la Guardia Civil, hizo mucho más por traer el nuevo régimen que el propio Azaña. El gobierno, conocedor de la trama del golpe, lo frustró enseguida en Madrid y lo aisló en Sevilla, liquidándolo con la mayor facilidad. Al efecto trajo, por primera vez, tropas moras de Marruecos. La intentona ocasionó diez muertos, casi todos entre los rebeldes.

Azaña explotó su éxito lanzando una ofensiva en toda regla contra las derechas, aunque éstas, en su inmensa mayoría, se habían mantenido al margen o habían condenado el golpe de Sanjurjo. Fueron cerrados casi todos los periódicos derechistas, detenidos sin acusación gran número de sus dirigentes medios, expropiadas las tierras de los «grandes de España», etc. Estas arbitrariedades podían realizarse gracias a la Ley de Defensa de la República, promovida por Azaña, que prácticamente anulaba la Constitución y permitía actuar al poder con una enorme dosis de arbitrariedad.

Por estos métodos, el gobierno creía haberse desembarazado de enemigos en la extrema izquierda y en la extrema derecha. Pero en enero del año siguiente, 1933, estallaba, sobre todo en Cataluña y Andalucía, una nueva insurrección anarquista. Azaña, exasperado, volvió a replicar con la máxima dureza, aunque probablemente sea falsa la acusación de que ordenó «tiros a la barriga». Numerosos dirigentes anarquistas sufrieron arresto, maltrato e incluso tortura, pero el episodio peor ocurrió en Casas Viejas, donde la republicana Guardia de Asalto incendió la chabola de una familia de insurrectos, que murieron abrasados en su mayoría, y efectuó una *razzia* indiscriminada en el pueblo, asesinando a catorce campesinos. La insurrección costó en total ochenta muertos.

Estos hechos hundieron el prestigio de Azaña, que se mantuvo en el gobierno contra viento y marea, perdiendo las sucesivas elecciones parciales, hasta verse obligado a dimitir en el otoño. Para entonces la violencia política, de las masas o del gobierno, había causado 285 víctimas mortales en poco más de dos años. Como hicieron notar algunos observadores, en tan corto tiempo habían caído bajo la República muchos más obreros que en bastantes decenios del anterior régimen monárquico.

Ante este panorama no extrañará mucho que en noviembre de 1933 el centro derecha ganase las elecciones por amplia mayoría (cinco contra tres millones de votos en cifras muy redondas). El propio Azaña, cuyo partido apenas logró un puñado de diputados, sólo salvó su escaño presentándose por las listas del PSOE en Bilbao.

La respuesta al triunfo derechista fue una tercera insurrección anarquista, en diciembre, la más violenta de todas, que incluyó el despeñamiento de un tren y ocasionó 89 muertos en total. Pero el problema principal para la estabilidad de la República fue que la izquierda teóricamente democrática no aceptó la victoria electoral de la derecha. La Esquerra, en el gobierno autonómico de Cataluña, reaccionó declarándose «en pie de guerra». Según ella, había triunfado en las elecciones «toda la tropa negra y lívida de la Inquisición y el fanatismo religioso. La llamada al fanatismo, a la locura, a la traición, a la miseria moral y mental de una conciencia de esclavo y de iluminado». Frases así, que no revelan una salud moral y mental excesiva, seguían con apelaciones a «estar alerta, el arma al brazo y en pie de guerra»–; «Es la hora de ser implacables, inflexibles, rígidos»; «No amenazamos, advertimos»; «No hacemos literatura nosotros». Y remataban con un poco sereno llamamiento: «Sin perder la serenidad, sólo hay que escuchar una voz, que resonará, si hace falta, en el momento preciso». Y así sucesivamente.

En cuanto a Azaña y otros republicanos de izquierda, su primera medida consistió en intrigar en pro de un golpe de Estado que impidiese convocar las Cortes, y luego organizar nuevas elecciones con garantía de triunfo izquierdista. El testimonio de estos planes lo encontramos en las memorias de Alcalá-Zamora, presidente de la República, y de Martínez Barrio, jefe de gobierno en aquel momento y gran dirigente de la masonería. Meses después, en verano de 1934, Azaña intentaría un nuevo golpe de Estado, junto con los nacionalistas catalanes de la Esquerra, como también he documentado en *Los orígenes de la Guerra Civil*. El plan no funcionó debido a la abstención del PSOE, que entonces preparaba activamente su propia insurrección.

Que los anarquistas podían adoptar una actitud de revuelta sistemática es bien conocido, pues sus principios ideológicos les inclinaban a ello. Más extraño suena que hicieran algo parecido los republicanos de izquierda, que, como Azaña, se consideraban a sí mismos demócratas e incluso liberales. Sin embargo, su concepción política era de tipo jacobino, visceralmente anticatólica —no sólo anticlerical—, y no entendían la democracia como un sistema neutro de libertades políticas y elecciones, sino como un régimen en que ellos gobernaran por encima de todo. Tal concepción la expresó Azaña reiteradamente: la República era para todos los españoles, pero gobernada sólo por los republicanos, es decir, por el propio Azaña y sus seguidores. Esta concepción recuerda la del despotismo ilustrado: «Todo para el pueblo, pero sin el pueblo». Las derechas, sostenía él, no tenían «títulos» para gobernar, dando por supuesto que había otros títulos por encima de los votos y el respeto a la ley.

Para fundamentar su intolerancia hacia los votantes de derecha y sus partidos, las izquierdas adujeron que la CEDA no se había declarado republicana, y que Gil Robles había hecho declaraciones antiparlamentarias. Ello era cierto, pero las declaraciones y actitudes antiparlamentarias estaban mucho más extendidas en la izquierda, no ya en los anarquistas, sino en el PSOE, el cual tampoco podía considerarse republicano, pues veía en la República sólo un instrumento transitorio para llegar a un régimen de tipo soviético. Sin embargo, Azaña encontraba en el PSOE un socio muy aceptable. Las mismas pretensiones de los republicanos de izquierda en relación con los «títulos» para gobernar contradecían la Constitución y el espíritu de la democracia. Y, como iban a demostrar los hechos, Gil Robles y los suyos se atuvieron a la ley, renunciaron a la violencia y, a la hora de la verdad, defendieron la Constitución y las libertades cuando éstas fueron atacadas en octubre de 1934... por las izquierdas, que nunca se quitaban la palabra «democracia» de la boca.

Así pues, hasta diciembre de 1933, en dos años y medio de vida, la República había sufrido cuatro rebeliones abiertas; sólo una de ellas, y la menos cruenta, de carácter derechista, más la rebelión encubierta de la izquierda republicana, que, de haber triunfado, habría acabado con la legalidad y cualquier vestigio de democracia del régimen, abriendo paso seguramente a la guerra civil ya en aquella fecha.

Una razón por la que los republicanos de izquierda no podían ir más allá de urdir intrigas consistía en su propia debilidad orgánica: sus partidos carecían de organización seria y de disciplina, y estaban en constante reyerta entre sí. El fraude de la visión idílica de la republica elaborada en estos últimos decenios queda de manifiesto con una atenta lectura de Azaña, el republicano más destacado y en muchos aspectos más notable. No se encontrará en los comentaristas de la derecha opiniones más demoledoras y, hay que suponerlo, mejor informadas sobre aquel régimen y sus hombres, a quienes describe una y otra vez como botarates, compadres sin elevación ni inteligencia, «gente ligera, sentimental y de poca chaveta».

Mucha mayor fortaleza exhibía, en cambio, el Partido Socialista. Éste había colaborado con la dictadura de Primo de Rivera, en cuyo régimen su líder principal, Largo Caballero, había sido consejero de Estado. Gracias a esa colaboración, el partido había llegado a la República como el más potente, organizado y disciplinado de las izquierdas. Él solo era mucho más fuerte que todos los republicanos juntos, a quienes aventajaba también en votos. De su actitud iba a depender la estabilidad del régimen. El PSOE parecía haber adoptado una postura relativamente moderada durante el primer bienio, compartiendo el poder con los republicanos. Pero ya antes de abandonar el gobierno, en otoño de 1933, estaba dando un giro trascendental. Los continuos desórdenes civiles y el descrédito de sus aliados de gobierno llevaron a una mayoría socialista a concluir que el país maduraba rápidamente para pasar de una democracia «burguesa» a un régimen socialista de dictadura «proletaria». Ese paso debía consistir en una revolución planeada, textualmente, como guerra civil.

II

Besteiro y Gil Robles

LOS SOCIALISTAS PARTIDARIOS de la insurrección para acabar con la República «burguesa» solían llamarse a sí mismos y ser reconocidos como «bolcheviques» o «leninistas», y estaban encabezados por Largo Caballero y Prieto, este último con algunas reticencias. Pero no todo el partido los seguía, pues el grupo de Julián Besteiro, asentado en la decisiva UGT, la verdadera fuerza de masas del partido, rechazaba abiertamente los fines y los pretextos del alzamiento proyectado. Desde el verano de 1933 venía denunciando la euforia reinante sobre la facilidad de vencer a la derecha: «Nuestros adversarios están débiles, pero no vamos a creer que estén deshechos, como cuando en la guerra estaba deshecha Rusia». Besteiro ponía de relieve, asimismo, la arbitrariedad de las acusaciones de fascismo lanzadas a la CEDA, y acusaba a los revolucionarios de «envenenar» a los obreros con una propaganda falsaria: «La República social en España y el Estado totalitario socialista son algo absurdo, un camino de locuras». Rechazaba la pretensión de imponer «la dictadura del proletariado y la toma íntegra del poder por los socialistas», y denunciaba aquella «vana ilusión que se paga demasiado cara, porque al final son las masas las que cosechan los desengaños y sufrimientos».

Pero el empuje de los revolucionarios desbordó a los moderados. Como reconocerá Amaro del Rosal, enemigo de Besteiro: «En la historia del Partido Socialista no existe antecedente de una lucha ideológica tan agria, tan violenta en su fondo y en su forma», «una lucha sin cuartel» contra los partidarios de Besteiro. Hubo algún intento de asaltar la casa de éste, contra la que sus correligionarios dispararían al desatarse la revolución, y los insultos y agresiones obligaron en alguna ocasión al besteirista Trifón Gómez a enarbolar una pistola para defenderse.

Besteiro, exasperado, increpaba a los suyos: «Vais a llegar al poder, si es que llegáis, empapados y tintos en sangre», para luego «lanzaros a una cruel guerra fratricida con los obreros comunistas, sindicalistas y anarquistas» (lo último ocurriría en plena guerra civil del 36 al 39); «Por ese camino de locura decimos a la clase trabajadora que se la lleva al desastre, a la ruina»; «¿Es que no habrá posibilidad de salir de esta locura dictatorial que invade el mundo. ¿Es que nos vamos a contagiar de la peste del momento?».

Las distintas posiciones quedan resumidas en una decisiva reunión del Comité Nacional de la UGT. El moderado Saborit argumentó: «Nos ha asombrado un poco el empuje de las derechas, pero de ahí a suponer que hay una preparación en España de fascismo [media un trecho]. [...] Lo que niego es un fascismo preparado para asaltar el Poder». Es más, temía que si, con ese pretexto, los socialistas intentaban el golpe, entonces sí vendría un contragolpe de la derecha: «¿Es que no hemos dicho los socialistas que la dictadura

Cámara Santa de la Catedral
de Oviedo, volada con dinamita
por los revolucionarios

Ruinas de la Cámara Santa después de la explosión

La universidad de Oviedo incendiada por los revolucionarios

Oficiales de Guardias de Asalto, instructores de las milicias insurgentes, procesados después de la sublevación

Imagen del Sagrado Corazón
a la que salvó de la destrucción
el color rojo de su túnica.
Los revolucionarios le colgaron este
cartel: «Cristo rojo: te respetamos
por ser de los nuestros»

Búsqueda de cadáveres entre las ruinas del Instituto de Enseñanza Media de Oviedo dinamitado por los revolucionarios. Mantuvieron dentro a los prisioneros que albergaba

Calle contigua al Instituto de Enseñanza Media,
con los efectos de la voladura de éste

Una vista de la calle Uría de Oviedo

Ayuntamiento de Barruelo incendiado por los sediciosos

Casas incendiadas en la calle Uría de Oviedo

Parapeto frente al Gobierno Civil de Oviedo

Camión blindado

Edificios dinamitados en la calle Uría de Oviedo

Desfile en Valencia durante la guerra, con la imagen de Largo Caballero, el *Lenin español*, presidente del PSOE y también, en aquel momento, del gobierno

Julián Besteiro: dirigente del ala moderada del PSOE; su desbancamiento propició la insurrección contra la República

Largo Caballero en medio de un grupo de milicianos durante la guerra civil

El Convento de Santo Domingo de Oviedo incendiado

Los sublevados apuntan con un cañón sobre Oviedo

de Primo de Rivera la trajo, por un lado, el problema de la responsabilidad y, por otro, el anarquismo catalán y zaragozano? ¿De cuándo iba a triunfar Primo de Rivera si no hubiera encontrado en la calle el ambiente que encontró [...], que creo que salió de Barcelona entre aclamaciones formidables? [...] Para organizar en frío un movimiento de acción social revolucionario e implantar la dictadura del proletariado niego la fuerza, niego la capacidad, niego la disciplina y niego la posibilidad de hacerlo. [...] Ahora el periódico [*El Socialista*, órgano del partido] publica artículos francamente comunistas, y es ahí donde está, a mi juicio, la raíz y la desviación».

Le contestó Amaro del Rosal: «Pregunto si por encima de nuestra voluntad hay una situación objetivamente revolucionaria. Existe un espíritu revolucionario; existe un Ejército completamente desquiciado; hay una pequeña burguesía con incapacidad de gobernar, en descomposición. Tenemos un Gobierno que es el de menor capacidad, el de menor fuerza moral, el de menor resistencia. Ahora todo está propicio». Exponía así la verdadera motivación del movimiento revolucionario: la convicción de que los enemigos estaban muy debilitados y de que, por tanto, las principales bazas de la victoria estaban en manos del PSOE. No debe olvidarse que el programa máximo de este partido consistía en la dictadura socialista, para la cual parecía haber llegado el momento.

Mediante sucesivas maniobras, Besteiro y los suyos fueron desalojados de los órganos de poder en el partido y el sindicato, constituyéndose a principios de febrero del 34 el organismo destinado a preparar y coordinar la insurrección. Sus tareas principales fueron la organización de grupos armados, infiltración en el ejército y la policía, incluida la Guardia Civil, obtención de dinero —uno de los métodos fue el desfalco bancario—, acuerdos con otras fuerzas políticas y agitación en general con tal fin.

Estos acontecimientos, aunque han sido tratados en estudios especializados por autores como Andrés de Blas o Santos Juliá (aunque restándoles trascendencia), resultan perfectamente desconocidos para el público común, incluida la mayoría de los militantes socialistas. Pero difícilmente encontraríamos sucesos más decisivos, a pesar de haber tenido lugar en la penumbra o el secreto de las actividades intrapartidistas. La derrota de Besteiro significó, lisa y llanamente, la derrota de la democracia y la convivencia en España, habida cuenta de la importancia social y política del PSOE en aquellos años.

Nada podía impedir ya la insurrección. Como ésta precisaba de un pretexto, la CEDA fue acusada de fascista y de preparar un golpe de Estado, pese a su evidente moderación y peticiones de concordia política, acogidas con rechifla por la izquierda. También Lerroux recibía a menudo la misma acusación de fascista. El PSOE, así como la Esquerra y el conjunto de la izquierda, decidieron que el partido de Gil Robles no podía gobernar, obtuviera los votos que obtuviera, y que su entrada en el gobierno sería considerada *casus belli*. En realidad, nadie creía en tal peligro fascista.

La CEDA se mostraba legalista en toda ocasión, no organizaba milicias, ni provocaciones sangrientas —a pesar de que las sufría constantemente—, ni la vigilancia de los vecindarios, etc., como sí hacían el PSOE, la Esquerra, los comunistas y otros. Lo más parecido al fascismo, el pequeño grupo Falange Española, de José Antonio, no realizó actos violentos hasta muy tardíamente, y en respuesta a los atentados y asesinatos que sufrió de la izquierda durante meses. Éste es también un hecho establecido, pero negado o difuminado por la historiografía predominante hasta ahora.

La figura de Besteiro tiene grandes paralelismos con la de Gil Robles. Ninguno de los dos era un demócrata, propiamente hablando, pues el primero seguía considerándose marxista, convencido de la teoría de la lucha de clases, etc., por más que su marxismo resultara un tanto heterodoxo. Había participado en la huelga revolucionaria de 1917, y desde su fracaso sentía aguda desconfianza por los republicanos y los burgueses en general —aunque él era de ese origen—, por quienes se había sentido entonces utilizado y abandonado. Partidario luego de la colaboración con Primo de Rivera, creía en la necesidad de una labor de elevación cultural de los obreros que los hiciera capaces de ocupar el poder pacíficamente.

Gil Robles, a su vez, simpatizaba con regímenes de los llamados corporativistas, como el de Oliveira Salazar en Portugal, y tenía poca fe en el parlamentarismo. Expresó alguna pasajera admiración por los éxitos del nazismo, pero básicamente lo condenó, así como al fascismo, por su carácter paganoide y su divinización del Estado.* Preocupado por el auge de los totalitarismos en Europa, trataba de hacer del Estado un órgano de conciliación y freno a la lucha de clases. *El Debate,* órgano de expresión oficioso de la CEDA, y del que figuran abundantes extractos en nuestro anexo documental, se inclinaba por el intervencionismo estatal de tipo inglés. No cabe duda de que intentó moderar el clima cada vez más crispado de la época. En vísperas de las elecciones de 1933 hizo este llamamiento: «Estamos como un ejército en el paroxismo de la lucha. [...] Paz y cordialidad [...] a quienes nos voten y a quienes no nos voten [...]; a los obreros, muchos de los cuales no me creerán. [...] Nuestra doctrina [...] arranca de la hermandad de todos los hombres [...]. No queremos imponer a las regiones el yugo de una legislación centralista e igualitaria».

Pero en ambos casos importan mucho más los hechos que las palabras. Gil Robles y Besteiro eran moderados y respetaban profundamente la legalidad. Aun si no creían realmente en la democracia liberal, esas actitudes bastaban para consolidar un régimen de ese tipo, ya que, ganaran o per-

---

* Véanse, en particular, los artículos de *El Debate* aquí reproducidos (págs. 326 y 327). Todo lo contrario sucede en el caso de *El Socialista* y de *Renovación* (órganos respectivamente del PSOE y de las Juventudes Socialistas), donde abundan los más encendidos elogios en favor de la Unión Soviética, como se desprende de la documentación aportada en este libro (págs.231, 234 y 235 entre otras).

dieran unas elecciones, no adoptarían en ningún caso una política de fuerza y provocación. El turno pacífico estaba entonces asegurado, y, si de figuras como ellos hubiera dependido, la República habría sido probablemente un régimen viable. Nunca habrían satisfecho las ilusiones, realmente excesivas, a menudo extravagantes y hasta mágicas, con que fue acogido el régimen en 1931, pero habrían logrado algo más importante: un país estable y en razonable progreso.

Sin embargo, había una diferencia radical entre los dos prohombres: Besteiro representaba en la izquierda una minoría que iba a demostrarse muy débil. Gil Robles, en cambio, lideraba a una gran mayoría de la derecha. En esta asimetría política puede encontrarse una clave de cómo la República estaba destinada a perder el equilibrio.

III

Desestabilización de un gobierno legítimo

NO OFRECE DUDAS la legitimidad del gobierno contra el que se preparaban en 1934 toda clase de violencias. Las elecciones de las que procedía habían sido organizadas por un gobierno de centro-izquierda, con exclusión de la derecha. Pese a ello, y pese a la violencia y a las coacciones manifestadas en el asesinato de al menos seis personas de derechas (sin correspondencia por parte de ésta), la derechista CEDA había sido el partido más votado. La jornada previa a las votaciones, su líder Gil Robles había llamado a la moderación y la concordia, mientras que el socialista Largo Caballero anunciaba su intención de no admitir un resultado adverso en las urnas.

Gil Robles renunció entonces a gobernar, aduciendo la necesidad de calmar la crispación reinante, y cedió el gobierno al segundo partido en diputados, el Radical de Lerroux. Éste constituía el sector republicano más tradicional y más votado, a cuyo lado los demás partidos republicanos no pasaban de simples advenedizos, improvisados en vísperas de la caída de la monarquía. Lerroux, antiguo demagogo jacobino, muy exaltado, había evolucionado a una posición moderada por temor a un peligro revolucionario, bien visible tanto en las insurrecciones anarquistas como en la radicalización del PSOE. Su partido sufría acusaciones de corrupción, probablemente veraces en muchos casos, pero procedentes de otros partidos no especialmente virtuosos.

En abril, y después de diversas maniobras del presidente Alcalá-Zamora, Lerroux fue sustituido por Samper, un político débil de quien se burlaban acremente las izquierdas. Contra ese gobierno emprenderían las izquierdas, apoyadas por el PNV, sucesivas maniobras de desestabilización desde junio a octubre de 1934. La primera tuvo lugar en junio, con motivo de la cosecha de cereales, que se anunciaba como una de las mejores del siglo, no obstante lo cual la propaganda izquierdista propalaba, y propala, que los propietarios preferían dejar los campos sin labrar y contestaban a los desesperados braceros con el célebre «¡Comed República!». El PSOE vio la oportunidad de sabotear la cosecha mediante una huelga que, en un país agrario como era España, habría supuesto una catástrofe y el hambre para mucha gente. Planteó enseguida exigencias salariales y otras, que el gobierno y la patronal admitieron, por lo que las amplió reiteradamente hasta volverlas inaceptables. El gobierno declaró entonces que «la cosecha es la República», y anunció su decisión de impedir cualquier sabotaje a la misma.

El 5 de junio, momento crítico de la recolección, comenzó la huelga. Fueron asesinados algunos patronos y obreros que se negaban a seguir las instrucciones socialistas —pues las concesiones del gobierno habían desmovilizado a muchos—, y comenzaron los incendios de mieses, maquinaria agrícola, etc. El gobierno arrestó a numerosos dirigentes y trasladó a cientos de activistas a decenas de kilómetros de sus lugares. Esta reacción se debió sobre todo al ministro republicano Salazar Alonso —a quien asesinarían los milicianos a poco de reiniciarse la guerra en 1936—, abortando gracias a ella un movimiento sumamente peligroso. La diputada socialista Margarita Nelken pretendió que todo el campo español estaba parado, pero la huelga sólo afectó, muy parcialmente en la mayoría de los casos, a 1.600 municipios de los 9.000 del país, según las estimaciones de Malefakis. Hubo 13 muertos y 200 heridos, en su mayoría trabajadores no huelguistas.

Los socialistas lanzaron entonces una campaña de propaganda, hablando de manera muy exagerada y mendaz de la represión, creando una leyenda que ha sido repetida acríticamente por Preston y otros historiadores, pero cuyas contradicciones e inconsistencias he analizado en *Los orígenes de la Guerra Civil*. La represión fue enérgica y efectiva, como requería el grave peligro, pero de ningún modo tuvo el carácter criminal pretendido por la propaganda. No hubo, por poner un ejemplo, ningún episodio remotamente comparable al de Casas Viejas.

Dentro del PSOE, el fracaso produjo serias tensiones, porque algunos dirigentes habían, desde el principio, considerado la huelga una aventura inoportuna cuando estaban preparando la insurrección armada. Otros, en cambio, pidieron extender el paro a las ciudades, puesto que, para convencer a los campesinos, se les había hecho creer que la UGT declararía la huelga general también en la industria. Esta idea fue rechazada. Finalmente se propuso una negociación para salvar la cara. El gobierno, tachado una y otra vez de represor y fascista, acogió «con simpatía», según el acta de la UGT, la nueva actitud socialista, y ratificó jornales no inferiores a los del año anterior, así como otras reivindicaciones. Y así terminó un conflicto que pudo haber traído un hambre masiva.

No por ello cesaron los preparativos armados ni las propagandas socialistas.

*

Y no había concluido la huelga socialista cuando ya se manifestaba otra trama subversiva en Cataluña, a cargo de Companys, presidente de la *Generalitat* y líder de la Esquerra nacionalista catalana, el cual se había declarado «en pie de guerra» ante el triunfo electoral de la derecha. El *Parlament* había aprobado una ley de contratos agrarios para facilitar el acceso de los aparceros a la propiedad de la tierra, pero según la Lliga catalanista —que se había retirado del *Parlament* en protesta por las violencias de la Esquerra—, la ley vulneraba el derecho tradicional catalán y las competencias del estatuto autonómico. Por tanto, la denunció en Madrid. El gobierno no deseaba intervenir, pero, de mala gana, hubo de someter dicha ley al Tribunal de Garantías Constitucionales. El Tribunal, por exigua mayoría, resolvió contra la *Generalitat*. A través del abogado nacionalista Amadeu Hurtado, representante de los intereses de la *Generalitat*, el gobierno se apresuró a proponer a Companys unos ligeros retoques que no alterasen el contenido de la ley, y su rápida promulgación para evitar nuevos recursos. Pero, observa imparcialmente el abogado, «el amigo Companys no quiso admitir una sola enmienda».

Hurtado, hombre ecuánime, señala en sus memorias: «Supe que a la sombra de aquella situación confusa, la ley de Contratos de Cultivo era un simple pretexto para alzar un movimiento insurreccional contra la República, porque desde las elecciones de noviembre anterior no la gobernaban las izquierdas». Y así fue.*

Companys debía respetar el Tribunal de Garantías, creado con su apoyo en tiempos de Azaña, pero reaccionó llamando a la rebelión. Calificó el fallo judicial como «la culminación de una ofensiva contra Cataluña», «un acto de agresión» que «obliga a todos los que no han llegado a perder el recuerdo de que son hijos de esta tierra generosa y altiva a

---

* Pero véase cómo presenta el asunto el historiador nacionalista Albert Balcells: «Los terratenientes españoles no querían que la reforma agraria prosperase en Cataluña gracias a su autonomía, mientras la estaban deteniendo en el resto de España» (*El nacionalismo catalán,* Madrid, 1999, p. 114). Es una pura invención. La mal planteada reforma agraria de Azaña se aceleró bajo el gobierno centrista de Lerroux y Samper. El conflicto no tenía nada que ver con tal cosa, sino con la actitud antidemocrática de la Esquerra desde las elecciones de 1933.

[...] defender su prestigio con la sangre de sus venas [...]. Hemos de fortalecer nuestro espíritu y decirnos cada día, de cara a nuestro deber presente: Yo soy catalán, soy un buen catalán [...] y tal vez yo os diré a todos: ¡Hermanos, seguidme! Y toda Cataluña se levantará». Y decidió abandonar las Cortes. El periódico *L'Opinió*, que pasaba por relativamente moderado, clamaba: «El Parlamento catalán, que es soberano, responderá a España [...] ¡No somos más que catalanes!».

El 12 de junio, un gentío gritaba cerca del *Parlament* su decisión de «luchar hasta la muerte» por una «República catalana», y destrozaba banderas republicanas. Dentro del edificio Companys proclamaba: «No somos hombres que nos dejemos llevar por los nervios ni por las exaltaciones clamorosas momentáneas [...]. Sabemos adoptar aquel tono equilibrado de táctica y equilibrio, de saber hacer [...]. No somos unos insensatos». Y para demostrarlo explicó: «La política de conciliación nos está dando malos resultados [...]. Se nos plantea el problema de si las libertades de Cataluña están en peligro por haberse apoderado de la República todo lo viejo y podrido que había en la vida española». Nada, pues, de conciliación o de avenencia: «Me han llenado de estupor unas declaraciones del [...] señor Samper, lanzando la sugerencia de que tal vez, si se modificaran algunos aspectos, [...] podría haber un plano de avenencia, palabra que, en este problema, nos cubre por sí sola de vergüenza». En otras ocasiones, aseguró, los catalanes habían sido injuriados y no habían sabido reaccionar con la violencia precisa, pero ahora no debía repetirse tal cosa, pues «¡oh amigos!, si eso sucediese y yo tuviese la desgracia de quedar con vida, me envolvería en mi desprecio y me retiraría a mi casa para ocultar mi vergüenza como hombre, [...] y el dolor [...] de haber perdido la fe en los destinos de la Patria».

En vano señaló el único diputado presente de la *Lliga*, Abadal: «Para que el gobierno catalán tenga derecho, en el futuro, en sus propuestas contra posibles injerencias del Estado en el campo de la autonomía, tiene que empezar por acatar y cumplir la sentencia del Tribunal». Los insultos e imprecaciones apenas le dejaron hablar. El *Parlament* mantuvo la ley sin alterar una coma. Era una abierta declaración de rebeldía.

La tensión se volvió insoportable. Companys contó enseguida con la solidaridad de Azaña, el PSOE y el PNV. Este último también se retiró de las Cortes, pese a tratarse de un partido católico y muy derechista. Samper advirtió tristemente: «La República lo será mientras se cumplan estos tres principios: el respeto al sufragio, el respeto a la ley y el respeto a las sentencias de los tribunales. En cuanto uno de estos tres principios falle, no habrá República, ni siquiera convivencia social». Prieto, en cambio, le amenazó: «Este conflicto va a adquirir proporciones gigantescas. Cataluña [llamaba así a la Esquerra] tiene razón. Tened por seguro que si vosotros llegáis a pelear con Cataluña, Cataluña no estará sola, porque con ella estará el proletariado español». Azaña repitió la amenaza: «Caerá sobre Su Señoría y sobre quien le acompañe en esa obra toda la responsabilidad de la inmensa desdicha que se avecina». *El Socialista* afirmaba: «O se somete el Gobierno, o surge la guerra civil». Los republicanos de izquierdas exigían al presidente de la República, Alcalá-Zamora, que hundiese al gobierno y les diese a ellos el poder, como medio de zanjar el conflicto. En sus diarios escribía el presidente: «Apena presenciar todo esto y seguir rodeado de gentes que constituyen un manicomio no ya suelto, sino judicial, porque entre su ceguera y la carencia de escrúpulos sobre los medios para mandar, entran en la zona mixta de la locura y la delincuencia».

Companys predicaba la guerra civil en Cataluña con declaraciones explosivas. Una delegación del PNV fue acogida triunfalmente en Barcelona. En los edificios oficiales había desaparecido la bandera republicana, ondeando sólo la catalana y la del PNV. Companys advirtió: «Cuando nosotros decimos que estamos dispuestos a dar la vida, no lanzamos al aire una palabra vana, una frase de mitin. Hemos de esperar el momento que nos convenga para el gesto definitivo». Mientras, Dencàs, un separatista radical y consejero de Gobernación, creaba un Comité Militar para instruir a las milicias, crear una trama golpista en las guarniciones militares, y hacer planes concretos, hoy bastante bien conocidos y que he expuesto en otros libros.

El gobierno ignoraba a medias los preparativos, y prefería cerrar los ojos. En las Cortes, los monárquicos denunciaron que la Esquerra se estaba armando, y un Samper demasiado ingenuo replicó: «¿Contra quién? ¿Contra el Poder público del Estado español? Yo no seré capaz de inferir semejante injuria a los representantes de la *Generalitat*. Eso sería incubar una catástrofe». El ministro de Marina acusó a su vez a los que tales cosas denunciaban, de soliviantar a la gente con frases alarmistas y «separadoras», simétricas de las de los «separatistas». Y terminó, con falso optimismo: «El problema hay que resolverlo con cordialidad».

Las proclamas de Companys, cada vez más salvajes —aunque él mismo corregía las versiones aparecidas en los periódicos, según señala Dencàs, para quitarles algo de hierro y que no terminasen de alarmar a Madrid—, ponían a la opinión, al menos en apariencia, al rojo vivo. Uno de sus partidarios, Jaime Miravitlles, lo describe así: «Cada discurso de Companys era un toque de atención. Cada viaje, una concentración popular. Cada inauguración, una revista. A medida que pasaban los días, la figura del *President* adquiría proporciones épicas, de leyenda, mientras que Samper, Lerroux, Salazar Alonso aparecían en su miserable minusculidad».

No todos los catalanes, ni mucho menos, pensaban igual. El influyente periodista Agustín Calvet advertía desde *La Vanguardia*: «El catalanismo de antaño había usado y abusado en gran escala de la táctica de la intimidación. El "todo o nada", el "si no nos la dan, nos la tomaremos" y bravatas parecidas, como un posible alzamiento de Cataluña. Trucos manejados, hay que reconocerlo, con gran habilidad, pero perfectamente irreflexivos e irrealizables. Las armas eran todas imaginarias, y la pólvora se iba por completo en salvas. Pero hoy es otra cosa».

Companys disponía para sus fines de numerosos oficiales izquierdistas en los cuarteles —entre ellos, varios hombres de confianza de Azaña—, de la autoridad sobre la Guardia Civil y la Guardia de Asalto, por haberle sido traspasadas las competencias de Seguridad Pública, así como de unas milicias nacionalistas uniformadas y autoras de numerosos actos de intimidación, llamadas *escamots* (pelotones o patrullas), instruidas, dirá Dencàs, «para traducir en hechos prácticos los clamores de heroísmo y de actitudes rebeldes [...] con objeto de implantar y hacer factible aquella revolución que todos los dirigentes en los actos y mítines predicaban a nuestro pueblo [...]. ¿Cuáles fueron las directrices que se me dieron cuando ocupé la Consejería de Gobernación? Se me dieron órdenes muy concretas. [...] Era necesario preparar nuestra casa para la resistencia armada. [...] Comenzó inmediatamente el alistamiento de 8.000 voluntarios». Simultáneamente, el partido y la propia *Generalitat* se volcaban en crear en la población «un ambiente de revuelta que había de desembocar fatalmente [...] en una acción revolucionaria».

Hoy caben pocas dudas de la implicación de Azaña y otros republicanos, al menos hasta el mes de julio, en aquellos preparativos, como lo demuestra la documentación socialista, a cuyos dirigentes acudió aquél para pedir colaboración en un golpe de Estado que impondría un gobierno de izquierdas desde Barcelona. El PSOE rechazó el plan, pues no pensaba en un golpe de tipo *burgués,* sino en una revolución *proletaria.* Como observa Hurtado: «Con una inconsciencia inexplicable, [...] [los republicanos de Madrid] venían a Barcelona a informarse y a seguir con entusiasmo las peripecias del movimiento que se preparaba, aunque fuera a favor del extremismo nacionalista». Pasado el tiempo, Azaña hablará con desprecio de Companys, pero por entonces todo indica que marchaban juntos.

Quizá fue el fracaso con los socialistas lo que hizo retroceder momentáneamente a Companys, el cual admitió entonces un diálogo con el gobierno. La ley se completaría con un reglamento que incluyese unas mínimas reformas. Sin embargo, en la práctica nada cambió, y bajo las aparentes concesiones proseguían los preparativos de rebelión por parte de Companys. Grupos separatistas intentaron incendiar el Palacio de Justicia en Barcelona, los insultos a España no cesaban, y proseguía la belicosa agitación de la Esquerra.

*

Así estaban las cosas cuando, en el mes de agosto, entraba en acción el PNV, con una táctica similar. Su objetivo principal era obtener el estatuto de autonomía, habiendo manifestado desde el primer momento su intención de vulnerarlo y utilizarlo como palanca para la completa separación de España. Pese a su extremo derechismo católico, el PNV no vaciló en aliarse con la anticlerical Esquerra catalana, y también lo haría, aquel verano, con el PSOE y los republicanos, que le habían negado el estatuto cuando estaban en el gobierno, precisamente por el carácter católico del PNV.

Esta vez el motivo del conflicto fue una propuesta parlamentaria de rebajar las tasas sobre el vino, con objeto de dar salida a los excedentes. Al disminuir las tasas, lo harían también los ingresos de muchos ayuntamientos vascos, razón por la cual los alcaldes interpretaron que la medida vulneraba los conciertos económicos. Iniciaron el movimiento los ayuntamientos de Bilbao y San Sebastián, socialista y republicano de izquierdas respectivamente, a los que se unió enseguida el PNV. Desde el primer momento, la actitud de los nacionalistas fue de exigencia e intimidación, como revela el propio presidente del partido, Aguirre, en sus memorias.

En julio, el gobierno acordó revisar las tasas, y entonces los partidos añadieron un nuevo conflicto: la falta de diputaciones elegidas por votación, que desde Primo de Rivera habían sido sustituidas por comisiones gestoras nombradas por el gobierno. La República mantuvo el sistema de Primo. Habiendo sido así, los partidos republicanos y el socialista no tenían mucha razón para exigir el cambio, pero de pronto encontraron intolerable la falta de aquellas elecciones.

Tampoco el PNV había protestado gran cosa antes, y su propuesta de estatuto había sido elaborada por las comisiones gestoras. Pero, escribe Aguirre, «Euzkadi no podía resistir con dignidad un régimen gubernativo [...] sólo concebible para países coloniales, donde hasta los más elementales derechos de los pueblos son desconocidos». La población no parecía muy afectada por tal agravio, reconoce implícitamente Aguirre al apuntar a los vascos «descastados»: «Un pueblo que en estas circunstancias enmudece es un pueblo que ha perdido el honor». Y para salvar su honor, el PNV lanzó una fuerte campaña de agitación en compañía de las izquierdas. En vano denunciaba la derecha en Madrid: «Lo que en realidad apoyan las izquierdas y el socialismo es el desorden, el intento de una sedición separatista. Buscan el conflicto con el Gobierno y no les importa incorporarse a una fingida protesta contra irregularidades [las comisiones gestoras] que han mantenido y explotado más de dos años».

Una asamblea de alcaldes reunida en Bilbao el 5 de julio acordó la elección, el 12 de agosto, de una comisión para defender los conciertos económicos. No dejaba de ser un pretexto, porque al disponerse el gobierno a negociar, la amenaza, si había sido real, desaparecía. Se trataba de crear una especie de doble poder, y el gobernador provincial, el lerrouxista Ángel Velarde, prohibió la asamblea, alegando su carácter ilegal, pues rebasaba las atribuciones de los ayuntamientos y diputaciones.

La reacción fue muy dura. Aunque exteriormente los nacionalistas mantuvieron un tono relativamente circunspecto, hacían circular octavillas de tono extremista y llamamientos a la secesión, «causa justa» por la cual «no se pierde jamás la sangre vertida». Sostenían, sediciosamente, que «los ayuntamientos son hoy los únicos representantes legítimos del pueblo», negando cualquier otra legitimidad. La Esquerra manifestaba su solidaridad amenazando: «La culpa de lo que pueda pasar, o la responsabilidad, serán, íntegras, del Gobierno Samper [...]. La causa de Vasconia es hoy la causa de Cataluña y de toda la democracia de los pueblos ibéricos. [...] ¡Que no caiga un hombre en Euscadi! Su sangre podría ser la gota trágica que hace rebosar esta copa amarga que hemos ido apurando».

Velarde hizo abortar la elección y detener a cuarenta alcaldes, imponiendo multas. Una represión, asegura Aguirre, de «vergonzosos caracteres, impropios hasta de países semisalvajes». En realidad fue una represión suave y nada sangrienta, a la que respondió una subversión mucho más generalizada: las multas no se pagaban y se creó un caos deliberado en la administración municipal. La Esquerra y diversos ayuntamientos regidos por la izquierda, como los de Oviedo y Zaragoza, expresaron su solidaridad con los reprimidos, y Prieto, Azaña y Negrín acudieron a Bilbao a apoyar la subversión. Subiendo un nuevo escalón en la rebeldía, Prieto convocó para el 2 de septiembre una asamblea de diputados y alcaldes en Zumárraga. El gobierno declaró facciosa la asamblea, que se convirtió en un pulso decisivo.

Ante la relativa firmeza del gobierno, y el temor a verse desbordado por la izquierda, el PNV retrocedió. Dos de sus líderes, Aguirre y Horn, visitaron a Samper al margen de sus aliados oficiosos. Samper, siempre dialogante, los acogió «con comprensión y simpatía», dice Aguirre, comprometiéndose a unas elecciones provinciales después de las vacaciones veraniegas, y confirmándoles la revisión de la tasa sobre el vino. Pero poco después, el 27 de aquel agosto, Aguirre escribía a Samper en tono conminatorio (a su juicio así había que tratar a «Madrid»). Amenazaba con llevar a cabo «sin vacilar» la asamblea de Zumárraga «y otras medidas más graves», y exigía la sustitución de las comisiones gestoras por otras nombradas por los ayuntamientos. Su propósito evidente era dominar las diputaciones justo antes de los comicios, y Samper, lógicamente, replicó que aceptarlo suponía someterse a una presión ilegal: «Existe una ley, ¿por qué no cumplirla mientras no venga a dictarse otra en su lugar?». Y recordó las concesiones del gobierno: «primera, intangibilidad del Concierto económico; segunda, no tratar nada que afecte a ese Concierto en las comisiones gestoras; tercero, suspender de derecho la exacción de impuestos sobre la renta; cuarto [mover] todos los resortes para que se produzca la norma legislativa que permita a las provincias vascas realizar el nombramiento de los gestores. ¿Qué más puede hacer el gobierno? ¿Para qué empeñarse en una contienda por amor propio? ¿No será mejor resolver el asunto con un espíritu comprensivo cuando se tiene enfrente la brevedad de un plazo cuyo próximo término ha de conjurar todas las dificultades?».

Aquello pudo diluir el conflicto, pero entonces el PNV endureció su postura y mantuvo, con el PSOE y las izquierdas republicanas, la cita de Zumárraga. La alianza entre partidos rivales, claramente subversiva y antidemocrática, sólo podía mantenerse por el común designio de impedir gobernar a la derecha. El PSOE trató de atraer a los nacionalistas vascos a su proyectada insurrección, ya muy avanzada en sus preparativos, pero el derechista PNV mostraba reparos ante sus fines revolucionarios. Más clara fue su alianza con la Esquerra catalana, con visitas mutuas a Bilbao y Barcelona, ocasión de intensa agitación separatista. El gobierno detectó intercambios de mensajes cifrados entre emisoras clandestinas de la *Generalitat* y otras vascas. *La Humanitat*, diario de Companys, despedía así al peneuvista Monzón el 25 de agosto: «Volverá a Euscadi convencido —justificadamente convencido— de que Cataluña está con ellos». Los ataques del periódico al gobierno eran implacables: «En pleno frenesí, esta gente imbécil [...] vuelve a lanzarse sobre nuestro pueblo con furia suicida». «Inexorablemente Vasconia se ha puesto a caminar a nuestro lado [...]. Nuestra mano de catalanes estará siempre, en peligros, en fatigas, o en victorias, en la mano de los hombres de Vasconia».

Ante la asamblea de Zumárraga, la tensión en el país subió a extremos intolerables. Rovira y Virgili, ideólogo de la Esquerra, escribía ya el 13 de agosto: «La verdad es ésta: los agrarios y los de la CEDA, [...] de acuerdo con los cada-véricos republicanos Alejandro Lerroux y Melquíades Álvarez, [...] se proponen apoderarse definitivamente del poder por procedimientos constitucionales, si es factible, y por procedimientos de fuerza si lo creen preciso. El choque es inevitable». La verdad indiscutible era que quienes pensaban apoderarse del poder por procedimientos de fuerza y desestabilización eran las izquierdas. Pero acertaba en que, por esa vía, el choque se haría inevitable.

La tensión en el país subió a extremos intolerables. Irujo, diputado del PNV, declaraba jactanciosamente: «Estamos en franca, abierta y declarada rebeldía». La Esquerra advertía amenazadoramente: «Si es lo bastante inconsciente para enfrentarse a la voluntad popular, allá el gobierno con su responsabilidad. Puede ser tremenda». El PSOE anunciaba, en el mismo tono: «El conflicto entra en una fase de violencia mayor».

Sin embargo, el gobierno se mantuvo firme aquella vez, y la mera presencia de contingentes policiales en Zumárraga bastó para desinflar como un globo las amenazas. Para desquitarse, las izquierdas y el PNV organizaron altercados y enfrentamientos en diversos pueblos en los días siguientes, pero sin mayores consecuencias.

La firmeza del gobierno había cortado un peligroso conflicto, pero la situación en el conjunto del país empeoró gravemente aquel mes de septiembre. El gobierno retornó a su debilidad, y a lo largo de septiembre proseguirían los preparativos revolucionarios, mientras no cesaban los atentados, los enfrentamientos callejeros, las huelgas políticas, y se descubrían alijos y depósitos de armas preparados por el PSOE en diversos lugares. Una multitudinaria concentración de juventudes socialistas y comunistas en Madrid dio ocasión a discursos abiertamente guerracivilistas, prometiendo para muy pronto la conquista armada del poder. *La Humanitat* decía el día 30: «El presidente Companys tiene al pueblo catalán a su lado. Él sabrá servirse de esa enorme fuerza ciudadana. En paz o en guerra, es igual». Y el día siguiente advertía *El Socialista*: «Tenemos nuestro ejército a la espera de ser movilizado. Sólo nos falta el Poder. Hay, pues, que conquistarlo». Los comentarios eran muy negros. Unamuno habría dicho a Areilza: «Esto va muy mal. Las viejas guerras civiles se perfilan de nuevo en el horizonte, con todo su horror».

El momento crucial se acercaba. La CEDA había renunciado a gobernar esperando que los odios se calmaran, pero había ocurrido lo contrario, y el gobierno Samper había atestiguado su debilidad y falta de energía, salvo en algún que otro momento. Por lo tanto, Gil Robles resolvió no esperar más para hacer efectivo el derecho que le daban las urnas, y entrar en el gobierno. Tenía derecho a presidir el gobierno o a dominarlo, pero, en un último esfuerzo de conciliación, se contentó con tres ministros, seleccionados entre quienes más aceptables pudieran resultar a las izquierdas, y en carteras menores, evitando las decisivas de Guerra, Gobernación o Hacienda.

Sin embargo, el PSOE había decidido invocar la entrada de la CEDA en el gobierno como justificación o pretexto para desatar la guerra civil que venía preparando. Dicha entrada era plenamente legal, y la CEDA no era un partido fascista, como reconocía el principal ideólogo socialista, Araquistáin, en la prensa extranjera, mientras él mismo y su partido sostenían masivamente lo contrario ante los trabajadores españoles. La decisión socialista y de la Esquerra tampoco respondía a ningún deseo de salvaguardar las libertades, pues constituía un ataque frontal a la legalidad republicana, una legalidad que la izquierda había impuesto, y no por consenso, sino por rodillo. A principios de octubre, culminando meses de maniobras desestabilizadoras ya vistas, las espadas estaban en alto. El choque se había vuelto, en efecto, inevitable.

IV

Estalla la insurrección

AUNQUE ALGUNOS HISTORIADORES sostienen, sin mucha base, que por ambos lados, izquierdas y derechas, hubo una extraordinaria crispación en 1934, esto no es ni medianamente cierto. Sólo en la muy minoritaria prensa monárquica o falangista se percibe una incitación a la violencia o al derrocamiento del régimen, y muy poco o nada —como se puede constatar en la documentación anexa que reproducimos— en la prensa mayoritaria de la CEDA. En cambio, en la del PSOE, tan mayoritario en la izquierda, podían leerse abundantes llamamientos como éstos (igualmente reproducidos en nuestra documentación anexa): «¡¡Estamos en pie de guerra!! ¡Por la insurrección armada! ¡Todo el poder a los socialistas!»; «La guerra civil está a punto de estallar sin que nada pueda ya detenerla»; «Uniformados, alineados en firme formación militar, en alto los puños, impacientes por apretar el fusil. Un poso de odio imposible de borrar sin una violencia ejemplar y decidida, sin una operación quirúrgica»; «El proletariado marcha a la guerra civil con ánimo firme». En rigor, el PSOE y la Esquerra habían avanzado tanto en sus preparativos y amenazas, que les habría sido imposible retroceder a última hora sin desacreditarse profundamente y abrir serias grietas en el interior de ellos mismos.

El 4 de octubre se conoció el nuevo gobierno, presidido por Lerroux, con tres ministros de la CEDA. El PSOE y la Esquerra lo consideraron un «golpe fascista». *El Socialista* instruía: «Trabajadores: hoy quedará resuelta la crisis. La gravedad del momento demanda de vosotros una subordinación absoluta a los deberes que todo el proletariado se ha impuesto. La victoria es aliada de la disciplina y la firmeza».

El comité insurreccional del PSOE se reunió en una sesión cuya ansiedad describe uno de los organizadores de la revuelta, Juan Simeón Vidarte: «Largo Caballero estaba pálido, mas su voz era firme y segura. [...] La cara de Fernando de los Ríos denotaba honda preocupación. [...] Los compañeros mostraban asombro o perplejidad. Pero todos fueron manifestando su aquiescencia. Aquellos hombres no supieron o no quisieron hacer objeciones. Miraban a Prieto y a De los Ríos, esperando que dijesen algo. Pero Prieto, con los dedos gruesos y cortos sobre su abultado abdomen, miraba al techo, en la actitud del prior de un convento que esperase de los cielos un milagro. Había en la sala una emoción estrujante. Yo también levanté los ojos al techo para liberarlos de la impresión de contemplar los rostros de mis compañeros».

No obstante, las decisiones fueron claras: desatar la guerra civil inmediatamente, tal como estaba previsto. Pero ¿y si la acción fracasaba? Para esa eventualidad los reunidos acordaron que el PSOE negaría toda relación con el alzamiento, presentándolo como una protesta espontánea de la gente. El objetivo de esta falsedad, como explicará Santiago Carrillo en sus Memorias, era aprovechar las facilidades y garantías legales para esquivar en lo posible la represión, y mantener las estructuras del partido. Con ello el propio Carrillo demuestra hasta qué punto nadie creía en el supuesto fascismo. De existir éste, el PSOE no habría tenido la menor oportunidad de explotar las leyes y las garantías constitucionales como se aprestaba a hacer. No sólo no creían en el fascismo de la CEDA, sino que ni siquiera esperaban que ésta respondiera a la insurrección con un contragolpe desde el gobierno. Y los hechos les darían la razón. La CEDA iba a defender la legalidad republicana, y el PSOE podría aprovechar la ley para salvaguardar sus organizaciones. El propio Largo Caballero saldría... absuelto por falta de pruebas, cuando la insurrección fracasase.

Adoptadas las decisiones, se dieron órdenes a los jefes, varios de ellos diputados, de salir aquella misma noche hacia sus respectivas provincias para dirigir los ataques. El punto clave sería, naturalmente, Madrid, sede de los centros políticos del país. Fue declarada la huelga general, y los milicianos, armados con pistolas, fusiles y ametralladoras, tomaron posiciones durante la noche. Comenzaron los sabotajes y los asaltos a instalaciones civiles y militares, llenándose la noche de tiroteos y explosiones. Un punto muy importante del plan consistía en la toma de los principales cuarteles de Madrid, para lo cual estaban dispuestos grupos de milicianos que serían auxiliados, en el momento decisivo, por grupos de soldados y, sobre todo, de oficiales y suboficiales comprometidos en el alzamiento. Varios cuarteles fueron así atacados pero, para sorpresa de los milicianos, los elementos que debían ayudarles desde dentro permanecieron pasivos.

Al amanecer ocurrió algo peor: la huelga, impuesta a veces por la violencia, era muy amplia, pero los trabajadores no se unían a las milicias que luchaban en la calle, sino que simplemente se quedaban en sus casas. La operación empezaba muy mal, aunque a un observador externo le daría la impresión de una gran agitación armada. Por otra parte llegaban de provincias numerosas informaciones de alzamientos y tiroteos.

Esta efervescencia informativa engañó a los republicanos de izquierda, que creyeron que el levantamiento llevaba trazas de imponerse, y se precipitaron, el mismo día 5, a hacer públicos diversos comunicados rompiendo con las instituciones y solidarizándose de hecho con los sublevados. Dos de esos partidos, el de Azaña y la Izquierda Radical Socialista, llamaban a emplear «todos los medios» contra el gobierno, en apelación indisimulada a la violencia. Posteriormente Azaña, que estaba en Barcelona, otro centro neurálgico de la insurrección, negaría toda relación con la intentona.

De cualquier modo, la clave de la operación madrileña consistía en el llamado *putsch a lo Dollfuss*. Dollfuss, político conservador austríaco, se había visto en 1934 acosado simultáneamente por los nazis y por los socialistas, que en Austria tenían más de revolucionarios que de socialdemócratas. En febrero de aquel mismo año había aplastado una revuelta socialista, dirigiéndose a continuación contra los nazis. Pero en julio, los nazis habían organizado un golpe o *putsch*, en el cual, vestidos con uniformes policiales, habían ocupado el palacio presidencial y otros edificios, asesinando al propio Dollfuss. Este episodio había sugerido a la dirección del PSOE la idea de aplicar el mismo método para capturar puntos clave, como la dirección de la Guardia Civil, el ministerio de Gobernación, y al gobierno o parte de él, habiendo preparado a tal efecto grupos especiales que debían operar con uniformes de la Guardia Civil y de la Guardia de Asalto. Las instrucciones secretas para la insurrección preveían, precisamente, apoderarse de los dirigentes enemigos como rehenes, o matarlos si resistían.

El *putsch a lo Dollfuss*, del que informan Vidarte y Tagüeña en sus memorias, iba a fracasar por una casualidad: un vecino denunció la concentración sospechosa de gente en un local. Acudió la policía y desbarató el intento, después de una lucha que se saldó con varios muertos y heridos. Ello no obstante, se mantendría el plan de asaltar el ministerio de Gobernación, donde se suponía, acertadamente, que estaría reunida buena parte del gobierno, y desde el cual se dirigía la lucha contra los insurrectos en toda España. El ataque se puso en práctica en la noche del 6 al 7 de octubre, llenando la Puerta del Sol de disparos de ametralladoras y fusiles, mientras se atacaban por segunda vez en aquellos días el Palacio de Comunicaciones, la Telefónica y el Congreso. Los atacantes de la Puerta del Sol contaban con que los guardias de asalto del inmediato cuartel de Pontejos se unirían a ellos, pues se trataba de una guarnición muy infiltrada, pero nuevamente la esperanza resultó fallida, y la operación fracasó.

Este fracaso tenía carácter decisivo, porque a partir de ese momento el gobierno podía movilizar con bastante seguridad sus fuerzas para afrontar las amenazas en todo el país. Sin embargo la situación seguía siendo crítica. Para entonces continuaban los incidentes en no menos de 26 provincias. Las acciones más importantes ocurrían en Asturias, donde los mineros se habían sublevado, tomando los valles de la cuenca en un primer momento, y lanzándose a continuación sobre Oviedo. Buena parte de esta capital, así como de la región, estaba en trance de caer en sus manos. Asimismo en Vizcaya y Guipúzcoa se registraban graves enfrentamientos armados, con incendios y muertos. Y, precisamente en los momentos del *putsch* madrileño, Companys ordenaba la insurrección de Cataluña.

Ante la gravedad de los hechos, Lerroux radió un llamamiento a todo el país: «En Cataluña, el presidente de la *Generalitat*, con olvido de todos los deberes que le impone su cargo, su honor y su autoridad, se ha permitido proclamar el *Estat Català*. Ante esta situación, el Gobierno de la República ha tomado el acuerdo de proclamar el estado de guerra en todo el país. Al hacerlo público, el Gobierno declara que ha esperado hasta agotar todos los medios que la ley pone en sus manos. [...] Todos los españoles sentirán en el rostro el sonrojo de la locura cometida por unos cuantos.

El Gobierno les pide que no den asilo en su corazón a ningún sentimiento de odio hacia pueblo alguno de nuestra patria. El patriotismo de Cataluña habrá de imponerse a la locura separatista y sabrá conservar las libertades. [...] En Madrid, como en toda España, la exaltación de la ciudadanía nos acompaña. Con ella, y bajo el imperio de la ley, vamos a seguir la gloriosa historia de España».

V

Companys declara la rebelión

Las actividades de Companys durante el verano anterior demuestran que, como los socialistas, estaba a favor de la guerra civil. Pero el *President* tenía lógicas dudas sobre el triunfo de la insurrección, temía verse desbordado por las izquierdas, y no acababa de resolverse. Desde el primer momento contribuyó a la revuelta, impulsando e incluso forzando las huelgas en Barcelona, pero, más prudente que los republicanos en Madrid, evitó pronunciarse de manera tan inmediata el día 5.

Así, apenas comenzada la revolución, en la noche del 4 al 5, miles de nacionalistas, fundamentalmente las milicias llamadas *escamots*, armadas con pistolas, fusiles y carabinas requisadas algún tiempo antes al Somatén, trataron de imponer la huelga general en la región.* Sólo lo consiguieron a medias, porque la CNT se oponía. La razón de esta sor-

* En la documentación adjunta se reproducen algunos de los anuncios de armamento que, destinados expresamente a los «somatenistas» (es decir, a los integrantes de los comandos rebautizados como *escamots*) fueron publicados en la segunda quincena de septiembre de 1934 en *La Humanitat* (órgano de la Esquerra). (Véase pág. 303.)

prendente actitud de los anarquistas, siempre predispuestos a rebelarse contra el poder, se explica por el odio mutuo entre ellos y los nacionalistas. Al llegar la República, los votos de la CNT pesaron a favor de las candidaturas de izquierda, en especial las de la Esquerra. Siguió una breve luna de miel entre la *Generalitat* y los violentos ácratas, permitiendo la primera a los segundos asesinar a numerosos obreros pertenecientes al Sindicato Libre. La Esquerra en el poder autonómico, ansiosa de los votos ácratas, consintió otras muchas violencias, hasta que se hizo claro que la CNT amenazaba también su propia estabilidad. En consecuencia, el enfrentamiento entre ambas se tornó cada vez más acre. Los *escamots*, actuando como fuerza de orden, secuestraban, torturaban y a veces asesinaban a militantes anarquistas, despertando entre ellos un resentimiento creciente. Según cuenta el líder de la CNT García Oliver, Largo Caballero había hecho algunas gestiones para atraerles a su revolución, pero había preferido finalmente apoyarse en la *Generalitat* dominada por la Esquerra, por parecerle un poder más fuerte en Cataluña.

Por eso, aquel octubre del 34 los anarquistas permanecían tranquilos, mientras los nacionalistas, junto con los pequeños grupos semitrotskistas del BOC (Bloque Obrero y Campesino) y los grupos socialistas minoritarios en Cataluña, trataban de imponer la huelga y ocupaban las calles, buscando crear el ambiente adecuado para lanzarse a fondo en el instante oportuno; es decir, cuando el PSOE llevara las de ganar en el conjunto del país, y la incorporación al movimiento ofreciera pocos riesgos. Entre tanto tranquilizaban al gobierno en Madrid informándole de que estaban tomando medidas para oponerse «al extremismo», es decir, a la CNT, y que fuera de eso todo marchaba dentro de la legalidad. El gobierno comunicó por radio su satisfacción ante el ejemplar comportamiento de la *Generalitat esquerrista* en defensa de la República y contra cualquier insurgencia. Companys, sin embargo, no las tenía todas consigo. En principio llevaba las de ganar: no sólo disponía de 4.000 milicianos y de cuantos voluntarios se apuntasen previsiblemente, sino que también dominaba las fuerzas policiales, más disciplinadas, entrenadas y numerosas que las tropas, muy mermadas por permisos, y entre las cuales también disponía de un buen número de oficiales comprometidos con la rebelión. Varios oficiales del entorno de Azaña asesoraban militarmente a Dencàs, encargado de dirigir las operaciones, e incluso existía el plan de llevar a Barcelona el crucero *Almirante Cervera* para sumarse a la rebelión, aunque el plan fracasaría. Companys creía contar también con el jefe de la guarnición barcelonesa, el general Batet, con quien mantenía cierta amistad.

Con todas estas garantías y esperanzas, y con la sorpresa del gobierno, al que mantenían en el engaño, parecía fácil la victoria en Cataluña, pero ésta serviría de poco si en las demás regiones fracasaba el PSOE. Las informaciones de los días 5 y 6, forzosamente confusas y por ello exageradas, aunque basadas en los numerosos incidentes producidos por medio país, terminaron convenciendo a Companys, quien finalmente se decidió. Al atardecer del día 6 proclamó desde el palacio de la *Generalitat*, ante una pequeña multitud: «Las fuerzas monarquizantes y fascistas que de un tiempo acá pretenden traicionar a la República han logrado su objetivo y han asaltado el poder. [...] Todas las fuerzas auténticamente republicanas de España y los sectores sociales avanzados, sin distinción ni excepción, se han levantado en armas contra la audaz tentativa. En esta hora solemne, en nombre del pueblo y del Parlamento, el Gobierno que presido asume todas las facultades del Poder en Cataluña, proclama el Estado Catalán dentro de la República Federal Española y, al restablecer y fortalecer la relación con los dirigentes de la protesta general contra el fascismo, les invita a establecer en Cataluña el Gobierno provisional de la República».

En rigor, quienes asaltaban el poder eran las «fuerzas republicanas y avanzadas», de Companys, mientras que la derecha había entrado en el gobierno con plena legalidad, no siendo fascista ni defensora de la monarquía. En aquel momento, Companys iba más allá, al inventarse un régimen nuevo y un «Estado catalán» inconstitucional, y rompiendo todos los acuerdos anteriores con las propias «fuerzas republicanas y sectores avanzados». No se trataba, evidentemente, de errores, sino de la justificación de un designio deliberado. El error estaba en la afirmación de que tanta gente ya se había «levantado en armas» contra el gobierno legítimo. Para su desgracia, a la hora en que Companys leía y radiaba su proclama, empezaba a fracasar en la Puerta del Sol de Madrid el *putsch a lo Dollfuss*, lanzado en sospechosa simultaneidad con la rebelión de la Esquerra.

Y, mayor desgracia para Companys, el general Batet decidió obedecer al gobierno. Contratiempo no grave porque, en definitiva, el general iba a disponer sólo de unas pocas compañías de soldados, más alguna otra de la Guardia Civil, que estando a las órdenes de la *Generalitat*, vacilaba entre la autoridad de ésta y la del gobierno.

Sin embargo, Batet iba a actuar con tal habilidad y resolución que, con sólo unos pocos cientos de hombres y tres piezas de artillería ligera, iba a dominar completamente, durante la noche del 6 al 7 de octubre, la rebelión de Companys. Aquellas horas las describe así el escritor gallego W. Fernández Flórez: «Un momento grave y solemne de la historia de España se hizo perceptible en todos los hogares donde los ciudadanos enmudecidos y ansiosos escuchaban el cañoneo de las excitaciones que se cruzaban entre Barcelona y Madrid. Las noticias que lanzaba el Gobierno central y los gritos de *«¡A las armas!»* de los sediciosos de la Generalidad. Ni el tableteo de las ametralladoras pudo ejercer tan fuerte sensación en los espíritus. Fue una lucha de dos voces en una noche en que la inquietud había cuajado sobre España como un bloque. Al fin, una de ellas calló. Y aquella voz vencida fue como si todo el mal hubiera sido también vencido».

Se ha destacado, de manera un tanto frívola, el comportamiento aparentemente grotesco de Dencàs durante aquella noche, sus llamamientos enloquecidos por la radio, coronados por su huida a través de las alcantarillas. Pero la verdad histórica exige tener en cuenta que Dencàs sería luego elegido por los nacionalistas como chivo expiatorio para justificar la revuelta y ensalzar como poco menos que heroica la conducta de Companys. Los días 5 y 6 de junio de 1936, en un debate en el *Parlament* sobre aquella jornada, quedó bien de relieve que había sido Companys quien, con sus contradicciones y pasividad, había sido el principal responsable tanto de la intentona golpista como de su ridículo fracaso. Dencàs se encontró con la dificultad de coordinar en la noche a sus hombres, que a veces se tiroteaban entre sí, y decidió esperar el amanecer para lanzar una contraofensiva, que debían apoyar, además, otros miles de voluntarios.

La discusión entre Companys y Dencàs resultó por demás ilustrativa. Companys replicó al alegato de su oponente: «Su Señoría esperaba la mañana para que, entonces, llegasen los elementos de fuera, los cuales, junto con las concentraciones que Su Señoría había preparado, derrotarían a los ejércitos que estaban emplazados estratégicamente en todas las plazas y en todas las calles de Barcelona». El despropósito era tan evidente que Dencàs le interrumpió furioso: «¡Un centenar! ¡Ciento veinte soldados, señor Presidente!». Pues a cifras no mucho mayores llegaban «los ejércitos» de que hablaba Companys. Éste continuó, como si no hubiera oído nada: «Entonces, cuando hubiera claridad y estuvieran todas las fuerzas emplazadas con los cañones, ametralladoras, etc., bajarían todos los refuerzos del exterior y en un momento derrotarían a aquel ejército establecido de forma estratégica».

En realidad, Companys se había rendido sin apenas resistencia ante unas tropas insignificantes, que ni siquiera sitiaban el edificio de la *Generalitat*, limitándose a asediarlo por su fachada principal. El *President* empleó otro argumento para derrotar a Dencàs, que insistía en que la lucha podía haber continuado al amanecer: «No me niegue Su Señoría un elogio que me conmovió. Su Señoría me dijo: "*Señor Presidente, se ha portado usted como un héroe*". ¡No lo niegue, señor Dencàs, sea honrado!». El aludido lo admitió, y entonces Companys concluyó triunfante: «Si dijo usted que yo había sido un héroe, es que confirmaba la capitulación».

El *Parlament*, totalmente volcado a favor de Companys, increpaba a Dencàs, de modo que éste llevaba las de perder, por muy claro que hablase o por muy incoherente que fuera el primero. Otra cabeza de turco, aunque menos atacada, había sido Miquel Badía, para entonces asesinado por los anarquistas. Dencàs leyó una expresiva carta de él: «No cuenta nada el que aquella noche aciaga algunos nos jugáramos la vida. Nuestra obligación, sobre todo la mía, era capitular enseguida, sin luchar [...]. Y tenía la obligación de estarme escondido en un despacho y sacar la bandera blanca en cuanto hubiera oído un par de cañonazos [describía así, bastante adecuadamente, la conducta de Companys]. Di mal ejemplo al ser el único que con un grupo de voluntarios salió a la calle, y ahora lo he de pagar. [...] Reconozco que merezco sólo desprecios e insultos [...]. El apoyo material y moral lo tienen bien ganado aquellos valientes que [...] permanecieron bien escondidos para rendirse a cambio de que les perdonasen la vida. Sí, hace muy bien la gente en ayudar y plañir a esos pobretes». La lectura de esta carta provocó una tempestad de insultos a Dencàs desde los escaños de la izquierda.

El éxito de Batet tuvo algo de milagroso, por lo inverosímil, contra fuerzas tan superiores. Cuando Batet logró la rendición de la Esquerra y las izquierdas obreristas en Barcelona, llegaban los refuerzos enviados a toda prisa por Franco. Un apasionado historiador benedictino, Hilari Raguer, asegura, sin la más mínima prueba: «Franco [...] habría querido [...] que Batet hubiera actuado en una guerra total, arrasando los edificios históricos y simbólicos y provocando una matanza». De todos modos hubo algo de matanza: el golpe de Companys causó 107 muertos en Cataluña, 78 de los cuales en Barcelona. La causa real de la derrota nacionalista radicó en la actitud de la población catalana, que prefirió mantenerse en el terreno de la ley, dejando caer en el vacío los llamamientos a las armas de la Esquerra y los socialistas.

En cambio, el PNV, al que habíamos encontrado muy comprometido antes en la desestabilización del gobierno, esperó prudentemente y, aunque sus sindicatos participaron parcialmente en la huelga, tuvo tiempo de notar los indicios de su fracaso y evitar lanzarse al ruedo.

También algunas iglesias sufrieron en Cataluña importantes desmanes. Éste es el estado en que quedó Nostra Senyora dels Dolors en Villafranca del Penedés

El Banco Asturiano y el Hotel Covadonga incendiados

Barricadas levantadas por los sediciosos
en el barrio del Llano de Gijón

Escuadrillas saliendo para defender las afueras de Oviedo

Sólo quedó la fachada del Palacio Episcopal de Oviedo, incendiado por los rebeldes

Armamento de los revolucionarios recuperado por el Ejército

Armas de los revolucionarios procedentes de los depósitos descubiertos en Vizcaya

Soldados recogiendo cadáveres en Oviedo

Una avanzadilla de las tropas leales en Oviedo

La calle de la Pasión de Oviedo hace honor a su nombre

Efectos del bombardeo en la Fábrica de Armas de Oviedo

Cacheo de transeúntes en las calles de Madrid

Soldados ponen en marcha los tranvías en Madrid

El rostro demudado de un soldado

Las tropas liberadoras desfilan en Oviedo

Desfile militar en Oviedo en celebración de la victoria

Lerroux en un mitin
en la plaza de toros
de Madrid

Indalecio Prieto:
el otro gran dirigente
radical del PSOE

El general López Ochoa
que dirigió a las fuerzas leales
a la República en su lucha
contra los sublevados

Los guardias civiles que defendieron
el Monte de Piedad de Oviedo

Lluís Companys en el momento de anunciar por la radio la capitulación del movimiento secesionista en Cataluña

Gil Robles, presidente de la CEDA (Confederación Española de Derechas Autónomas) en un mitin electoral

Un miliciano asturiano

VI

La revolución de Asturias

En toda España ocurrió prácticamente lo mismo que en Cataluña: la gente no siguió los desesperados llamamientos a las armas lanzados por socialistas, comunistas y otros. No dejó de haber incidentes sangrientos, junto con violentos combates en algunos puntos, especialmente en Vizcaya y Guipúzcoa, León, localidades andaluzas, etc., pero en general los grupos insurreccionales preparados por el PSOE pronto se encontraron aislados, actuando en el vacío. A su vez, los numerosos militares comprometidos en la revuelta vacilaban, y aunque procuraban estorbar o sabotear los esfuerzos del gobierno, no osaban lanzarse a la pelea de forma abierta.

Hubo una excepción, sin embargo: la cuenca carbonífera asturiana. Los mineros eran probablemente los trabajadores manuales mejor pagados de España, aunque su trabajo era muy duro, como ocurre en todos los sitios con la minería. Por otra parte, se trataba de unas minas de explotación antieconómica, muy subvencionada por el gobierno. En esta zona había logrado calar en profundidad una larga y persistente propaganda socialista, de tinte fuertemente sovietizante, y de una virulencia todavía mayor que en otras regiones, dirigida especialmente por algunos periodistas del diario *Avance*.

Lerroux, que el día 6 ya había dado por superado lo peor en Asturias, se equivocaba totalmente. La lucha no había hecho más que empezar. Allí, tan pronto se recibió la orden de movilización, fueron atacados los dispersos cuartelillos de la Guardia Civil, y, pese a la empeñada resistencia de algunos núcleos, los valles mineros cayeron enseguida en manos de los revolucionarios. Sin pérdida de tiempo, éstos extendieron su poder por otras amplias zonas de la región, incluyendo las importantes ciudades de Gijón y Avilés, a la vez que se concentraban contra la capital, Oviedo. Al revés que en Cataluña, los anarquistas, que predominaban en algunas ciudades, cooperaron muy activamente en el movimiento, como harían también los comunistas, por entonces un partido pequeño pero muy disciplinado y lleno de iniciativa.

Sería en Oviedo donde iban a transcurrir los principales combates durante las dos semanas siguientes. Los revolucionarios fueron tomándola barrio por barrio, en difíciles luchas de calle, pero la resistencia fue tan dura que no llegarían a ocupar por entero la ciudad. Al mismo tiempo, la revolución se había extendido por el sur hasta cerca del límite con León.

Entre tanto, el gobierno había decidido apoyarse en Franco como coordinador de las operaciones en toda España (aunque sin mando efectivo, pues actuaba como «asesor»), al tiempo que enviaba a Asturias al general López Ochoa para restablecer la situación. Franco iba a actuar con gran celeridad y eficacia, y no menos López Ochoa. Éste viajó inmediatamente a Galicia el día 7, y desde allí, con una pequeña tropa de 360 soldados perforó rápidamente la zona revolucionaria, liberando Avilés dos días más tarde. En cambio, las columnas enviadas desde León se estancaban en Vega del Rey, sin lograr avanzar hacia la cuenca minera, debido a la resistencia de los rebeldes.

La noche del día 7 trajo otra mala noticia para los insurrectos: en Madrid era detenido el comité insurreccional mientras cenaba en casa de un pintor de izquierdas llamado Quintanilla. En otro lugar, los dirigentes máximos, Prieto y Largo Caballero, se habían separado después de una agria disputa. Prieto huiría más tarde a Francia, y Largo sería detenido. Por esos días Gijón era atacada desde el mar por los barcos de guerra enviados por Franco, al tiempo que empezaban los primeros ataques aéreos, para decepción de los rebeldes, que creían tener (y poco faltó para que ocurriera) a los aviadores de su parte.

Pero todo ello no impediría la continuación de la lucha en Asturias, donde los organizadores de la guerra civil trataban de aplicar concienzudamente las instrucciones para la insurrección que habían estado preparando durante meses.

Dejando una guarnición en Avilés, López Ochoa logró el día 10 introducirse en Oviedo con sólo 180 hombres, reanimando de tal modo la resistencia. Ese mismo día desembarcaban en Gijón las tropas del ejército de África (legionarios y moros) enviadas por Franco. Aunque se le ha acusado por esto, lo mismo había hecho Azaña ante la rebelión de

Sanjurjo, aunque entonces no tuvo que emplear las tropas moras, ante el rápido hundimiento del intento golpista. La experiencia en Vega del Rey y otros puntos demostraba el muy bajo nivel de instrucción de los soldados normales, y la escasa fiabilidad de bastantes mandos, que habían sido trabajados por los revolucionarios. Estas desventajas, en un terreno tan agreste y favorable a la defensa como Asturias, exponían a las tropas corrientes a graves reveses, y a esa razón se debió la decisión del gobierno, asesorado por Franco, de enviar las tropas de Marruecos, mucho más disciplinadas y entrenadas.

No obstante, los izquierdistas combatían empeñadamente. No disponían sólo de dinamita, como se ha dicho, aunque la tenían en grandes cantidades. Por la acumulación de armas previa a la insurrección y por las conquistadas desde entonces, disponían de miles de fusiles, bastantes ametralladoras y cañones (aunque no de las espoletas que hicieran estallar las granadas de artillería), etc. Su punto flaco era la escasez creciente de municiones, debida en buena medida al derroche que de ellas habían hecho en los primeros días, según reconoce uno de los cronistas y protagonistas de la acción, el minero marxista Manuel Grossi en su libro *La insurrección de Asturias.*

En sus proclamas, los revolucionarios hablaban de reducir Oviedo a cenizas antes que entregarla: «Sepamos, antes que entregarla al enemigo, confundir a éste entre sus escombros, no dejando piedra sobre piedra». Y en buena medida lo cumplieron. En aquellos días incendiaron manzanas de casas enteras, mediante una gran explosión de dinamita destruyeron en buena parte la biblioteca de la universidad y el edificio mismo, dañaron seriamente la catedral y dinamitaron la Cámara Santa, una de las grandes joyas del románico europeo. Otra acción que iba a reprochárseles largamente fue el saqueo de las cajas de la sucursal del Banco de España y otros, que dotaría al PSOE de fondos cuantiosos (más de 4.000 millones de pesetas de hace poco) para la huida de sus dirigentes, la propaganda posterior e incluso la campaña electoral de un año y medio más tarde, la de febrero del 36, que daría la victoria al Frente Popular.

Los dirigentes alentaban a los insurrectos con noticias falsas de que la rebelión se extendía por toda España y de que la Unión Soviética iba a enviar fuerzas. Y era verdad que la Internacional Comunista hacía un gran esfuerzo de movilización internacional a favor de los revolucionarios españoles —aunque, naturalmente, no había nada del envío de barcos y tropas soviéticos—, mientras que la Internacional Socialista actuaba con pies de plomo, a pesar de ser el PSOE miembro de ella.

De todas formas, al terminar la primera semana de combates se iniciaba el reflujo del movimiento insurreccional en Asturias, mientras iban imponiéndose las tropas enviadas por Franco, a la vez que entre los propios dirigentes y facciones de la insurrección aumentaban las diferencias y sabotajes mutuos. Al primer comité insurreccional le sucedió, el día 12, un segundo, dominado por los comunistas y jóvenes socialistas. Otro cronista, el periodista de izquierdas José Canel, describe en *Octubre rojo en Asturias* cómo el nuevo comité «no presidió más que la anarquía y la represalia. Ante la noticia de que habían llegado las tropas se recrudecieron los saqueos y la indisciplina. [...] Bajo el ruido de los disparos se oían las canciones de los borrachos, más tristes en la noche del Oviedo en ruinas. [...] La dinamita se utilizaba sin objetivo concreto, por simple afán de destruir. La revolución había enloquecido y se lanzaba vertiginosamente hacia el caos». El comité era cada vez más desobedecido, y pronto abandonó la partida, después de intentar alistar en masa a la población en un Ejército Rojo.

La población de Oviedo, con el agua y la luz cortadas por los revolucionarios, sufría unas condiciones extremadamente penosas. Los fallecidos de muerte natural en las casas no podían ser enterrados, y eran depositados en las calles, donde empezaban a descomponerse al lado de las víctimas de los combates.

El día 14, a los diez de comenzada la insurrección, Largo Caballero era detenido en su casa, donde se había refugiado después de dar por fracasado el intento. Había llegado allí, atravesando los numerosos controles policiales y militares, oculto en una ambulancia, pero algún vecino había sospechado y denunciado al dirigente. Indicio de la infiltración socialista dentro de la policía, al llamar a su puerta le dejaron tiempo bastante para que destruyera documentos y pruebas, como efectivamente hizo. Y en Asturias, las tropas progresaban en todas las direcciones. Todavía el día 16 circulaban llamamientos incendiarios como éste: «Nuestra revolución sigue su marcha ascendente. Organizamos sobre la marcha el Ejército Rojo. [...] En pie de guerra, hermanos, el mundo nos observa. [...] Rusia, la patria del proletariado, nos ayudará. [...] ¡Viva la dictadura del proletariado!».

Sin embargo, el ímpetu revolucionario, ya muy decaído desde el día 10, se estaba viniendo abajo. El día 18 el jefe insurreccional del momento, Belarmino Tomás, negociaba la rendición ante el general López Ochoa. Los dos eran masones, y hubo un entendimiento que no gustó nada a Yagüe, jefe de las tropas africanas mandadas allí por Franco: los valles mineros serían ocupados, pero no irían en vanguardia los legionarios sino la tropas de regulares. La tensión entre los dos militares llegó a un paso de la agresión entre ambos. Finalmente se impuso López Ochoa, que permitió la huida de los dirigentes. Pese a los acuerdos, sólo fueron entregadas 4.100 armas, una pequeña parte de las que tenían los revolucionarios, y casi nada del dinero robado de los bancos. Los últimos llamamientos socialistas no hablaban de rendición, sino de «un simple alto el fuego», «un alto en el camino, un paréntesis». No mostraban el menor sentimiento por su ataque a un gobierno democrático, sino la sensación de que la próxima vez triunfarían.

El gran escritor catalán Josep Pla, que, como casi todo el mundo, ignoraba los preparativos e instrucciones secretas para la guerra civil, sacaba unas conclusiones básicamente correctas: «No ha de creerse que los sucesos de Asturias han sido la consecuencia de una llamarada momentánea [...].

No creo que en la historia de las revoluciones fracasadas de Europa haya habido un precedente tan enorme como Oviedo. [...] Es la política la que ha hecho posible esta hecatombe. [...] Los hechos de Asturias son el final implacable de un proceso comenzado tres años antes, como la noche del 6 de octubre en Barcelona es el final de un proceso inaugurado con la entrada del señor Macià en la política catalana. Hay cosas que no pueden ser, pese a que la gente haya acordado decir que el país no tiene lógica. ¡Sí que tiene lógica el país! Lo que cabe es darse cuenta de ello, seguir las cosas con seriedad y prescindir de las superficialidades y de los optimismos sin ton ni son».

VII

La represión

Durante la insurrección guerra civilista hubo, en los combates y enfrentamientos, casi 1.400 muertos en 26 provincias, la gran mayoría de ellos en Asturias, según la estadística oficial, hoy día la más aceptada y única con garantías de rigor. Quedaron destruidos totalmente o de forma importante 935 edificios, incluyendo 58 iglesias, 26 fábricas y 63 edificios públicos. Algunas de las destrucciones afectaron a edificios artísticos de extraordinario valor, habiendo sido destruidas bibliotecas y obras de arte, como en Portugalete o en la universidad de Oviedo. Las carreteras y líneas férreas sufrieron asimismo numerosos sabotajes.*

En torno a un centenar de personas cayeron víctimas del terror revolucionario, en particular sacerdotes y religiosos, guardias, prisioneros, empresarios y otras personas tachadas de «fascistas», etc. Las instrucciones secretas para la

---

* He estudiado con bastante detalle la represión y la campaña sobre la misma en los capítulos II y IV de *El derrumbe de la II República y la Guerra Civil*, de los que aquí ofrezco un resumen breve. Anteriormente, Ricardo de la Cierva, Barco Teruel y Ramón Salas Larrazábal habían desmontado numerosas leyendas al respecto.

insurrección ordenaban suprimir o tomar como rehenes a gentes de relieve. El mayor número de víctimas se produjo en Asturias, donde más tiempo pudo ponerse en práctica el terror, aunque también hubo asesinatos en Cataluña, Guipúzcoa, Palencia y otros lugares.

La represión en el conjunto del país fue suave y conforme a la ley, aunque muy amplia, pues quedó al descubierto una trama guerracivilista muy extensa. En un primer momento fueron encarceladas unas 30.000 personas, número en rápida disminución hasta quedar reducido a la mitad, y quizá a una cuarta parte al cabo de un año. El historiador comunista Tuñón de Lara admite que las cifras difundidas por la propaganda incluyen seguramente el total de presos de la época, la mitad de ellos comunes. Los dirigentes salieron muy bien librados. Todos ellos dijeron no tener nada que ver con los sucesos, y el mismo Largo Caballero saldría absuelto por «falta de pruebas», en un juicio que tuvo bastante de farsa.

No pudo hacerse lo mismo con Companys y los suyos, capturados en plena acción y cuando todo el mundo había oído sus proclamas radiadas llamando a la guerra. Sin embargo, en su defensa expusieron la situación exactamente al revés de cómo había sido. Según ellos, la población estaba muy alterada y alarmada al conocerse el gobierno en que la CEDA participaba legalmente con tres ministros, razón por la cual habían comenzado inmediata y espontáneamente los desmanes. Ante aquella alarma y alboroto, Companys y su gobierno autónomo habían tratado de dar una salida más o menos razonable para impedir el desbordamiento popular.

En realidad, los nacionalistas habían provocado e impuesto por la fuerza la huelga y las primeras alteraciones, habían ocupado Barcelona con sus milicias armadas, habían mentido a Madrid diciendo que estaban actuando contra los anarquistas, los cuales no se habían movido; Companys en persona había tratado de sublevar a la población calificando de golpe fascista un cambio de gobierno puramente constitucional, y había intentado derrocar la República, al menos en el espacio catalán. La Esquerra había iniciado tiroteos y provocado choques armados, incluyendo un intento de asesinato de Batet; habían movilizado, con cierto éxito, a las fuerzas de orden público, explotando de modo fraudulento las competencias autonómicas. Etcétera, etcétera. Y habían pasado una noche llamando a las armas a los catalanes, como todo el mundo había oído. Procuraron, eso sí, echar la culpa de todo a Dencàs, que básicamente no hizo otra cosa que seguir las instrucciones de Companys y de su partido.

Todo esto era de sobra conocido, porque había ocurrido de forma pública e indisimulable, pese a lo cual los procesados del nacionalismo catalán sostuvieron en bloque, como he dicho, todo lo contrario. Afirmaron incluso no haber logrado entender por qué se había declarado el estado de guerra y por qué había ido una tropa con un par de cañones a disparar contra ellos, si prácticamente no hacían otra cosa que «encauzar» pacíficamente la inquietud de las masas exaltadas. Companys dijo haber tenido una vaga noticia de la declaración del estado de guerra, y otros consejeros aseguraron no saber si aquella tropa uniformada y aquellos cañones no pertenecerían, en realidad, a los anarquistas de la FAI. El interrogatorio a uno de los consejeros, Ventura Gassol, cae de lleno en el terreno de la comicidad surrealista:

> —¿Tenían ustedes algún motivo racional para imaginarse que existían en Barcelona agrupaciones o fuerzas que tuviesen armamento como aquel [se refería a los cañones], que no fuese el Ejército?
>
> —Esto no puedo decirlo, porque en absoluto no puede decirse si hay elementos que tienen o no armamento.
>
> —¿Contestaron desde la *Generalitat* a los ataques [del ejército]?
>
> —Lo ignoro, porque no era de mi incumbencia.
>
> —Pero usted estaba en la *Generalitat.*
>
> —Sí, estaba, pero no me enteré de los detalles [«detalles»: los intensos tiroteos ocurridos delante mismo de él y que causaron muertos y heridos].
>
> —¿No se le ocurrió a ninguno de los miembros de la *Generalitat* informarse de quiénes eran los que atacaban?
>
> —Yo no puedo responder.
>
> —¿A usted no se le ocurrió?
>
> —A mí no se me ocurrió.

Todos los interrogatorios siguieron la misma tónica esperpéntica. Al final, el defensor, Ossorio y Gallardo, gran amigo de Azaña, aseguró que la actitud de los procesados, alarmados «justamente» por la «verosimilitud» de un golpe fascista, había sido muy constructiva, propia de verdaderos hombres de gobierno, y que en todo caso podrían ser acusados sólo de haber vulnerado el artículo 167 del Código Penal, al tratar de reemplazar el Gobierno constitucional por otro; pero que, al no haber atacado u hostilizado al ejército [lo habían hecho con la máxima de las evidencias, y ocasionado víctimas], procedía absolverlos.

Un miembro del tribunal, llamado Sbert y afecto a la Esquerra, fue más allá, haciendo notar que en realidad no se había tratado de cambiar el gobierno constitucional, sino el Estado mismo. Ahora bien, como una tentativa así no estaba tipificada en el código, la rebelión de Companys y sus seguidores no podía ser castigada, y se trataba, por tanto, de un acto «político y legítimo». La prensa de la Esquerra celebró mucho la argucia del notable jurista como una teoría que «ha causado gran sensación, por su consistencia y modernidad». Así la juzgaba el periódico *La Publicitat* el 5 de junio de 1935.

Al mismo tiempo la prensa nacionalista y la de la izquierdas en general lanzaba una intensa campaña de justificaciones a favor de los procesados. Todo se centraba en torno a Companys, a quien fabricaron una imagen de héroe catalán, con una sentimentalidad exacerbada y un estilo semejante al fascista, que solía identificar a sus líderes máximos con la sociedad misma: «Los acusados, siete hombres de Cataluña», «Companys, el Presidente de la *Generalitat*, es el primer luchador de Cataluña», «Companys y Cataluña se encontraron juntos aquel 6 de octubre. Y no se separarán jamás», «Companys es Cataluña, y Cataluña es Companys». Y así sucesivamente. No había el menor signo de una marcha atrás autocrítica, o de una mera reconsideración de una intentona golpista que había puesto al país al borde de la guerra civil.

Esta campaña se llevaba adelante, además, en plena legalidad, pues el gobierno «fascista» no la obstaculizaba en lo más mínimo. El respeto a la libertad de expresión, que en este caso podría juzgarse un poco excesivo, no le valía al gobierno el menor reconocimiento por parte de la izquierda, que lo acosaba con las acusaciones más brutales e inverosímiles, como veremos en el próximo capítulo. Quizá pensaba la derecha que, al contradecir aquella propaganda los hechos más evidentes, la gente la rechazaría, como había rechazado los llamamientos bélicos en octubre. Pero se equivocaba. Los hombres de Companys se habían ganado, en un primer momento, la irrisión y el descrédito, pero la persistencia de las invocaciones sentimentales lograría cambiar esas reacciones iniciales, máxime cuando sobre Dencàs se desviaba todo el desprecio y la frustración generados por la acción del 6 de octubre. En contraste con Dencàs, Companys era Cataluña, y estar contra él significaba estar contra Cataluña. El mensaje, machacón y cargado de emotividad, se demostraría muy efectivo. Una consecuencia de la tartarinada de la Esquerra había sido la suspensión —pero no la supresión— de la autonomía catalana, y hasta de esto se acusaba al gobierno, y no a los verdaderos responsables.

Recordar estos sucesos tiene interés actual, porque ahora resurgen en Cataluña las mismas leyendas sobre Companys y aquellos sucesos. Por ejemplo, ha recibido amplia difusión en la prensa la versión de dos periodistas según los cuales Companys «pretendía reconducir el radicalizado movimiento popular catalán y español, agitado al extremo del sobresalto por la actuación del gobierno de la derecha de Lerroux y de la CEDA». La realidad documental prueba que los nacionalistas catalanes intentaron, precisamente, llevar al «sobresalto» y a la rebelión a un movimiento popular que, simplemente, no les hizo caso; y lo intentaron sin dar tiempo a ninguna «actuación» del gobierno de Lerroux y de la CEDA, formado sólo dos días antes. Hoy no puede caber duda alguna a cualquier persona informada de que Companys venía promoviendo una actitud guerracivilista desde el momento mismo en que la izquierda perdió las elecciones en 1933, y de que durante 1934 había estado predicando la rebelión y preparándola activamente. Lo publicado en este libro es suficientemente ilustrativo, y el lector interesado puede recurrir, como ya he señalado, a mis estudios *Los orígenes de la Guerra Civil* y *El derrumbe de la II República*.*

---

* Respecto a la relación entre el pasado y la actualidad, es necesario referirse a un libro muy reciente que, desde el mismo título, reproduce la propaganda de la época: *El Sis d'Octubre del president Companys. El federalisme com a defensa de les llibertats contra el feixisme.* Significativamente, los autores (Elena Lorente y Manuel Simó) ven paralelismos entre la situación de entonces y la anterior a las elecciones del 14 de marzo de 2004, implicando un cierto «fascismo» del gobierno de Aznar. Recientemente también Maragall habló de «un drama» si el gobierno no se doblegaba a sus exigencias, e incluso no han faltado otras referencias a aquellas fechas, cuando Cataluña era una de las regiones más convulsas de España. Para el apasionado historiador dominico H. Raguer, lo más destacado de Companys era «su espíritu de servicio, generosidad y valentía».

Los acusados de la Esquerra fueron sentenciados a cadena perpetua. Algunos dirigentes fueron condenados a muerte, habiendo sido conmutada dicha pena, mientras se ejecutarían otras tres condenas a muerte contra personas de responsabilidad menor, aunque autoras de crímenes de sangre. En el Parlamento, varios diputados de la derecha adujeron que la intentona revolucionaria había sido la más grave y sangrienta que se había registrado en Europa occidental desde la Comuna de París en 1870, y trajeron a colación la salvaje represión de la misma por el gobierno francés de Thiers, que fusiló sobre la marcha a miles de revolucionarios. Otros destacaron que España era el país de las amnistías, y que los condenados a penas largas estaban convencidos de que saldrían libres al poco tiempo, por lo que las condenas no ejercían la menor función disuasoria. Las discusiones y desacuerdos al respecto agriaron rápidamente las relaciones entre los propios vencedores, en particular por la conmutación de la pena a varios militares comprometidos, y en particular a González Peña, considerado el líder principal de la insurrección asturiana, llegando a provocarse una crisis de gobierno por esa causa.

VIII

La creación de un ambiente de guerra civil

COMO QUEDÓ INDICADO, el motivo principal del fracaso de la intentona de octubre fue la abstención de las masas. Ello indica que, a pesar del crispado ambiente de la época, todavía faltaba el elemento psicológico de disposición a la guerra civil. Pero casi un año y medio más tarde, cuando se celebran las elecciones de febrero de 1936, el clima había empeorado extraordinariamente, y los odios estaban a flor de piel entre grandes masas de ciudadanos. Las campañas electorales de los partidos giraron en torno a lo sucedido en octubre del 34, y las izquierdas anunciaban abiertamente la revancha y la liquidación de las derechas: «La CEDA y los monárquicos saben que el Bloque Popular es su muerte definitiva», «Las derechas quieren una España hitleriana. Una España ignorante, con hambre, sometida a la reacción y el fascismo», «El Frente monárquico fascista os ofrece: esclavitud, sangre, miseria», «Las derechas quieren una España desesperada, llena de cárceles y de campos de concentración, sometida a las torturas y a las ejecuciones». Y así incesantemente. Las derechas clamaban contra la amenaza revolucionaria, contra los enemigos de la familia y la religión, contra los separatismos.

Otros llamaban la atención, en vano, sobre el esperanzador momento económico, que podía echarse a perder con los extremismos.

Fue una pugna propagandística realmente feroz, acompañada de numerosas violencias y varios muertos. Las derechas eran acusadas de modo sistemático e incansable de torturas y asesinatos masivos. ¿Qué había pasado para que tales acusaciones cundieran de tal forma y mucha gente las creyera? Había ocurrido una larga, intensa y prolongada campaña de denuncias de la represión derechista en Asturias. Una campaña nacional e internacional de gran envergadura propiciada por la izquierda en pleno, pero sobre todo por los socialistas.

No sólo Largo Caballero, por ejemplo, había sido declarado no culpable por los hechos de octubre, sino que varios de los principales dirigentes y organizadores de la insurrección habían permanecido en libertad y sin molestias, como sucedió en particular con Juan Simeón Vidarte, dirigente de las Juventudes Socialistas entrenadas meses antes como fuerza de choque de la guerra civil. Vidarte era masón, y algunos de sus correligionarios atribuyeron su inmunidad a complicidades masónicas en el propio gobierno. Apenas fracasado el movimiento, Vidarte puso manos a la obra para organizar una vasta campaña de denuncias sobre la represión de Asturias. Según cuenta en el tomo de sus Memorias titulado *El bienio negro*, recurrió desde el primer momento a la masonería internacional y a las internacionales socialista y comunista. A través de ellas, y de la prensa y una constante agitación ilegal en España, se organizaron manifestaciones y protestas, se difundieron masivamente carteles, comunicados firmados por intelectuales prestigiosos, e informaciones sobre la represión en Asturias repletas de «espantosos casos de sadismo y de ferocidad» como éstos: «José García Díez, labrador inofensivo, es acribillado a balazos por oponerse a que le robaran la cartera. En otra choza vive Herminio Martínez Iglesias», tuberculoso, que se había escondido junto con otros adultos y varios niños. Dos de éstos serían fusilados por las tropas, junto con Herminio y un compañero suyo. Abundaban las pinturas de saqueos, violaciones y asesinatos. Los informes de torturas a los presos, practicadas por «verdugos peor que medievales», no eran menos espeluznantes.

Estos relatos, difundidos a lo largo de los meses, se convirtieron en el núcleo de la campaña electoral izquierdista en 1936, y han tenido tal éxito que numerosos historiadores los han reproducido como fidedignos, incluso añadiéndoles de su cosecha diversas pinceladas, como hicieron G. Jackson, Brenan y otros. En *El derrumbe de la II República* he expuesto las fuertes contradicciones e imprecisiones de esa propaganda, de las que da buenas pistas el estudioso Barco Teruel cuando llama la atención sobre el hecho de que la izquierda dio muy pocos nombres de víctimas: «¿Cuántas denuncias de muertes ilegales fueron presentadas a las autoridades, al Parlamento y a la prensa del Frente Popular cuando éste gobernaba? Nadie puntualiza quiénes fueron asesinados a millares, a cientos o simplemente a decenas mucho después de finalizados los combates». Hoy puede decirse que, sobre el fondo de algunos abusos y crímenes reales —en particular la matanza de Carbayín, donde unos veinte izquierdistas fueron asesinados en represalia por el asesinato de treinta guardias civiles y de asalto prisioneros de los revolucionarios—, Vidarte y sus colaboradores montaron una inmensa leyenda, falsa en lo esencial.

Su falsedad la indican igualmente las propias conductas de las izquierdas una vez que volvieron al poder, en febrero de 1936, y dispusieron, por tanto, de todos los medios para realizar una investigación a fondo. Meses antes, el dirigente republicano Gordón Ordás, autor de uno de aquellos informes, fue requerido en las Cortes a explicarse, pero se negó aduciendo que no reconocía la autoridad de aquel Parlamento, y que lo haría cuando hubiese uno de izquierdas. Pero al hacerse realidad semejante Parlamento, Gordón no hizo el menor amago de debatir sus datos en las Cortes. Y no sólo él: las izquierdas, en general, que habían hecho girar toda la campaña electoral sobre la represión de Asturias, prometiendo castigar a los culpables e investigar a fondo los casos, se desentendieron del asunto una vez llegadas al poder, pese a las peticiones formuladas desde la derecha. La campaña había cumplido el papel de caldear el ambiente preelectoral e impulsar la victoria izquierdista en las urnas, pero una vez alcanzado su objetivo no parecía útil aclarar la verdad de los hechos.

Uno de los principales acusados de comportamiento brutal en Asturias, el general Franco, tendría que haber sido inmediatamente encausado, pero fue simplemente desplazado a Canarias, como máximo jefe militar de las islas. La razón estribaba en la dificultad de procesar a quien había orientado las operaciones desde Madrid, no desde Asturias, donde el mando había correspondido al general López Ochoa, masón nada amigo de Franco, cuyas instrucciones apenas siguió. López Ochoa, es cierto, fue uno de los poquísimos supuestos responsables de atrocidades que sufrió detención, pero su procesamiento fue tomado con la mayor calma. Al recomenzar la guerra civil, en julio de 1936, fue asesinado en la cárcel por una turba que paseó su cabeza pinchada en una bayoneta. Franco se había limitado a defender profesionalmente el régimen constitucional contra el asalto de las izquierdas, y había desechado cualquier tentación de replicar a ese asalto con un contragolpe desde el poder.*

La desgana, por llamarla de alguna manera, mostrada por las izquierdas en la investigación de la inmensa serie de atrocidades de que acusaban a sus contrarios es un indicio bien claro de cuánto creían ellas mismas en sus acusaciones. Sin embargo, sus efectos no pudieron resultar más decisivos, pues aparte de darles el poder, generaron en amplias masas un odio que pronto se haría bien visible.

* Paul Preston, con su habitual desenvoltura, ha sido el principal resucitador de la propaganda que, sin base alguna, presentaba a Franco como principal responsable de las atrocidades, supuestamente masivas.

IX

Del comienzo a la reanudación de la guerra civil

Mucho se ha discutido sobre si la guerra civil fue evitable o no. Se trata de un debate en buena medida bizantino. La historia ofrece ejemplos de guerras que ocurrieron sin parecer antes muy probables, y de otras que parecían inevitables y no llegaron a producirse. En el caso español no hay muchas dudas de que la República, llegada teóricamente como una democracia, es decir, como una fórmula de convivencia pacífica y en libertad entre los españoles, degeneró enseguida en una inestabilidad y polarización políticas muy acentuadas, que propiciaban la contienda abierta, si bien propiciar no significa predeterminar.

La intentona izquierdista de octubre de 1934 fue sin duda una convulsión tremenda, y pudo haber dado lugar a una guerra generalizada, como pretendían sus organizadores, aunque sólo llegase a cuajar en Asturias. Por otra parte, los partidarios de la guerra mantuvieron las mismas actitudes después de su fracaso, aunque debamos matizar entre quienes, como Prieto, loaban la experiencia como una magnífica gesta revolucionaria, pero no pensaban repetirla, y quienes, como Largo Caballero, mayoritario en la UGT y el partido, tenían la intención de repetirla cuanto antes. Ahora bien, en los hechos históricos no influyen solamente las intenciones. Por muy decididos que estuvieran muchos socialistas a terminar de «bolchevizar» el partido y a sembrar entre las masas un espíritu de extremismo y revancha, la realidad es que habían fracasado y no estarían en condiciones de volver a la carga por una buena temporada. Y durante ese tiempo, las fuerzas moderadas podían fortalecerse y las revolucionarias perder posiciones. Durante el gobierno de centro derecha el hambre había sido contenida, la iniciativa privada iba recuperándose, y en general las perspectivas económicas mejoraban, aun si lo hacían con lentitud. Además, el gobierno planteaba una serie de reformas y planes de empleo bastante bien enfocados, y el fin de los juicios por la insurrección pasada eliminaría una fuente de agitación. De este modo, la historia pudo haber seguido un camino pacífico.

Sabemos que sucedió de otro modo. La causa es siempre opinable, pero en mi opinión radicó en la interrupción del gobierno de la derecha, que constitucionalmente debía durar dos años más. Esta interrupción echó por tierra unos proyectos que previsiblemente habrían rebajado las tensiones, y se produjo, además, en un momento de máxima exacerbación de la furia política, sobre todo a causa de la campaña sobre la represión en Asturias. Así, a finales de 1935 la CEDA era expulsada del poder, y se convocaban nuevas elecciones, las cuales pasarían a la historia como «las del Frente Popular».

No fue ni pudo ser la izquierda derrotada militarmente

un año antes la que expulsó a la derecha del poder. Fue el presidente de la República, Niceto Alcalá-Zamora, un político conservador, católico, pero lleno de animadversión hacia Gil Robles y la CEDA. A él puede achacarse, por tanto, la mayor responsabilidad en la guerra civil, junto con Largo Caballero. El presidente quería pasar por progresista y deseaba ganarse el aprecio de la izquierda, cuyas acusaciones o insultos, de «fascista» o «reaccionario» temía en extremo.*

Durante el primer bienio republicano, cuando mandaban las izquierdas, Alcalá-Zamora se había atenido estrictamente a sus atribuciones legales, sin interferir en los gobiernos de Azaña; pero durante el bienio de centro derecha, comenzado a finales de 1933, no había dejado de inmiscuirse en la política corriente y de provocar crisis políticas. Finalmente, en el otoño de 1935, casi en el aniversario de la revolución de octubre, Alcalá-Zamora se prestó a una oscura maniobra instrumentada por Prieto y Azaña para destruir a Lerroux. El pretexto fueron unas pequeñas corruptelas (el *straperlo*, una ruleta que en apariencia no era juego de azar, el cual estaba prohibido desde Primo de Rivera), corruptelas que fueron explotadas con increíble exageración hasta hun-

* Su actitud recuerda la de Romanones, otro político derechista de la monarquía, de quien señala el líder catalanista Cambó: «Poseía más coraje del que se le supone. Lo perdía totalmente, sin embargo, cuando lo tildaban de reaccionario. Entonces no podía resistir. Con tal de evitar ese dicterio se convertía en cobarde y cometía toda suerte de claudicaciones».

dir a un político y un partido moderados, que representaban un amortiguador entre unas derechas y unas izquierdas cada vez más duramente enfrentadas. La caída de Lerroux colmó de alegría a los extremistas, y constituyó un acto importante en el drama de una España encaminada al desastre. El acto siguiente fue la expulsión, sólo a medias legal, de Gil Robles y la CEDA.

Estas absurdas decisiones, motivadas por la ambición del presidente de orientar un nuevo y gran partido de centro, y por un cálculo totalmente errado de la situación, obligaron a convocar las catastróficas elecciones de febrero del 36. Elecciones anómalas, en las que Largo Caballero y la Esquerra anunciaron su decisión de no respetar un resultado desfavorable. Apenas conocidos los primeros resultados, las masas de izquierdas invadieron las calles, imponiéndose con violencia y vulnerando la ley; las autoridades encargadas de velar por la pureza del escrutinio abandonaron asustadas sus puestos en muchas provincias. Franco y Gil Robles intentaron que, para impedir los disturbios, el gobierno declarase el estado de guerra. El jefe del gobierno, Portela, nombrado por Alcalá-Zamora y carente de apoyo parlamentario, dimitió en lugar de mantenerse hasta la segunda vuelta electoral, la cual se hizo ya bajo la autoridad de las izquierdas. Según los datos más aceptados, izquierdas y derechas empataron en votos, pero la ley electoral favoreció a las primeras con un mayor número de escaños.

Así ganó la coalición izquierdista llamada más tarde Frente Popular, constituida por los socialistas, los republicanos de izquierda y los comunistas, con apoyo electoral anarquista. Es decir, una coalición constituida por los que se habían rebelado contra el gobierno democrático en 1934, más quienes les habían apoyado políticamente. Esto sólo podía despertar el pavor de las derechas. Sin embargo, al revés que en el primer bienio, cuando habían gobernado republicanos y socialistas, ahora gobernarían solamente los republicanos, dirigidos por Azaña. Esto parecía un indicio de moderación, pero se trataba de un gobierno sumamente débil, dependiente de unos aliados muy extremistas. Casi de inmediato cundieron por el país los incendios de iglesias y centros de la derecha, los asesinatos, asaltos a periódicos, a domicilios privados, huelgas salvajes, ocupaciones de propiedades, desfiles amenazadores de milicias, a veces armadas, etc.

Una parte de la derecha denunció las elecciones como ilegales, pero la mayoría, tras una breve vacilación, optó por reconocerlas. E inmediatamente se puso al lado de Azaña con la esperanza de que éste hiciera cumplir la ley y frenase la revolución. El mismo Azaña se jactaba en sus cartas, algo frívolamente, de haberse convertido en un ídolo de las derechas. Sin embargo, para decepción de éstas, el nuevo gobernante no hizo nada por poner coto al proceso revolucionario. Los desmanes eran perseguidos cuando los cometía algún elemento derechista, pero no en otro caso, y semana tras semana iba en aumento el desorden. El propio Azaña reconocía el 17 de marzo, a sólo un mes de las elecciones: «Hoy nos han quemado Yecla: siete iglesias, seis casas, todos los centros políticos de la derecha y el Registro de la Propiedad. A media tarde, incendios en Albacete, en Almansa. Ayer, motín y asesinatos en Jumilla. El sábado, Logroño; el viernes, Madrid : tres iglesias. El jueves y el miércoles, Vallecas... Han apaleado a un comandante , vestido de uniforme, que no hacía nada. En Ferrol a dos oficiales de artillería; en Logroño acorralaron y encerraron a un general y cuatro oficiales. Creo que van más de doscientos muertos y heridos desde que se formó el Gobierno, y he perdido la cuenta de las poblaciones en que se han quemado iglesias y conventos. Con *La Nación* [periódico de derechas] han hecho la tontería de quemarla». ¿Tontería? Comenzaba el período bautizado adecuadamente por Ricardo de la Cierva como «primavera trágica».

Para mayor injuria, el parlamento dominado por las izquierdas, erigido en juez y parte, revisó las actas de diputados y privó arbitrariamente de ellas a buen número de derechistas. Poco después expulsó de modo muy dudosamente legal a Alcalá-Zamora de la presidencia de la República. La expulsión tenía una cierta justicia histórica, porque Alcalá-Zamora había sido, en definitiva, quien había traído al poder al Frente Popular, el cual se lo pagaba echándole. Azaña pasó a ocupar su puesto.

Mucho se ha discutido también sobre la legitimidad o ilegitimidad de aquel gobierno izquierdista. Su legitimidad de origen es cuando menos dudosa, a causa de la anormalidad de las elecciones, pero, aun admitiéndola, está claro que un gobierno que no aplica la ley destruye la convivencia civil, por lo cual se deslegitima automáticamente. La derecha intentó reiteradamente, desde las Cortes, empujar a los gobernantes a cumplir sus obligaciones más elementales, sin conseguirlo. El 1.º de mayo, el mismo Prieto denunciaba que el país no podía soportar aquel caos.

Y cuando Prieto constataba aquella realidad, la conspiración militar monárquica, hasta entonces insignificante, comenzaba a cobrar solidez al hacerse cargo de ella el general Mola, republicano, e ir integrando a otros militares republicanos, como Queipo de Llano o Cabanellas. Sin embargo, todos ellos actuaban con graves dudas, pues no ignoraban las muchas probabilidades de fracasar y se sabían vigilados por el gobierno. Franco había impuesto que el golpe sólo se daría en caso de extrema necesidad, y que no tendría carácter republicano ni monárquico, sino sólo «por España».

En general, la actitud de la derecha siguió siendo legalista, pero una parte de ella, la Falange, había comenzado a emplear la violencia. Una leyenda afirma que se trató de acciones planeadas para desestabilizar, pero el hecho histórico, bien documentado, es que la Falange había adoptado tras las elecciones una actitud prudente e inhibida, como consta en las instrucciones de su líder José Antonio. Fueron las izquierdas, como en 1934, las que comenzaron nuevamente a matar falangistas, mientras el gobierno cerraba arbitrariamente sus sedes y prensa. Los atentados de la Falange constituyeron, pues, una réplica, no deseada inicialmente, a los sufridos por ella.

Uno de esos atentados derechistas, el 12 de julio, costó la vida al teniente Castillo, de la Guardia de Asalto, un militar socialista, instructor de las milicias y participante en la insurrección del 34. En represalia, ese día por la noche, una fuerza mixta de guardias de asalto y milicianos socialistas, entre los que figuraban guardaespaldas de Prieto, dirigidos por el capitán Condés, de la Guardia Civil, también implicado en la insurrección anterior, intentaron secuestrar y matar a los líderes de la oposición derechista Gil Robles y Calvo Sotelo. El primero se salvó por no estar en casa, pero el segundo fue empujado a una camioneta oficial y asesinado por el guardaespaldas de mayor confianza de Prieto.

Este crimen resumía la desintegración del aparato del Estado, tanto por los autores, mezcla de policías y milicianos de partido, que utilizaron medios oficiales, como por la pretensión izquierdista de equiparar la importancia política del asesinato de Castillo, uno más entre los muchos de aquellos días, con la del asesinato de los líderes más significados de la oposición —uno en grado de intento—. La degradación de la convivencia y del Estado, la pérdida de toda perspectiva democrática o simplemente legal por parte de dicha izquierda, quedan profundamente retratados en tales hechos.

Para entonces, la decisión de Mola de sublevarse estaba tomada, pero persistían las dudas, especialmente en Franco. Pero el asesinato de Calvo Sotelo venció todas las vacilaciones, y ya no hubo marcha atrás. El 17 de aquel mes comenzaba el alzamiento militar, proyectado por Mola como un golpe rápido y poco cruento. Y a los tres días, el golpe podía considerarse fracasado: prácticamente todos los recursos financieros, las industrias, las principales ciudades y centros de comunicación, tres cuartas partes de la marina y la aviación, la mayoría de las fuerzas de seguridad y la mitad del ejército, quedaban en manos del Frente Popular, mientras los de Mola sufrían de una escasez asfixiante de municiones. Sólo las tropas de Marruecos representaban una baza importante para los sublevados, pero estaban aisladas de la península por el total predominio aeronaval izquierdista. La desesperada situación comenzó a salvarse gracias al puente aéreo, el primero de la historia, que permitió a Franco pasar algunas de aquellas tropas sobre el estrecho de Gibraltar. Se reanudaba así la guerra civil comenzada en octubre del 34.

Otra discusión clave en torno a aquellos sucesos gira en torno a si la guerra se debió a una amenaza revolucionaria o fue impulsada por una amenaza fascista. La cronología de los hechos demuestra inapelablemente, a mi juicio, que la ruina de la democracia republicana y de la convivencia social no provino de una amenaza fascista. Baste considerar que el partido más próximo a esa ideología, la Falange, era tan pequeño, que en 1936 no obtuvo un solo diputado. En cuanto a los monárquicos, también aspirantes a derrocar la República, pesaban poco en el conjunto de la derecha. En cambio, los revolucionarios constituían la mayoría de las izquierdas, y a ellos se plegaban también quienes, como Azaña, temían la revolución obrerista propugnada por ellos.

La realidad aparece nítidamente comparando las otras tres intentonas antidemocráticas ya citadas (aunque ni mucho menos son las únicas, como hemos visto): la de Sanjurjo en 1932, la de octubre del 34, y la de julio del 36. La primera no fue «de la derecha» como insisten algunos historiadores poco escrupulosos, sino de un sector muy minoritario de ella, siendo por esa razón vencida con la mayor facilidad. En la segunda participó de un modo u otro prácticamente toda la izquierda, exceptuando la CNT, aunque no en su conjunto. Y la tercera respondió a una situación revolucionaria extremadamente peligrosa e inminente, que provocó un alzamiento derechista casi a la desesperada. Tan a la desesperada, que fracasó inicialmente.

Suele decirse que la rebelión de Mola en julio del 36 desató la revolución, pero eso sólo puede sostenerse falseando los datos. Desde febrero del 36 se abrieron tres procesos revolucionarios simultáneos: la mayoría socialista de Largo Caballero acosaba al propio gobierno de izquierdas con el fin de llevarlo a una crisis y heredarlo legalmente, para aplicar su programa sovietizante desde el poder, sin necesidad de arriesgarse a una nueva insurrección. Éste era el factor más peligroso para la derecha. A su lado, los comunistas, que se estaban convirtiendo con rapidez en un partido muy influyente, presionaban para que el gobierno republicano desarticulase todas las organizaciones derechistas, so pretexto de «fascismo», y encarcelase a sus líderes, empezando por Gil Robles y Calvo Sotelo. Esto no constituía en sí mismo una revolución, pero sí la primera parte de ella.

Finalmente, la poderosa CNT anarquista preparaba su insurrección, que sería la cuarta desde 1932, convencida de la proximidad de su comunismo libertario. Y el gobierno republicano había dado sobradas muestras no ya de su impotencia para frenar aquellos procesos, sino de su complicidad más o menos declarada en ellos. El proceso revolucionario se había desencadenado en 1933, había tratado de imponerse en 1934 y de nuevo, con el máximo peligro, en los meses posteriores a las elecciones de 1936. Por lo tanto, la guerra provino de una amenaza revolucionaria, no fascista.

En 1936 la mayor parte de las derechas, antes favorables a la legalidad y defensoras de las libertades en octubre del 34, habían llegado a la conclusión de que la democracia no podía funcionar en España. La reanudación de la guerra enfrentó, por tanto, a una derecha autoritaria, parcialmente fascistizada a última hora, contra una izquierda en su mayoría totalitaria, en la cual se impondría rápidamente un Partido Comunista agente directo y orgulloso de Stalin. Dicho de otro modo: Franco fue el último en sublevarse contra la República. Antes lo habían hecho todas las izquierdas y un pequeño sector derechista. Irónicamente, fueron las izquierdas quienes trajeron a Franco y las que menos derecho tienen, por tanto, a quejarse de su dictadura.

X

La fuente de los errores

EL DEBATE SOBRE LA GUERRA CIVIL está lleno de trampas no del todo conscientes. La mayoría de las discrepancias entre los historiadores se entienden si se tiene en cuenta una diferencia básica de enfoque. Hay dos aproximaciones básicas. Una de ellas insiste en la cuestión de la democracia: las izquierdas impusieron una legalidad sectaria, y luego se sublevaron contra ella en octubre de 1934, después de que el pueblo diera la victoria a la derecha en las elecciones del año anterior. Ello hizo imposible la convivencia, sobre todo porque en 1936 ganaron las elecciones los mismos que se habían sublevado contra un gobierno democrático en 1934, todos los cuales volvieron a vulnerar la ley masivamente. Ello obligó a la derecha a sublevarse a su vez, por razón de mera supervivencia.

La otra aproximación deja la democracia en un plano derivado o secundario, e incide ante todo en la cuestión «social» y económica: la crisis económica o la «injusticia social» como causa de la inestabilidad y la violencia laboral, el problema agrario, el «odio del pueblo» al ejército y al clero, el hambre etc. Este modo de pensar está muy extendido en la izquierda, y participa de él muy ampliamente la derecha.

Entonces, los principales responsables de las lacras económicas y sociales del país eran las derechas, cuya resistencia feroz a las reformas propuestas por la izquierda para mejorar las condiciones de vida de los trabajadores habría terminado cuajando en el levantamiento de julio de 1936. La guerra civil reflejaría, pues, un conflicto fundamental «de intereses de clase», y la democracia, en definitiva, sería una cuestión «formal», no muy relevante, cuyo contenido práctico estaba en dichos intereses. Unos partidos representarían los intereses de los obreros, o del pueblo, o de Cataluña o Euzkadi, etc.; y otros, los de la oligarquía reaccionaria, la pequeña o la mediana «burguesía». Enfoque básicamente marxista: si bien casi nadie dice ahora que la democracia es un simple encubrimiento jurídico de la explotación capitalista, en cambio se sostienen las premisas que llevan a esa conclusión. De ahí parte toda la interpretación de los Tuñón de Lara, Preston, Jackson, Juliá y tantos otros, muy aceptada en amplios círculos académicos derechistas, horrorizados de pasar por «reaccionarios».

La interpretación «socioeconómica» es, desde luego, radicalmente antidemocrática. Pero eso no sería un defecto si no fuese, además, radicalmente falsa. No existen partidos «de la oligarquía», como tampoco «de la clase obrera» o «del pueblo». Baste observar que había no menos de cuatro grupos que reclamaban la exclusiva de la representación del proletariado (el PSOE, la CNT, el PCE y el POUM, quizá alguno más), y que entre ellos, como es sabido, se persiguieron y asesinaron con la mayor brutalidad. O baste pensar que al partido de la «oligarquía reaccionaria», la CEDA, le votó una parte del pueblo mayor que a ningún otro partido, tanto en 1933 como en 1936. No es ahora cuestión de desarrollar estos temas: baste señalar que la historiografía cultivada mayoritariamente en los últimos treinta y tantos años en España y otros países está contaminada por ese enfoque, y no saldrá del atasco mientras no lo supere críticamente.

Un planteamiento más racional sería el siguiente: ante los problemas económicos y sociales característicos de una situación histórica, los partidos y los políticos ofrecen tales o cuales soluciones, cuya validez se revela por sus resultados, y no por metafísicas representatividades «de clase». Conviene insistir en ello, porque el prejuicio de raíz marxista permanece con extraordinaria fuerza, incluso entre personas que se proclaman antimarxistas, y por supuesto no sólo en relación con la guerra civil. Es un prejuicio que lleva directamente a la destrucción de la democracia, porque la legitimidad de los partidos no estaría en las urnas o en la opinión pública, o en el mantenimiento de las libertades, sino en esas supuestas representatividades «de clase».

Otro defecto grave de esa interpretación, en el plano académico, es que destruye el sentido crítico y el respeto a los hechos, los cuales se hacen entrar con calzador en el esquema. Por ejemplo, cualquier observador mínimamente objetivo percibe que las propuestas y soluciones aportadas por las izquierdas durante la República invocaban constantemente el interés de los trabajadores, pero no trajeron casi ningún beneficio a éstos. El paro y el hambre aumentaron con rapidez, y se paralizó la iniciativa privada, empeorando, en vez de mitigarse, los efectos de la depresión económica mundial. También es fácil observar el continuo ataque de las izquierdas a las libertades, pese a llenarse la boca de «democracia». Azaña llegó a la política con la convicción de que sólo los republicanos de izquierda tenían «títulos» para gobernar, por lo cual intentó dos golpes de Estado al perder las elecciones en 1933; y cuando volvió al gobierno, en 1936, anunció triunfalmente que el poder no saldría ya más de manos de los suyos. Pues bien, Azaña era uno de los políticos más moderados de las izquierdas, lo cual permite imaginar a los otros, y entender por qué la derecha hubo de rebelarse para no sucumbir. (Hoy, conocido el resultado de la contienda, parecía predestinado el triunfo de los sublevados, pero no fue así: estuvieron muy cerca de ser completamente aplastados en las primeras semanas.) Hechos como éstos desmienten tanto la «representatividad popular» de aquellos partidos como el esquema «de clase».

Las derechas se habían dejado arrebatar, desde 1930, la bandera de la democracia liberal, y en 1936 habían llegado a la conclusión de que la misma resultaba imposible en España. De ahí la prolongada dictadura posterior. Pero el fracaso de las libertades no provino del «carácter del pueblo español», como muchos concluyeron precipitadamente, sino del carácter mesiánico y totalitario de unas ideologías izquierdistas encubiertas con mucha fraseología de libertad.

Fue, pues, la actitud de los partidos ante los problemas de la época, y no los problemas «sociales» mismos, la causa de la deriva hacia la guerra civil. Cuando esto no se tiene lo bastante en cuenta, la historiografía se convierte en un venero de errores, conscientes o inconscientes.

La Gran Patraña

Y algunas observaciones
sobre la presente edición

Javier Ruiz Portella

«¡Pío Moa miente!» Tal es el grito repetido en numerosos foros de Internet, así como a través de ciertos medios de comunicación, desde que tan mentiroso historiador se ha convertido en uno de los autores más masivamente leídos de este país. La denuncia es esparcida por una izquierda a la que se le rompen los esquemas cuando Pío Moa (¡cualquier cosa, menos un viejo adicto al régimen de Franco!) desmonta la Gran Patraña sobre la que vive —sobre la que muere...— la memoria colectiva de nuestro país.

Diversos son los aspectos de la II República y de la Guerra Civil a los que se refiere la Gran Patraña (las mayúsculas subrayan la entidad de este infundio grabado a fuego en nuestro imaginario colectivo). Entre dichos aspectos, destaca muy en particular la revolución socialista de Asturias (y secesionista de Cataluña, habría que añadir), cuyo 70.º aniversario se celebra en el momento de salir la primera edición de este libro.

¿Cuál es el enunciado de este embuste que desquicia nuestro pasado y afrenta a nuestros muertos (a los de ambos lados: si la Gran Patraña fuera cierta, resultaría que ninguno de ellos murió por lo que en realidad estaba luchando)? Dicho enunciado es de sobras conocido. Consiste en pretender que, dominada la España republicana por los más fervientes adalides de la libertad y la democracia, se alzaron frente a ellos unas oscuras fuerzas que no podían tolerar la libertad de que se gozaba. Más concretamente, y por lo que a la revolución de octubre de 1934 se refiere, la Gran Patraña afirma: existía un inminente riesgo de golpe de Estado fascista; para impedirlo, para que prevaleciera la libertad y la democracia, el Partido Socialista Obrero Español organizó, en compañía de comunistas y anarquistas, una insurrección armada (que fracasó —único punto cierto— en el conjunto de España, salvo en Asturias, donde tardó algunas semanas en ser derrotada).

Que, alzada contra la legalidad republicana, dicha insurrección pretendía hacer triunfar la revolución socialista, es algo que la Gran Patraña omite con sumo cuidado —y Pío Moa recuerda con igual esmero. Que no había siquiera el menor riesgo de «golpe de Estado fascista» es otra de las cosas que nuestro autor demuestra, con pruebas contundentes, en las páginas de este libro. Pero supongamos que, sobre este punto, Pío Moa anduviera equivocado; concedamos incluso que las pruebas fueran falsas; imaginemos, en fin, que el hombre estuviera mintiendo como un bellaco. No sólo él, por lo demás, sino también alguien como Stanley Payne, quien, en su prólogo, considera a Moa como «el historiador español mejor calificado para analizar la insurrección de 1934». Todo ello es, desde luego, mucho suponer, pero concedámoselo un instante a los detractores de Moa. Si éste estuviera faltando a la verdad histórica, sucedería una cosa muy curiosa: sería cierta, en tal caso, la premisa de la Gran Patraña («los fascistas intentaban en 1934 hacerse con el poder»), pero aún quedaría más manifiesto entonces lo burdo del engaño. Resultaría que, para «salvar la democracia», los socialistas y sus aliados intentaron instaurar... una dictadura. Y no una cualquiera, sino la dictadura que, junto con la nazi, es la única verdaderamente totalitaria: «la dictadura del proletariado».

No es Pío Moa quien lo dice. Es *El Socialista* (órgano oficial del PSOE), es *Renovación* (órgano oficial de las Juventudes Socialistas), es el legendario *Lenin español*, como llamaban sus compañeros a Largo Caballero, el todopoderoso presidente del PSOE y de la UGT. Son ellos quienes, en 1934, lanzaban sin parar consignas como éstas: «¡POR LA DICTADURA DEL PROLETARIADO!» «¡TODO EL PODER AL PARTIDO SOCIALISTA!» «LA CLASE OBRERA DEBE HACERSE CON LAS RIENDAS DEL PODER».

Tales consignas —incluido su contexto: discursos de los máximos dirigentes del PSOE, artículos y editoriales de la prensa socialista, actas internas de reuniones de la UGT, pasquines de los comités revolucionarios de Asturias— se encuentran aquí reproducidas en sus propias letras de molde. Hemos reunido, en efecto, en un amplio apéndice, lo más esencial de las pruebas documentales en que se sustentan los análisis de Pío Moa. Nunca hasta la fecha se había reproducido en una obra semejante cantidad de documentos acerca de la revolución socialista de Asturias. Además de los textos relativos al Partido Socialista, se incluyen en dicho apéndice, junto con abundantes ilustraciones gráficas, diversos documentos extraídos de *La Humanitat* (el periódico de Esquerra Republicana de Catalunya), así como de *El Debate* (el periódico de la derechista CEDA de Gil Robles), cuyo tono moderado contrasta por lo demás con el de sus enemigos. En particular, el lector podrá instruirse útilmente leyendo los artículos en que *El Debate* (el periódico de los pretendidos «fascistas») ataca los desmanes del régimen de Hitler, al tiempo que ese mismo lector podrá comparar dichos artículos con aquellos en que los compañeros del *Lenin español* —cosa lógica, cuando se usan tales apodos— hacen la apología del «paraíso soviético» instaurado por el Lenin de verdad.

*

«Pío Moa —escribía Javier Tusell el pasado 8 de julio en *El País*— no acude a fuentes primarias, sino a las secundarias, que pretende elaborar con originalidad. Lo hace, sin embargo, con extravagancia, acudiendo a interrogantes inapropiados [...]. Suele magnificar el dato irrelevante para sus propios fines o tomar la parte por el todo.»

¿«Datos irrelevantes», los anteriores?... ¿Analizados «con extravagancia»?... ¿Serían la dictadura y la revolución proletarias «la parte» —nada, un lamentable detalle— de «un todo» acendradamente democrático? ¿Y dónde estarían, además, las proclamas inequívocamente democráticas de aquel PSOE que, al tiempo que se afirmaba «tan comunista como los comunistas», exigía «todo el poder para el Partido Socialista»? Después de haber hurgado hasta el fondo en archivos y hemerotecas, nada se ha encontrado: cada vez que en los textos socialistas aparece la palabra «democracia», la misma se halla siempre adjetivada: «democracia burguesa», para denigrarla; o «democracia revolucionaria», «socialista», «proletaria»..., para conquistarla.

Tales son las fuentes en las que Pío Moa fundamenta su investigación histórica. De «fuentes secundarias» las califica el susodicho Tusell. ¿Fuentes secundarias, los editoriales de *El Socialista*, los pasquines de los comités revolucionarios, los discursos de Largo Caballero e Indalecio Prieto...? Tal vez el columnista de *El País* calibre mejor sus invectivas a la luz de las más de cien páginas (hubieran podido ser mil) de documentos y textos seguidamente reproducidos.

No ya cien páginas han aportado los valedores de la Gran Patraña: ni siquiera una sola han publicado o publicarán en la que se reproduzcan incendiarios llamamientos y aguerridas proclamas, en la que se informe de maquinaciones y complots, de milicias y comités destinados a instaurar por parte de la CEDA un régimen fascista. Tampoco han aportado o aportarán ni una sola página en la que se demuestre que, cuando los socialistas se alzaron —los primeros— contra la República, no aspiraban a realizar la revolución socialista y su dictadura proletaria. Ni una sola página han publicado o publicarán en la que se demuestre que el Partido Socialista no pretendía aniquilar las libertades democráticas —como aniquiladas quedaron tanto en la revolución asturiana (véanse los documentos a ello relativos) como en la otra: en la gran revolución socialista, anarquista y comunista que en 1936, veinte meses después del frustrado inicio de la guerra civil, impondría su terror en toda la España denominada «republicana».

Que existió igualmente el terror en la otra España, en la que se alzó para impedir el triunfo de «la dictadura del proletariado», es algo que ni Pío Moa ni nadie pone lo más mínimo en duda. ¡Pero ahí está toda la diferencia! Nadie lo pone en duda —mientras que todo el mundo duda de los designios totalitarios del otro bando. Peor, la Gran Patraña ha conseguido esta cosa alucinante: hacer que los designios totalitarios del bando revolucionario figuren inscritos en nuestro imaginario colectivo como los de la más encendida defensa de la democracia.

Digámoslo de otro modo. Nadie, salvo un loco, piensa que la España de Franco estaba combatiendo con el ánimo de instaurar un régimen liberal. Hasta que Pío Moa desgarró el burdo velo de la Gran Patraña, todos pensábamos (y la mayoría aún lo cree) que tal era el propósito de los socialistas y demás revolucionarios.

Algunas observaciones sobre la presente edición

Me parece necesario, como responsable y coordinador de la edición de este libro, efectuar algunas precisiones sobre las características del siguiente Apéndice Documental.

Se reproducen en el mismo un amplio conjunto de documentos, los cuales se dividen en dos tipos. Por un lado, las actas de las reuniones internas del Comité Nacional de la UGT, cuyas reuniones, celebradas pocos meses antes de la insurrección de octubre de 1934, se centraron en torno a ésta, habiendo concluido con la derrota y destitución del dirigente moderado Julián Besteiro, sustituido al frente del sindicato socialista por el Presidente del PSOE, Largo Caballero.

Por otro lado, figuran en el Apéndice toda una serie de artículos, discursos y titulares de periódicos y revistas de la época. Se trata de los siguientes: *El Socialista* y *Renovación* (órganos respectivamente del PSOE y de las Juventudes Socialistas); *La Humanitat* (el periódico de Esquerra Republicana de Catalunya), con su correspondiente traducción; por último, y como contrapunto de los anteriores, *El Debate* (el periódico de la CEDA, el principal partido de derechas). Se incluyen asimismo, por su valor testimonial, algunos reportajes periodísticos (procedentes en su mayoría de la revista *Época*) sobre lo acontecido en Asturias, Cataluña y Madrid.

Se ha intentado en toda la medida de lo posible reproducir dichos artículos en forma facsimilar. Sin embargo, la deteriorada calidad de ciertos originales habría dificultado sobremanera su lectura. En tales casos, hemos preferido retranscribir dichos artículos, tratando de respetar al máximo la tipografía original y señalando tal extremo con la mención «retranscrito». Al pie de cada artículo se indica asimismo su fecha de publicación.

Cronología de Octubre de 1934 y de los meses anteriores a la revolución

1933

Septiembre

• **Cae el gobierno Azaña**. El Presidente de la República, Niceto Alcalá Zamora, encarga a Alejandro Lerroux, presidente del Partido Republicano Radical, formar un nuevo gobierno, el cual dura escasos días ante la oposición de los socialistas y de la izquierda republicana.

• **Se disuelven las Cortes** y se convocan elecciones generales para el domingo 19 de noviembre.

Octubre

• **El día 22 se celebra en el estadio de Monjuich de Barcelona una gran parada de los *escamots***, milicias puestas en pie por la Esquerra Republicana, partido que ostenta el poder en la *Generalitat*. Unos diez mil jóvenes de ambos sexos (según los organizadores), uniformados ellos con camisas verdes, desfilan aguerridos y marciales, al son de bandas musicales y bajo banderas con la estrella separatista. Los contemplan decenas de miles de enardecidos espectadores entre los que se encuentran Macià y Companys. En su discurso, el *conseller* de la *Generalitat* Dencàs, organizador de los *escamots*, declara: «Los diez mil jóvenes que hoy han desfilado pueden convertirse en otros tantos soldados que, si es necesario, pasarán la frontera del Ebro para implantar la democracia en España, si aquélla es arrollada en las próximas elecciones».

NOVIEMBRE

• **Las elecciones del día 18 se preparan en medio de una apasionada y agitada campaña electoral** que enfrenta a las derechas (fundamentalmente, el Partido Republicano Radical de Lerroux y la CEDA de Gil Robles) y a las izquierdas capitaneadas por el Partido Socialista. La imparcialidad de las elecciones es garantizada por el gobierno de transición presidido por Martínez Barrio, destacado dirigente de la masonería, quien después de su ruptura con Lerroux, sería un año y medio más tarde figura muy importante del Frente Popular, habiendo llegado a ser, terminada la guerra, Presidente de la República en el exilio.

• Participan en las elecciones ocho millones de españoles (un 67,45 por ciento del censo electoral). La composición definitiva del Parlamento surgido de las urnas fue la siguiente:

DERECHAS

	Diputados
CEDA	115
Republicanos radicales	102
Agrarios	36
Monárquicos (Carlistas y Renovación)	35
Conservadores independientes	18
Lliga Catalana	26
Conservadores	18
Nacionalistas	12
Liberaldemócratas	9
Progresistas	3
Nacionalistas de Albiñana	1
	375

IZQUIERDAS

	Diputados
PSOE	60
Ezquerra Republicana	18
ORGA	6
Acción Republicana	5
Radicalsocialistas	4
Federales	1
Comunistas	1
	95

Diciembre

• Se producen **acciones huelguísticas y levantamientos anarquistas** en diversas ciudades españolas. Se descubren depósitos de armas y explosivos en toda España, al tiempo que circulan rumores de que se prepara un gran estallido revolucionario. La agitación alcanza su mayor ímpetu en Zaragoza.

• El 16 de diciembre queda constituido el **nuevo gobierno presidido por Alejandro Lerroux**. La CEDA de Gil Robles lo apoya pero no participa en el mismo.

• El 31 de diciembre fallece en Barcelona Francesc Macià. Será sustituido en la presidencia de la *Generalitat* por Lluís Companys.

1934

Enero

• **Balance final de las acciones subversivas:** 14 guardias civiles y policías muertos; 63 heridos; 75 civiles muertos y 101 heridos. Se les intervinieron a los revolucionarios cerca de 1.000 armas cortas, 825 fusiles, más de 2.600 bombas de dinamita, más de 21.000 cartuchos, etc.

• **Atentado anarquista: descarrilamiento del tren Barcelona-Sevilla** en Puzol (Valencia): 20 pasajeros muertos, más de 60 heridos.

• El dirigente socialista moderado **Julián Besteiro es destituido de la Secretaría General de la UGT.** Ocupa el puesto de Secretario General Largo Caballero, que lo acumulará con el de Presidente del PSOE.

Febrero

• Es acribillado a tiros en plena calle el estudiante Matías Montero, uno de los fundandores del SEU (Sindicato Español Universitario). Su asesino, detenido al cabo de pocos días, pertenecía a las Juventudes Socialistas.

Marzo

• **Crisis ministerial.** Dimiten los ministros Lara y Martínez Barrios, el cual acabará escindiéndose del Partido Radical y constituyendo el Partido de Unión Republicana.

• Se autorizan y reanudan con todo su esplendor las procesiones de Semana Santa, prohibidas desde el advenimiento de la República.

• Huelga general de prensa en Madrid.

Abril

• Empieza en las Cortes la discusión de la **Ley de Amnistía.** Ante la oposición del Presidente de la República, Niceto Alcalá Zamora, de firmar la ley aprobada por el Parlamento, **dimite el gobierno Lerroux.** Alcalá Zamora encarga formar gobierno a Ricardo Samper, también del Partido Radical.

• **Gran concentración en El Escorial de las Juventudes de Acción Popular** (el principal partido de la CEDA). Miles de participantes vitorean a Gil Robles.

• **Aprobación por el Parlamento catalán de la ley de contratos de cultivo** que establecía una reforma agraria para Cataluña cuando, según la Constitución, las cuestiones relativas a cualquier reforma agraria eran competencia del poder central.

• **Huelga general en Zaragoza** declarada conjuntamente por el PSOE y los anarquistas. Durará 35 días, y en su transcurso se cometerán numerosos actos de sabotaje, estallando diez bombas de gran potencia.

• **Huelgas generales en Valencia** y otras ciudades.

Mayo

• La Lliga Catalana y diversas entidades económicas de Cataluña piden al gobierno que impugne ante el Tribunal de Garantías Constitucionales la ley de contratos de cultivo aprobada por el Parlamento catalán.

Junio

• **El Tribunal de Garantías Constitucionales anula por inconstitucional la ley aprobada por el Parlamento catalán.** En un mitin, Companys declara: «Esta sentencia es un acto de agresión, una declaración de guerra a Cataluña. Tal vez llegue el momento en que yo diga:"¡Seguidme! Y Cataluña, toda Cataluña, se alzará"».

La *Generalitat* no acata la sentencia del máximo tribunal de la República, y hace aprobar una ley exactamente idéntica a la anulada.

- **Se retiran de las Cortes los diputados** de la Esquerra, federales, socialistas catalanes y nacionalistas vascos.

- **Prosiguen los asesinatos de falangistas** iniciados por los socialistas. **Se inicia la réplica falangista,** siendo asesinada la socialista Juanita Rico.

- **Gran huelga campesina** organizada por los socialistas y extendida a muchas provincias, registrándose innumerables actos de violencia, con muertos y heridos. El gobierno consigue, sin embargo, hacerla abortar.

- **Alijo de armas descubierto** por la policía en Madrid. Contenía 616 pistolas y 80.000 cartuchos. Los detenidos declararon que un diputado socialista, Juan Lozano Ruiz, les había ordenado el transporte de dichas armas. Se encontraron más armas en el domicilio de dicho diputado.

JULIO - AGOSTO

- Los nacionalistas vascos convocan por su cuenta y riesgo elecciones municipales, alzándose de tal modo contra la Constitución. Son detenidos en Bilbao 87 nacionalistas, entre los cuales figuran diez alcaldes y dos sacerdotes.

SEPTIEMBRE

- **Desembarco de armas en Asturias**. La policía descubre el armamento descargado durante la noche y procedente del barco

Turquesa: 116.000 cartuchos para máuser, además de pistolas, revólveres y cargadores.

• Diversos dirigentes socialistas están implicados en la compra y transporte de dichas armas.

• Se encuentra un arsenal de **armas en la Casa del Pueblo** (socialista) de Madrid. La misma es clausurada.

• Diversos otros hallazgos de armas y municiones, siempre relacionadas con el Partido Socialista, tanto en Madrid como en otros lugares.

• **Una delegación de nacionalistas vascos visita Cataluña**. En Masnou, el diputado vasco Telesforo Monzón declara: «En cuanto reciba el telegrama de Dencàs [*conseller* de Orden Público de la *Generalitat*] diciéndome que aquí os habéis echado a la calle, también nosotros nos lanzaremos sin vacilar».

• **Culmina la agitación política y social** que ha caracterizado los meses anteriores y en particular los del verano, con un total de más de setecientas huelgas, junto con numerosos atentados, tiroteos y asesinatos políticos y sociales.

• **El Instituto Agrícola Catalán de San Isidro organiza en Madrid una demostración** en protesta contra la ley catalana de cultivos. Diez mil catalanes se trasladan de Barcelona a Madrid en trenes especiales que son tiroteados. Es asaltada la sede de dicho Instituto en Barcelona. A pesar de la huelga general que, decretada por socialistas, comunistas y anarquistas, paraliza Madrid para impedir la celebración del acto, éste tiene lugar el 11 de septiembre. Al término de los disturbios ocasionados por los huelguistas, se cuentan seis muertos y doce heridos.

• Es asaltada la cárcel de San Sebastián.

- Asamblea de Acción Popular en Covadonga. En protesta contra la misma se declara una huelga general en Asturias.

- El 29 de septiembre Azaña llega a Barcelona. El motivo oficial es asistir al entierro del señor Carner, antiguo ministro de Hacienda.

OCTUBRE

1.º de octubre

- Ante la gravedad de la situación, la CEDA retira su apoyo parlamentario al gobierno Samper.

3 de octubre

- **Nuevo gobierno** presidido igualmente por Lerroux, pero en el que **participan por fin tres ministros de la CEDA** en carteras no decisivas (Agricultura, Trabajo y Justicia), pese a ser el suyo el grupo parlamentario mayoritario.

- Como reacción ante ello, **los partidos «republicanos de izquierdas» rompen con la República**. La Izquierda Republicana (Manuel Azaña), la Unión Republicana (Martínez Barrio), el Partido Nacional Republicano (Sánchez Román) y la Izquierda Radical Socialista (Botella Asensi), a los que se unen los federalistas, envían notas al jefe del Estado rompiendo toda relación con las instituciones existentes. El partido de Azaña habla de recurrir «a todos los medios» contra el gobierno.

4 de octubre

- **El PSOE y la UGT declaran la huelga general revolucionaria** en toda España. Se imparten órdenes para poner en marcha la insurrección armada.

5 de octubre

- **La huelga general paraliza las siguientes ciudades:** Madrid, Barcelona, Valencia, Sevilla, Córdoba, Salamanca, Palencia, Gijón, Santander, Bilbao y San Sebastián.

• **Tiroteos generalizados en Madrid** por parte de las milicias revolucionarias (socialistas más grupos de comunistas y anarquistas).

6 de octubre

• El gobierno declara el **estado de guerra** en toda España.

• **Las milicias revolucionarias atacan los centros neurálgicos de la capital:** cuarteles, ministerios, comisarías de policía, Congreso de los Diputados, centrales telefónicas, etc., sin llegar no obstante a adueñarse de los mismos.

• En pleno asalto al ministerio de la Gobernación, situado en la Puerta del Sol, Lerroux, atrincherado en el mismo, redacta la proclama difundida por radio a la nación. Después de señalar que la insurrección está circunscrita a Cataluña y Asturias, concluye diciendo: «En Madrid, como en todas partes, una exaltación de la ciudadanía nos acompaña. Con ella, y bajo el imperio de la ley, vamos a seguir la gloriosa historia de España». Se producen los primeros muertos y se practican detenciones de sediciosos.

• **La reacción ciudadana**, encabezada en particular por las Juventudes de Acción Popular, consigue mitigar los efectos de la huelga, poniendo en funcionamiento diversos servicios de primera necesidad.

• En **Cataluña**, desde el balcón del palacio de la *Generalitat*, Lluís Companys proclama **«el Estado catalán dentro de la República federal española»**.

• El general Batet, Capitán General de Cataluña, declara el estado de guerra y emprende la toma del palacio de la Generalitat. Primeros muertos y heridos.

• Desertan la mayoría de fuerzas en las que la *Gemeralitat* pensaba apoyarse: guardias de asalto y milicias separatistas (los *escamots*)

• **Huelgas, disturbios, asaltos y desórdenes en diversos puntos de España**. Particularmente en León, Palencia, Aragón, la Rioja y el País Vasco.

• **Insurrección armada de la cuenca minera asturiana**. El general López Ochoa, destacado masón y de ferviente republicanismo, es nombrado al frente de las tropas destinadas a luchar contra la sublevación. (Véase más adelante la cronología detallada de la revolución asturiana.)

7 de octubre

• En la madrugada, **el gobierno de la *Generalitat* se rinde** a las topas del general Batet. Dencàs, el organizador de la revuelta, huye con sus hombres por una cloaca del alcantarillado de la ciudad.

• Companys, sus consejeros, el alcalde de Barcelona y sus concejales son trasladados al vapor *Uruguay*, habilitado para cárcel.

• **Comienza a perder fuerza la huelga general** en Madrid.

• **Tiroteos aislados** contra diversas comisarías de policía y la Dirección General de Seguridad.

• Son detenidos más de trescientos sediciosos.

• Gran manifestación de apoyo al gobierno en la Puerta del Sol de Madrid.

8 de octubre

• Se producen todavía **algunos tiroteos aislados** contra ciertos edificios.

9 de octubre

• **Fin de la huelga en Madrid**. Sólo se mantienen parados los trabajadores de Artes Gráficas.

• Durante algunos días se producirán todavía disparos de algunos pistoleros aislados contra las fuerzas del orden o contra los trabajadores que volvían a sus puestos: fue asesinado un empleado municipal de la limpieza, y resultaron heridos cuatro tranviarios.

• **Primera sesión del Parlamento** después de la insurrección. Lerroux es aclamado a los gritos de «¡Viva España!» por todos los diputados puestos en pie (con la excepción de los del Partido Nacionalista Vasco). No acudieron a la sesión los diputados socialistas ni los de los partidos republicanos que habían roto sus relaciones con las instituciones.

12 de octubre

• Se reintegran a sus puestos los trabajadores de Artes Gráficas, con lo cual **la huelga, y con ella la insurrección, está totalmente terminada**. Salvo en Asturias.

Cronología sobre el desarrollo de la revolución en Asturias

5 y 6 de octubre

- En la madrugada del 5 de octubre **se inicia la sublevación** en la cuenca minera asturiana en la que acabará alzándose una masa de 20.000 a 30.000 hombres con numerosas armas y gran cantidad de dinamita.

- Se atacan los primeros cuarteles y edificios ocupados por las fuerzas armadas. Dura resistencia de la Guardia Civil.

- **Mieres, la primera ciudad que cae**, se convierte en capital de la revolución. Se designa un comité compuesto de dos socialistas, dos anarquistas y dos comunistas para gobernarla.

- **Primeros asesinatos de religiosos y quemas de iglesias**.

- Caen otras localidades.

- Se proclama en algunas poblaciones **el comunismo libertario**, aboliéndose el dinero y la propiedad privada.

- Son detenidos diversos ingenieros de las minas. Es asesinado Rafael del Riego, director de Hulleras de Turón.

- **Se detiene a las personas consideradas «fascistas»**: sacerdotes, industriales, afiliados a partidos de derechas, guardias jurados, etc. Algunos de ellos son asesinados.

- En las localidades caídas en manos de los rebeldes se constituyen **Comités revolucionarios** compuestos de socialistas, con participación de comunistas y anarquistas.

6 de octubre

- Conforme va quedando constituida en la cuenca minera la **«Primera república de soviets del noroeste de España»,*** los sediciosos emprenden el asalto contra Oviedo. Sólo les cierran el paso unos 1.200 hombres, entre guardias y soldados, a los que se suman dos compañías de zapadores enviadas como refuerzo.

- En el avance sobre Oviedo **van cayendo los diversos puestos de las fuerzas leales a la República,** así como conventos, fábricas y otras instalaciones. Al apoderarse de la fábrica de explosivos La Manjoya, los sediciosos «juzgan» y asesinan a su administrador, acusado de «haber recomendado a los obreros la asistencia a misa y de haber organizado un sindicato católico». Dos capataces, los más afectos al director, fueron forzados a disparar contra él.

7 de octubre

- Habiendo tomado los revolucionarios el sur de **Oviedo, prosiguen su avance en la ciudad**.

- Saqueo de comercios en Oviedo.

8-11 de octubre

- Prosiguen los encarnizados combates, día y noche, en las calles de Oviedo.

- Los asaltantes se adueñan del inmenso arsenal existente en la Fábrica de armas de La Vega. El botín asciende a 21.115 fusiles, 198 ametralladoras y 281 fusiles-ametralladoras.

---

* Véase *Apéndice*, pág. 361

• **Numerosos edificios son incendiados, en su gran mayoría por los sediciosos:** la Delegación de Hacienda, el Palacio episcopal, el convento de Santo Domingo, el Banco Asturiano, el Hotel Covadonga, el Hotel Inglés, grupos de casas de las calles Mendizábal y San Francisco, el teatro Campoamor, incendiado éste por guardias civiles para proteger sus posiciones.

• Desde el campanario de la catedral, las fuerzas leales a la República disparan contra los rebeldes.

• Éstos lanzan cañonazos contra la **catedral** e intentan introducirse en ella a través de una ventana de su sala capitular. Al no conseguirlo, la incendian. Queda destruida su sillería de coro, gótica, del siglo XVI, al tiempo que los cañonazos producen otros importantes destrozos en la catedral.

• Un grupo de dinamiteros penetra en la Cámara Santa de la catedral, donde colocan una carga de dinamita que consideran suficiente para volar todo el edificio. Sin embargo, sólo **destruyen la Cámara Santa, una de las principales joyas europeas de la arquitectura medieval**, causando otros daños, como el destrozo de las vidrieras policromadas.

• Una escuadrilla de **aviones leales a la República** bombardea las posiciones rebeldes y arroja octavillas informando del fracaso de la revolución en el resto de España. Los sediciosos no creen las informaciones y siguen combatiendo.

• La situación de los defensores de la República se hace cada vez más angustiosa, pero los rebeldes no consiguen adueñarse del cuartel de Pelayo, el más importante de la ciudad.

• Los revolucionarios ocupan el monasterio de San Pelayo, de monjas benedictinas y agustinas, las cuales son respetadas.

• Los rebeldes vuelan la cámara acorazada del **Banco de España y se apoderan del enorme botín de 14.425.000 pesetas** de la época.

• Se acercan a Oviedo las tropas enviadas por el gobierno al mando del **general López Ochoa**. Han tardado cuatro días en alcanzar la capital a causa de la resistencia encontrada en el camino, así como de los múltiples obstáculos establecidos por los revolucionarios: voladura de puentes, árboles cruzados, zanjas, etc.

• Al enterarse de la llegada de las tropas, el Comité Revolucionario Provincial decide que, al amanecer del 12 de octubre, todas las fuerzas se retiren de la capital, concentrándose en la cuenca minera.

• **Los comunistas**, deseosos de proseguir los combates a cualquier precio, se enfrentan con los socialistas.

• Las tropas del general López Ochoa inician la liberación de Oviedo penetrando en el cuartel de Pelayo.

12-14 de octubre

• Llegan a Oviedo las primeras fuerzas de la Legión que habían desembarcado dos días antes en Gijón. Al frente de las mismas está el teniente coronel Yagüe.

• Nuevos incendios de tiendas y edificios por parte de los revolucionarios en retirada. Éstos, sin que medie acción bélica, **vuelan la Universidad de Oviedo**, destruyendo en gran parte su valiosísima biblioteca, con numerosos libros antiguos.

• Combates en diversos puntos de la ciudad entre las tropas leales a la República y los rebeldes, los cuales van siendo batidos poco a poco.

• **Acusaciones de supuestas muertes indiscriminadas** causadas por las tropas.

• En su huida, los rebeldes **dinamitan el Instituto Nacional**, donde dejan encerrados a más de cien detenidos políticos. Algunos de ellos consiguen, no obstante, sobrevivir.

• Los últimos sublevados deciden huir de Oviedo.

14-17 de octubre

• El 14 de octubre, la población civil puede por fin salir libremente a la calle y contemplar el estado de una ciudad medio destruida.

• Prosiguen los combates en algunos barrios periféricos de Oviedo, en particular en los de San Lázaro y Villafría.

18 de octubre

• Son liberadas por otras tropas, llegadas en apoyo, las fuerzas del general Carlos Bosch, que, al penetrar por el puerto de Pajares, habían quedado atrapadas y en situación muy crítica en Vega del Rey.

• **El total de las fuerzas** que, procedentes de diversos puntos de España, el general López Ochoa tiene bajo su mando ascienden a:

– 15.000 soldados
– 400 caballos
– 24 piezas de artillería
– 80 ametralladoras
– 3.000 guardias civiles, de Asalto y carabineros
– 15.000 soldados
– 400 caballos
– 24 piezas de artillería
– 80 ametralladoras
– 3.000 guardias civiles, de Asalto y carabineros

- Los insurrectos piden negociar las condiciones de su rendición. El general López Ochoa y Belarmino Tomás, secretario del Sindicato Minero Asturiano, llegan a un acuerdo.

19 de octubre

- El general López Ochoa emprende la liberación de la cuenca minera.

20 de octubre

- Ante las reticencias de ciertos grupos de insurrectos a entregar las armas, el general López Ochoa publica un Bando conminándoles a hacerlo.
- Grupos de rebeldes fugitivos, que no aceptan el acuerdo de rendición, **resisten todavía en las montañas**.

24 de octubre

- Llegan a Oviedo los ministros de la Guerra, Justicia y Obras Públicas. Les acompaña el general Franco, que había estado asesorando directamente en Madrid al ministro de la Guerra.
- Indalecio Prieto y otros dirigentes de la insurrección logran huir de España.

27 de octubre

- **El periodista de izquierdas «Luis Sirval» es asesinado** por un oficial legionario, Dimitri Ivanoff, de origen búlgaro (será juzgado y condenado por homicidio en agosto de 1935).
- Este asesinato es aprovechado por toda la izquierda, tanto española como internacional, para iniciar una gran campaña propagandística en favor de los revolucionarios asturianos, presentados como defensores de la democracia, a la vez que se acusa a las fuerzas que salvaron a la República de practicar los más sanguinarios abusos represivos, aunque sin precisar los nombres de las víctimas.

• Dicha campaña será una de las razones fundamentales del triunfo, en 1936, del Frente Popular. Dueño éste del poder, no constituirá, a pesar de las peticiones de la derecha, la Comisión parlamentaria destinada a investigar tales acusaciones.

MAR CANTÁBRICO
LUANCO
CANDAS
EL MUSEL
GIJON
S. ESTEBAN
PIEDRAS
AVILES
BLANCAS
SOTO DEL BARCO
PRAVIA
VILLAVICIOSA
SAN TIRSO
POSADA
LAS REGUERAS
PEÑAFLOR
SALAS
GRADO
VALDUNO
LUGONES
NOREÑA
POLA DE SIERO
COLLOTO
EL BERRON
OVIEDO
NAVA
CARBAYIN
TRUBIA
LA FELGUERA
SAMA
CIAÑO
SOTRONDIO
POLA DE LAVIANA
MORCIN
ABLAÑA
MIERES
SANTULLANO
RIOSA
UJO
TURON
MOREDA
CABAÑAQUINTA
POLA DE LENA
VEGA DEL REY
CAMPOMANES
VEGUELLINA
PUENTE DE LOS FIERROS
PAJARES
PUERTO DE PAJARES
ITINERARIO DE LAS COLUMNAS EN SU MARCHA EN AUXILIO DE OVIEDO
COLUMNA DE LOPEZ OCHOA
COLUMNA DE YAGUE
COLUMNA DE BOSCH-BALMES
COLUMNA DE SOLCHAGA

Bibliografía sucinta

AGUADO SÁNCHEZ, F.: *La revolución de octubre de 1934*, Madrid, San Martín, 1972.

ALBA, V.: *El marxismo en España. Historia del BOC y del POUM*, México, Costa-Amic, 1973.

ALCALÁ-ZAMORA, N.: *Memorias*, Barcelona, Planeta, 1977.

ÁLVAREZ JUNCO, J.: *El emperador del Paralelo. Lerroux y la demagogia populista*, Madrid, Alianza Editorial, 1990.

ANGULO, E.: *Diez horas de Estat Català*, Valencia, Librería Fenollera, 1934.

ANSALDO, J. A.: *¿Para qué...? (De Alfonso XIII a Juan III)*, Buenos Aires, Editorial vasca Ekin, 1951.

ARRARÁS, J.: *Historia de la II República española*, tomo II, Madrid, Editora Nacional, 1968.

— *Memorias íntimas de Azaña*, Madrid, Ediciones españolas, 1939.

AVILÉS FARRÉ, J.: *La izquierda burguesa en la II República*, Madrid, Espasa Universitaria, 1985.

AYMAMÍ I BAUDINA, L.: *El 6 d'octubre tal com jo l'he vist*, Barcelona, Atenea, 1935.

AZAÑA, M.: *Diarios, 1932-1933. Los cuadernos robados*, Barcelona, Crítica, 1997.

— *Memorias políticas*, tomo I, Barcelona, Grijalbo, 1978.
— *Mi rebelión en Barcelona*, Madrid, Espasa-Calpe, 1935.

BALCELLS, A.: *El problema agrario en Cataluña, 1890-1936*, Madrid, Ministerio de Agricultura, 1980.
— *El nacionalismo catalán*, Madrid, 1999.

BARCO TERUEL, E.: *El «golpe» socialista (octubre 1934)*, Madrid, Dyrsa, 1984.

BIZCARRONDO, M.: «El marco histórico de la revolución», en *Estudios de historia social*, n.º 31, octubre-diciembre de 1984.
— *Octubre de 1934. Reflexiones sobre una revolución* , Madrid, 1977.

BOWERS, C.: *Misión en España: en el umbral de la Segunda Guerra Mundial, 1933-39*, México, Grijalbo, 1955.

BRENAN, G.: *El laberinto español*, Madrid, Glogus, 1984.

BROUÉ, P.: *La revolución española*, Barcelona, 1977.

BULLEJOS, J.: *Europa entre dos guerras*, México, Ediciones Castilla, 1945.

CAMBÓ, F.: *Memorias: 1876-1936*, Madrid, Alianza Editorial, 1987.

CARR, R.: *La tragedia española*, Madrid, Alianza Editorial, 1977.

CARRILLO, S.: *Memorias*, Barcelona, Planeta, 1993.

CIERVA, R. DE LA: *Comunistas y falangistas. La verdadera fuerza*, Madrid, ARC, 1997.
— *Fracaso del octubre revolucionario. La represión*, Madrid, ARC, 1997.

— *Historia de la Guerra Civil española*, Madrid, San Martín, 1969.
— *La revolución de octubre. El PSOE contra la República*, Madrid, ARC, 1997.
— *Los documentos de la primavera trágica*, Madrid, Ministerio de Información y Turismo.

CROCE, B.: *Cultura e vita morale*, Bari, 1914.

CRUELLS, M.: *El sis d'octubre a Catalunya*, Barcelona, 1970.

DENCÀS, J.: *El 6 d'octubre des del Palau de Governació*, Barcelona, Mediterrània, 1935.

DÍAZ NOSTY, B.: *La Comuna asturiana. Revolución de octubre de 1934*, Bilbao, Zero, 1975.

ELLWOOD, S.: *Prietas las filas. Historia de Falange Española, 1933-1983*, Barcelona, Crítica, 1984.

ESCOFET, F.: *De una derrota a una victoria*, Barcelona, Argos-Vergara, 1984.

FERRER BENIMELI: *La masonería española*, Madrid, Istmo, 1996.

FRANCO BAHAMONDE, F.: *Apuntes personales sobre la República y la Guerra Civil*, edición de L. Suárez, Madrid, Fundación Nacional Francisco Franco, 1987.

FUNDACIÓN PABLO IGLESIAS: *Memoria de la Comisión Ejecutiva del Partido Socialista, de 19-IX-1933 a 29-VIII-1934*, AH 24-6.
— *XIII Congreso del PSOE.*
— *Actas de la Unión General de Trabajadores*, AARD XIX.

GARCÍA ESCUDERO, J. A.: *Historia política de las dos Españas*, Madrid, Editora Nacional, 1976.

GARCÍA ESCUDERO, J. M.ª: *Historia política de las dos Españas*, Madrid, Editora Nacional, 1976.

GARCÍA OLIVER, J.: *El eco de los pasos*, París, Ruedo Ibérico, 1978.

GIBELLO, A.: *José Antonio, ese desconocido*, Madrid, Dyrsa, 1985.

GIL ROBLES, J. M.ª: *No fue posible la paz*, Barcelona, Ariel, 1968.

GÓMEZ APARICIO, P.: *Historia del periodismo español*, tomo IV, Madrid, Editora Nacional, 1981.

HERNÁNDEZ ZANCAJO, P.: *Octubre, segunda etapa*, Madrid, 1935.

HURTADO, A.: *Quaranta anys d'advocat. Historia del meu temps*, Barcelona, Ariel, 1967.

JULIÁ, S.: «Fracaso de una insurrección y derrota de una huelga», en *Estudios de historia social*, n.º 31, octubre-diciembre de 1984.

— *Madrid, 1931-1934. De la fiesta popular a la lucha de clases*, Madrid, Siglo XXI, 1984.

KOCH, S.: *Double lives, Stalin, Willi Münzenberg and the Seduction of the Intellectuals*, Londres, Harper Collins, 1996.

LARGO CABALLERO, F.: *Escritos de la República*, edición de S. Juliá, Madrid, Pablo Iglesias, 1985.

— *Mis recuerdos*, Ediciones Alianza, México, D. F., 1954.

LAVAUR, L.: *Masonería y ejército en la Segunda República*, Madrid, 1997.

LERROUX, A.: *La pequeña historia de España*, Madrid, Afrodisio Aguado, 1963.

LLANO, A. DE: *Pequeños anales de quince días. La revolución de Asturias. Octubre de 1934.* Instituto de Estudios Asturianos, Oviedo, 1974.

LÓPEZ OCHOA, E.: *La campaña militar de octubre de 1934*, Madrid, Yunque, 1936.

MACARRO VERA, J. M.: «Octubre, un error de cálculo y perspectiva», en VV. AA., *Octubre 1934. Cincuenta años para la reflexión*, Madrid, Siglo XXI, 1985.

— «Causas de la radicalización socialista», en *Revista de Historia Contemporánea*, 1982, n.º 12.

MADARIAGA, S. DE: *Españoles de mi tiempo*, Barcelona, Planeta, 1974.

— *Memorias. Amanecer sin mediodía*, Madrid, Espasa Calpe,1974.

MARÍAS, J.: *Una vida presente. Memorias*, Madrid, Alianza Editorial, 1988.

MARTÍN RUBIO, D.: *Paz, piedad, perdón... y verdad*, Madrid, Fénix, 1997.

MARTÍNEZ BARRIO, D.: *Memorias*, Barcelona, Planeta, 1983.

MIRAVITLLES, J.: *Crítica del 6 d'octubre*, Barcelona, Publicacions Hacer, 1935.

NELKEN, M.: *Por qué hicimos la revolución*, Barcelona, International Publishers, 1936.

PADILLA, A.: *1934, las semillas de la guerra*, Barcelona, Planeta, 1988.

PALACIO, S.: *La revolución de octubre. Quince días de comunismo libertario*, Barcelona, El luchador, 1936.

PAYNE, S.: *Falange. Historia del fascismo español*, Madrid, Sarpe, 1985.

— *La primera democracia española*, Barcelona, Paidos, 1995.

PEIRATS, J.: *Memorias y artículos breves*, Barcelona, Anthropos, 1990.

PLA, J.: *Historia de la Segunda República española*, tomo III, Barcelona, Destino, 1941.

POBLET, J. M.: *Historia de l'Esquerra Republicana de Catalunya*, Barcelona, Dopesa, 1976.

PRESTON, P.: *The coming of the Spanish civil war*, Londres, Methuen, 1983.

PRIETO, I.: *Cartas a un escultor*, Barcelona, Fundación I. Prieto – Planeta, 1989.

— *Convulsiones en España*, tomo III, México, Oasis, 1969.

— *Discursos fundamentales*, Madrid, Turner, 1975.

RAGUER, H.: *El general Batet*, Abadía de Montserrat, 1994.

RAMOS OLIVEIRA, A.: *Historia de España*, tomo III, Compañía General de Ediciones, México, 1952.

REGUENGO, V.: *Guerra sin frentes*, Madrid, 1954.

RIVAS CHERIF, C.: *Retrato de un desconocido. Vida de Manuel Azaña*, Barcelona, Grijalbo, 1980.

ROBINSON, R.: *Los orígenes de la España de Franco*, Barcelona, Grijalbo, 1973.

ROSAL, A. DEL: *1934. El movimiento revolucionario de octubre*, Madrid, Akal, 1983.

RUBIO CABEZA, M.: *Diccionario de la Guerra Civil española*, Madrid, Planeta, 1987.

RUIZ MANJÓN, O.: *El Partido Republicano Radical*, Madrid, Tebas, 1976.

RUIZ, D.: *Insurrección defensiva y revolución obrera: el octubre de 1934*, Barcelona, Labor, 1988.

SABORIT, A.: *Julián Besteiro*, Buenos Aires, Losada, 1967.

SALAS LARRAZÁBAL, R. y J.: *Historia general de la Guerra de España*, Madrid, Rialp, 1986.

SERRANO, L. *¿La esperanza enterrada?*, Madrid, Arca de la Alianza cultural, 1986.

TAMAMES, R.: *La República. La era de Franco*, Madrid, Alfaguara, 1977.

THOMAS, H.: *La Guerra Civil española*, Barcelona, Grijalbo, 1995.

TUÑÓN DE LARA, M.: *La España del siglo XX*, tomo II, Barcelona, Laia, 1974.

TUSELL, J.: *Historia de la Democracia Cristiana en España*, Madrid, Sarpe, 1986.

VERA, M.: «Octubre, un error de cálculo y perspectiva», en VV. AA., *Octubre 1934. Cincuenta años para la reflexión*.

VIDARTE, J. S.: *El bienio negro y la insurrección de Asturias*, Barcelona, Grijalbo, 1978.

— *La revolución fue así. Octubre rojo y negro*, Barcelona, 1935.

Apéndice documental

EL SOCIALISTA

PABLO IGLESIAS, FUNDADOR

Redacción y Administración: Carranza, 20

Teléfonos: Redacción, 41378. Admón., 31862

APARTADO DE CORREOS NÚM. 10036

Año XLIX.--Núm. 7.804 — Madrid, jueves 8 de febrero de 1934 — Precio del ejemplar, 10 céntimos.

EL DISCURSO DE PRIETO POR LA MINORÍA SOCIALISTA

"Nuestro deber es ir a la revolución con todos los sacrificios"

Ayer se planteó el debate político. Podemos economizarnos muchas palabras remitiendo a nuestros lectores al texto del discurso pronunciado por Prieto, que publicamos en otro lugar de este número. Es una ratificación gallarda de los compromisos contraídos por nuestro Partido con la clase trabajadora, sitiada, con la complacencia del Gobierno, por los patronos y la fuerza pública. Resultaba pueril escuchar la demanda que formulaba el Gobierno: «Veremos si se atreven a sostener sus palabras ante el Parlamento.» ¿Y por qué no? ¿Qué riesgo ni qué dificultad podía haber en ello? Ninguno. Lo que nuestro Partido ha dicho ante las masas lo ha repetido ante el Parlamento. Pero no atribuimos a la reiteración precio ninguno. Hace tiempo que en nuestra estimativa no cuenta el actual Parlamento. En cambio, cuenta, y por manera definitiva, la calle. Es de cara a las muchedumbres que la pueblan cuando nuestra responsabilidad se alquitara y nuestra palabra se carga de sobriedad y precisión.

(8-2-1934)

Indalecio Prieto, en el Parlamento, declaró el miércoles: «Decimos, Sr. Lerroux y señores diputados, desde aquí, al país entero, que públicamente contrae el Partido Socialista el compromiso de desencadenar la revolución.» Los jóvenes socialistas hacemos nuestro este compromiso y nos aprestamos a la pelea.

(Renovación: 23-12-1933)

Va a nacer un nuevo Gobierno burgués enemigo de los trabajadores

Sólo acaparando todo el Poder la clase trabajadora podremos garantizarnos de que los esfuerzos hechos no se habrán perdido.

Para nosotros no hay duda: conviene prepararse. Organizar la resistencia y, al tiempo, la ofensiva. Hay que pasar en el menor plazo posible, y tan pronto como las circunstancias lo aconsejen, de ofendidos a ofensores. Dos lecciones dramáticas nos dictan el consejo. Hay que impedir, por un lado, la derrota de la clase obrera, y por el otro que propiciar la derrota de la clase burguesa. La historia de nuestro país está pidiendo a gritos una víctima, ¿Cuál debe ser? Natural nos parece que, a juicio de la

(8-12-1933)

Solución única y a la corta inevitable: ¡Todo el Poder al Partido Socialista!

(26-4-1934)

Proletariado y burguesía

España, en la encrucijada dramática

A ningún partido perjudicaría más que al nuestro el hecho, improbabilísimo, de que el actual nudo histórico español se resolviera sin revolución. Nosotros estimamos que la Revolución social es hoy en España imprescindible, tanto para la nación, si quiere dignificarse, como para la clase trabajadora, si no quiere que cuatro mentecatos y media docena de sádicos la sojuzguen y envilezcan. Al decir que la revolución social es imprescindible ya hemos afirmado que es necesaria. De ello están convencidos, a buen seguro, líderes y masas obreras.

Dejaremos para el próximo artículo el comentario o la justificación de la necesidad en que se halla nuestro país de realizar una revolución profunda que, calando en la desigualdad social y en las ruinas que nos legó la monarquía, produzca una subversión psicológica en la nación o incluso —a ello debemos aspirar— una modificación esencial nada inaccesible, en nuestra, en parte, monstruosa geografía.

(2-12-1933)

Redacción y Administración:
Fernández de la Paz, [illegible]
Madrid, 4 de noviembre de 1933
Precio: [illegible] céntimos

A pesar de [illegible] y de los [illegible] el triunfo de los socialistas en las elecciones será rotundo, grandioso, [illegible].
Y si no, al tiempo.

RENOVACION

ÓRGANO DE LA FEDERACIÓN DE JUVENTUDES SOCIALISTAS DE ESPAÑA

¡Marchemos hacia la revolución!

A por la República Socialista

[illegible]

Queremos mantener [illegible] porque [illegible] que con ella resolveremos el problema, sino para que se vea que en este rápido período revolucionario [illegible] tantos grupos políticos se ha tragado, ha quedado el Socialismo [illegible]. Con nuestra [illegible] hemos [illegible] las resistencias y hemos avanzado, mientras a nuestro lado se han hundido muchas cosas. ¿Avanzábamos por la voluntad de unos hombres? No; avanzábamos y seguimos avanzando porque somos un producto de la lucha de clases, la expresión política de la clase obrera. Y nuestro movimiento lleva un ritmo irresistible, arrollador, hacia la conquista del Poder. Vamos a las elecciones para demostrar que tenemos una fuerte masa de opinión organizada, y que si, a consecuencia de la situación a que están llevando al país los acontecimientos políticos, las fórmulas democráticas fueran insuficientes, sólo nosotros estamos capacitados para adueñarnos totalmente del Poder.

¿Quiere decir que por ir a las elecciones con fe y entusiasmo renunciemos a la acción revolucionaria? Ya sabemos nosotros que el Poder no se conquista pacíficamente. Por si no estábamos muy convencidos, en estos últimos tiempos se han preocupado los enemigos de demostrárnoslo. En unas elecciones no obtendremos nunca la mayoría absoluta para socializar constitucionalmente. Pero aunque la obtuviéramos nos la disputarían de mala forma los enemigos. Y habría que recurrir a la acción revolucionaria. El Poder sólo puede conquistarse con la violencia organizada de la clase obrera. Pero para conquistarlo hace falta el apoyo entusiasta de las masas obreras. Y eso vamos a demostrar en las próximas elecciones: que la masa obrera consciente, la que nos interesa, porque tiene un espíritu revolucionario, está con nosotros. Con ese apoyo iremos luego a por todo.

El nuevo período revolucionario tiene que cerrarse —lo decía el presidente del Partido en párrafos que transcribimos en otro lugar— con la instauración de la República social. Hace tres años, cuando se luchaba contra la monarquía, RENOVACION escribió la siguiente consigna: «Primero, República; pero después, Socialismo.»

Pues bien, camaradas: Ha llegado el momento de ir a por el Socialismo.

ES EL GRITO DE LA REVOLUCION
EL SOCIALISMO
CHERON

Hace falta más energía

[illegible]

[illegible] organismos sindicales.

No podemos admitir en ningún momento que demos [illegible] democrático a los que maldicen de él, no puede admitirse tampoco que las decisiones de la organización sean adoptadas por sujetos que, además de ser extraños, son provocadores. Cuando la dialéctica teórica no basta a impedir tales medidas se impone la dialéctica de acción. Y entonces no hay otro reglamento que el que exige la defensa de los intereses obreros, la resolución enérgica de los Comités, la depuración radical de las filas sindicales.

En nuestra organización todo es discutible; pero cuando en ella se forman fracciones contra el principio que informa la Unión, el admitir estas fracciones es tolerar la legalidad de un adversario que quiere hacernos sucumbir. Huelgas, reclamaciones, adhesiones y resoluciones deben ser adoptadas por los afiliados que sienten una táctica y militan en su organización. Las ingerencias extrañas y los atentados a nuestro espíritu sindical han de ser liquidados urgentemente.

(4.11.1933)

RENOVACION

Decálogo del joven socialista

1.° Los jóvenes socialistas deben acostumbrarse a las movilizaciones rápidas, formando militarmente de tres en fondo.

2.° Cada nueve (tres filas de tres) formarán la década, añadiéndole un jefe, que marchará al lado izquierdo.

3.° Hay que saludar con el brazo en alto — vertical — y el puño cerrado, que es un signo de hombría y virilidad.

4.° Es necesario manifestarse en todas partes, aprovechando todos los momentos, no despreciando ninguna ocasión. Manifestarse militarmente, para que todas nuestras actuaciones lleven por delante una atmósfera de miedo o de respeto.

5.° Cada joven socialista, en el momento de la acción, debe considerarse el ombligo del mundo y obrar como si de él y solamente de él dependiese la victoria.

6.° Solamente debe ayudar a su compañero cuando éste ya no se baste a ayudarse por sí solo.

7.° Ha de acostumbrarse a pensar que en los momentos revo lucionarios la democracia interna en la organización es un estor bo. El jefe superior debe ser ciegamente obedecido, como asimi mo el jefe de cada grupo.

8.° La única idea que hoy debe tener grabada el joven s cialista en su cerebro es que el Socialismo solamente puede imp nerse por la violencia, y que aquel compañero que propugne contrario, que tenga todavía sueños democráticos, sea alto, s bajo, no pasa de ser un traidor, consciente o inconscientement

9.° Cada día, un esfuerzo nuevo, en la creencia de que al d siguiente puede sonar la hora de la revolución.

10.° Y sobre todo esto: armarse. Como sea, donde sea y «p los procedimientos que sean». Armarse. Consigna: Ármate tú, al concluir arma si puedes al vecino, mientras haces todo lo po ble por desarmar a un enemigo.

(6.1.1934)

Rusia, edificando el Socialismo

El proletariado bolchevique se defiende de la contrarrevolución burguesa

(6-1-1934)

¡Camaradas! ¡Proa a la Revolución Socialista!

¡Lucharemos contra todo y contra todos hasta implantar el Socialismo!

(16-9-1934)

LARGO CABALLERO HABLA EN MURCIA

"Tenemos que recorrer un período de transición hacia el Socialismo integral, y ese período es la dictadura del proletariado"

"¡Templad el ánimo para la batalla!"

Nosotros no hemos dicho nunca que se pueda socializarse todo de un día para otro. Por eso en nuestra táctica aceptamos y propugnamos un período de transición, durante el cual la clase obrera, con sus manos, realiza la obra de la socialización y del desarme económico y social de la burguesía. *(Muy bien.)* Eso es lo que nosotros llamamos la dictadura del proletariado, hacia la cual vamos. *(Formidable ovación y vivas al Lenin español.)* Y ese período de transición desembocará luego en el Socialismo integral. *(Se repite la ovación.)*

Pero cuando hablamos de la dictadura del proletariado, camaradas, los enemigos, recordando que está establecida en Rusia y que la preconizó Marx, se asustan. Alguno de ellos creen que la dictadura proletaria es una especie de dictadura de Primo de Rivera. *(Risas.)*

No es así como la entendemos. La dictadura proletaria no es el poder de un individuo, sino del partido político expresión de la masa obrera, que quiere tener en sus manos todos los resortes del Estado, absolutamente todos, para poder realizar una obra de Gobierno socialista. (Gran ovación.) [...]

El solo hecho de que haya una mayoría burguesa en el Parlamento es una dictadura. [...]

Sólo ha habido un Gobierno, con participación socialista, que se haya atrevido a meter en la cárcel a banqueros y a generales. *(Muy bien.)* Pero en cuanto se han ido los socialistas, el Gobierno ha dejado de hacer esto. *(Gran ovación.)* [...]

(15-11-1933; retranscrito)

¡Por la insurrección Armada!

¡También los obreros saben manejar las ametralladoras!

Los obreros no esperan nada del Palacio Nacional, de las Cortes, de los republicanos. Lo esperan todo de la revolución social, del Partido Socialista.

(16-9-1934)

Dice Largo Caballero...

"Lo primero que tiene que hacer la clase trabajadora, si quiere el poder político, es prepararse en todos los terrenos"

Lo primero es el Poder político, que es lo fundamental. Y ¿qué hay que hacer después? Hay quien formula esta pregunta, y a mí me extraña que los socialistas pregunten qué es lo que hay que hacer después de conquistar el Poder político. Por mí, la cosa es sencilla: se tiene el Poder político, y el número uno es éste: inutilizar al adversario. *(Gran ovación.)* ¿Cómo? ¿Es que los socialistas no tienen su programa el modo de hacerlo? ¿O es que nuestro programa lo tenemos simplemente como cuestión literaria para engañar a los trabajadores? No. Cuando eso se puso en el programa del Partido Socialista es porque antes se había hecho un estudio previo de la situación del proletariado.

Lo primero que tendríamos que hacer es desarmar al capitalismo. ¿Cuáles son las armas del capitalismo? El ejército, la guardia civil, las guardias de asalto, la policía, los Tribunales de justicia. **Y, EN SU LUGAR, ¿QUÉ? ESTO: EL ARMAMENTO GENERAL DEL PUEBLO.** [...]

Yo digo que si la clase trabajadora conquista el Poder político, tiene que ir al armamento general del pueblo. Hay algunas gentes, incluso en nuestro campo, que tienen horror a esto. Yo no negaré que si al pueblo se le arma, pueda cometer atropellos. Mas eso sucede en toda revolución. Pero se puede remediar en cuanto la clase trabajadora logre que se atiendan sus reivindicaciones. Entre eso y lo que hacen nuestros enemigos, ¿qué diferencia hay? Preferir que estén armados los enemigos y desarmados los amigos, yo no lo entiendo.

Yo declaro que habrá que ir a ello, y que la clase trabajadora no cumplirá con su deber si no se prepara para ello. *(Grandes aplausos.)* Si la clase trabajadora quiere el Poder político, lo primero que tiene que hacer es prepararse en todos los terrenos. *(Se repiten los prolongados aplausos.)* Porque eso no se arranca de manos de la burguesía con vivas al Socialismo. No. El Estado burgués tienen en sus manos elementos de fuerza para evitarlo todo. Y sería ilusión creer que pudiéramos llegar a realizar nuestras ideas rogándoles que nos respetasen. ¿Quiere decir esto que vayamos a hacer locuras? Lo que quiere decir es que en la conciencia de la clase trabajadora hay que dejar grabado que para lograr el triunfo es preciso luchar en las calles con la burguesía, sin lo cual no se podrá conquistar el Poder. *(Prolongada ovación.)* Hecha esa preparación, habrá que esperar el momento psicológico que nosotros creamos oportuno para lanzarnos a la lucha cuando nos convenga a nosotros y no al enemigo. [...]

¿Y que más nos espera en el Parlamento?

Todo lo que ahí se haga será en contra nuestra; porque las derechas, con una fuerte mayoría, se disponen a cumplir su programa. En el Parlamento no podremos evitarlo, y la clase trabajadora tendrá que pensar en algo muy importante. Si nos sujetamos justamente a la legalidad que nosotros contribuimos a crear, pero que no tenemos por qué respetar siempre, ya que al hablar de revolución social ésta ha de saltar por encima de la legalidad, yo os digo que nos veremos empujados a salirnos de la legalidad. [...]

(2-12-11933; retranscrito.)

RENOVACION

La industria rusa

Una fábrica de automóviles "Stalin"

En la nueva Rusia que los Soviets van creando en lucha diaria con las dificultades de todo orden, se entroniza en el espíritu de los rusos con más fuerza cada día el culto a la técnica. La técnica, que aún guarda muchas cosas obscuras a las que los hombres no han tenido acceso, es la preocupación primordial de la sociedad soviética. Se trabaja en los laboratorios siguiendo una consigna dictada por Stalin en un discurso pronunciado hace tiempo. La consigna staliniana es: «Hay que arrancarle a la técnica sus secretos». Los rusos han llegado a sojuzgar a la burguesía nacional, que no tiene apenas resquicios por donde escapar a las mallas de la legislación comunista. Dominan absolutamente el país.

(14-1-1934; retranscrito)

A por la República Socialista

En su discurso de Zafra, el presidente del Partido situó la perspectiva política en un plano de extraordinaria claridad. Vamos a la lucha electoral con una fe extraordinaria en el triunfo y con la seguridad de que nuestra fuerza se acrecienta. Quedarán eliminados los partidos intermedios, y los de derecha acrecerán su fuerza, de forma que el próximo Parlamento será ingobernable. [...]

Y, sin embargo, nosotros vamos a la lucha electoral con más entusiasmo que nunca. Con un ardor y una fe que no pondrían los más decididos defensores del régimen democrático.

Queremos mantener nuestra representación y acrecerla no porque creamos que con ella resolvemos el problema, sino para que se vea que en este rápido período revolucionario [...] ha quedado el socialismo incólume. [...] ¿Avanzábamos por la voluntad de unos hombres? No; avanzábamos y seguimos avanzando porque somos un producto de la lucha de clases, la expresión política de la clase obrera. Y nuestros movimiento lleva un ritmo irresistible, arrollador, hacia la conquista del Poder. Vamos a las elecciones para demostrar que tenemos una fuerte masa de opinión organizada, y que si, a consecuencia de la situación a que están llevando al país los acontecimientos políticos, las fórmulas democráticas fueran insuficiente, su sólo nosotros estamos capacitados para adueñarnos totalmente del Poder.

¿Quiere decir que por ir a las elecciones con fe y entusiasmo renunciemos a la acción revolucionaria? Ya sabemos nosotros que el Poder no se conquista pacíficamente. Por si no estábamos muy convencidos, en estos últimos tiempos ya se han preocupado los enemigos de demostrárnoslo. En unas elecciones no obtendremos nunca la mayoría absoluta para socializar constitucionalmente. Pero aunque la obtuviéramos nos la disputarían de mala forma los enemigos. Y habría que recurrir a la acción revolucionaria. El Poder sólo puede conquistarse con la violencia organizada de la clase obrera. Pero para conquistarlo hace falta el apoyo entusiasta de las masas obreras. [...]

El nuevo período revolucionario tiene que cerrarse —lo decía el presidente del Partido [...]— con la instauración de la República social. Hace tres años, cuando se luchaba contra la monarquía, Renovación *escribió la siguiente consigna: «Primero, República; pero, después, Socialismo».*

Pues bien, camaradas: ha llegado el momento de ir a por el Socialismo.

(26-8-1934; retranscrito)

EL DISCURSO DE LARGO CABALLERO EN EL EUROPA

"Nos lo vamos a jugar todo; pero si vencemos, el Poder no irá a otras manos que a las del Partido Socialista"

"Y lo utilizaremos en cubrir la etapa que nos separa del Socialismo"

Discurso de Caballero

Al levantarse Largo Caballero hacia la tribuna, el público, en pie, le tributó una ovación clamorosa, que duró cerca de diez minutos. Se dan vivas al presidente del Partido, al Lenin español y a la Revolución socialista.

Cuando yo, en algunas reuniones de propaganda, he afirmado ante la clase obrera española que no podía aguardar ninguna solución definitiva para su emancipación dentro de la democracia burguesa, es seguro que no habrán faltado gentes que acharan mis palabras a un estado de enajenación mental. Pero ahora, después de las elecciones celebradas en esta República democrática de trabajadores *(risas)*, ¿habrá algún obrero consciente que dude de lo que yo decía? Creo que no. Las elecciones del día 19 nos han demostrado lo que la clase trabajadora puede esperar de un régimen burgués y capitalista, aunque se titule republicano. [...]

Yo creo que el Partido Socialista es el único verdaderamente marxista. ¡Si estudiando las teorías tenemos que convencernos de que no puede haber otro! Marx se llamaba comunista para diferenciarse de otros socialistas utópicos que había entonces, como Saint-Simon, Owen, etc. Pero, según explica Engels, de no ser así, se hubieran llamados socialistas. ¿Qué es lo que persigue el Partido Socialista? La socialización de los medios de producción y de cambio. ¿Y el partido comunista? Lo mismo.

En cuanto a táctica, nosotros preconizamos la lucha sindical y política. Y los que se llaman comunistas organizan huelgas y van a las elecciones, cuando las hay, lo mismo que nosotros. ¿Qué diferencia hay, pues, que pudiera hacerme pasar al partido comunista? Yo afirmo ante la clase trabajadora que no son más comunistas que nosotros; que el problema se reduce solamente a que hay unos cuantos líderes en pugna con el Partido Socialista, que pretenden arrebatarle la hegemonía política sobre la clase obrera. *(Gran ovación.)* Porque si ellos dicen en sus discursos que están dispuestos a dar la vida y la libertad por las reivindicaciones proletarias, nosotros lo decimos también. Y además, lo hemos demostrado con los hechos. *(Muy bien.)* De modo que ni en eso nos pueden ganar.

(30-11-1933; retranscrito)

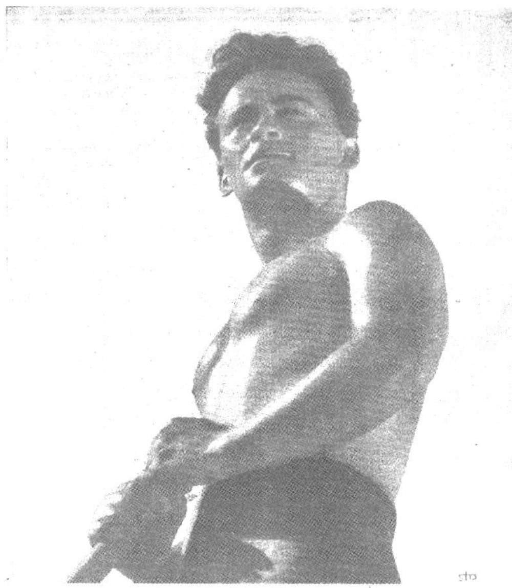

EL TRABAJO EN LA U. R. S. S.

:o somos nosotros de los que
stumbramos a presentar al
; de los Soviets como un nue-
Paraíso donde el proletaria-
después de acabar con la cla-
burguesa, vive en la mayor
ganza rodeado de toda suer-
le comodidades. Aún se bor-
n en Rusia los naturales obs-
ılos del Socialismo en un solo
s, añadidos a las consecuen-
: de la intensa convulsión que
la economía, de por sí defi-
ıte en aquel pueblo, produje-
la guerra y las jornadas de
rero y octubre. Perspectivas
tóricas como la rusa solamen-
ɔueden comenzarse a apreciar
ı largo de los años, y hoy es
fácil, sin comprometerse a
r en un optimismo exagera-
compulsar la situación del
letariado ruso, en relación con
de otros países de economía
ınzada, y deducir que la situa-
n de aquél rebasa infinitamen-
por todos los conceptos, el ni-
de vida medio de cualquier
bajador.

En el porcentaje mundial de
arios se produce actualmente
síntoma de acuerdo con la cri-
de producción capitalista. El
el de vida obrero en todos los
ses civilizados disminuye de
ı en año, a compás de un de-
cimiento de jornales. Por el
ıtrario, en Rusia el nivel de
a aumenta. Naturalmente que
ervando las estadísticas inter-
ionales de trabajo el aumento
aparece con la intensidad que
otros registramos. Pero hay
tener en cuenta el hecho si-
iente:

En los países capitalistas el
ero percibe una remuneración equis, más o menos proporcional a su rendimiento económico, y al Estado, como tal organización, se desentiende de él. Por el contrario, en Rusia el trabajador percibe un salario dependiente del Estado, complementado por multitud de factores que elevan extraordinariamente su capacidad adquisitiva. El salario del obrero ruso no puede estudiarse integralmente si a su lado no se colocan los seguros sociales, la legislación de paro forzoso y la jornada de trabajo y descanso.

En estas condiciones vamos a presentar un estudio de divulgación para que la clase trabajadora observe cómo la situación en el país de los Soviets de las masas obreras ofrece una línea constante de progresión.

Para nuestro estudio vamos a recoger, de la estadística de los salarios del "Departament of Labor, Bureau of Labor Statistic", datos correspondientes a tres años dentro del ciclo 1917-1933. Estos años pueden ser, porque ofrecen documentación más completa, los de 1928-1929-1930. Comparemos en estas fechas los salarios obreros en Norteamérica, Alemania y Rusia:

Salario del obrero industrial en los años 1928 a 1930.

AÑOS	Alemania	Estados Unidos	Rusia
1928	100	100	100
1929	97	103	105
1930	89	92	110

Así, pues, mientras en Rusia los obreros experimentan en tres años una mejoría del 10 por 100 en su capacidad adquisitiva, los obreros alemanes y norteamericanos experimentan un 10 por 100 de empeoramiento. Lo que significa comer mejor, vestir mejor, tener mejor cubiertas las necesidades culturales para unos, y comer peor, vestir peor y tener peor cubiertas las necesidades para otros.

EL SEGURO SOCIAL

En Alemania apenas existe hoy seguro social. El fascismo acogotó esta mejora lograda por los trabajadores en la República democrática. En los Estados Unidos solamente en algunos Estados rige el seguro de accidente del trabajo y de vejez. El seguro social público no existe.

En la U. R. S. S. el seguro social avanza de año en año. Cada vez son más los sectores de población amparados por él, a tal punto, que significa actualmente el complemento más importante del salario.

Sin embargo, hay un seguro que en el país del proletariado tiende a desaparecer, mientras que en los países capitalistas adquiere mayores proporciones. Se trata del seguro de paro forzoso. Mientras en los países capitalistas esto es tanto como una preocupación estatal, en Rusia, con la desaparición del obrero sin trabajo, adquiere cada día una mayor situación de curiosidad.

JORNADA DE TRABAJO

Este es un punto de extraordinario interés que complementa nuestra información. ¿Cuáles son las diferencias de las jornadas de trabajo en los países que estamos estudiando?

En Alemania la jornada media, contando las jornadas extraordinarias lícitas, se pone en nueve horas diarias. En los Estados Unidos la cifra normal es de cincuenta y una horas semanales, descontando que en la industria del algodón excede de cincuenta y tres, en la lanera de cincuenta y en la del acero de cincuenta y cuatro y media. En la U. R. S. S., por el contrario, la jornada de trabajo va reduciéndose sistemáticamente de año en año, de mes en mes. Un 64 por 100 de los obreros industriales del país tienen la semana de cinco días y cuatro horas de trabajo y uno de descanso. En industrias fatigosas y antihigiénicas la jornada de trabajo no excede, en ocasiones, de cinco o seis horas.

Hoy la jornada media del obrero soviético no excede apenas de las seis horas y media o siete.

Así, pues, la reducción de jornada significa tanto como mayor tiempo libre y mayor aprovechamiento intelectual. En definitiva: una vida mejor, que si se añade a la seguridad que ofrecen los seguros del Estado y un progresivo y constante aumento de salarios, nos produce la evidencia de que el proletariado ruso se siente cada día más satisfecho de la Revolución, mientras los trabajadores de otros países viven cada día más incursos en la miseria, de la que no los arrebatará más que la insurrección por el Poder para el proletariado.

(18.8.1934)

En el XVI aniversario de la revolución rusa, el proletariado español reafirma su posición revolucionaria por la conquista del Poder íntegro para el Partido Socialista Obrero

Lenin - Plejanov

Al evocar los episodios de la gloriosa Revolución rusa vienen a cuento dos nombres que, cada cual en su esfera, influyeron decisivamente en la victoria proletaria. Lenin y Jorge Plejanov. Lenin, el hombre de acción, el dirigente activo, el organizador formidable. Plejanov, el teórico del marxismo. Los dos, de extracción universitaria. Pero mientras este último había pulido su temperamento en la frecuencia de los círculos intelectuales, ausentándose un tanto de la vida de los proletarios rusos, Lenin, en la convivencia estrecha con el mujik, con los obreros de Petrogrado, y en el alejamiento de la intelectualidad burguesa — de la cual se separó definitivamente a su salida de la Universidad —, había acabado de endurecer su carácter.

A Plejanov le llamaban el padre del Socialismo ruso. Y lo era en verdad. El fué quien primero divulgó las teorías marxistas entre los obreros rusos. Cuando la opresión zarista alcanzaba épocas de apogeo, él fué quien comenzó a sembrar con su pluma los ideales redentores. Levantaba inquietudes con sus escritos en los sencillos obreros; era la levadura que luego había de hacer fermentar la primera revolución obrera. Obligado a emigrar, desde el extranjero mantenía el fuego sagrado con manifiestos, folletos. Y editando un periódico — La Chispa —, en el que los socialistas rusos mantuvieron polémicas trascendentales. Para Plejanov guardaban todos los socialistas no ya cariño, sino veneración.

En una etapa bastante regular, Plejanov y Lenin se complementaron. He aquí cómo Zinoviev, testigo de aquellas jornadas, da cuenta de ello en su Historia del Partido Comunista ruso:

«Teorizante por excelencia, director ideológico indiscutido del partido, e incluso de todos los intelectuales y obreros marxistas de la época, Plejanov se reveló más tarde mucho más débil como político. Y entre Lenin, el más joven de los dos y que apenas comenzaba a militar, y él se estableció, a partir de 1895, aproximadamente, una especie de división tácita del trabajo. Siendo su lado fuerte la teoría, Plejanov asumió la lucha filosófica, y en este dominio fué y seguirá siendo un maestro inigualado. El joven Lenin, por el contrario, desde el principio, aun interesándose por la teoría marxista, concentró especialmente su atención en las cuestiones político-sociales, en la organización del partido y de la clase obrera. Y así, estos dos hombres se complementaron durante algún tiempo.»

Mas a medida que se fué acentuando la actuación del partido socialdemócrata, a medida que se fueron planteando problemas tácticos y políticos, Plejanov y Lenin fueron separándose. En el tercer Congreso del partido se encontraron frente a frente las dos tendencias. Pero cuando se acusó más la discrepancia fué durante la insurrección de diciembre de 1905, en la barriada de Presnia, dirigida por el Comité central de los bolcheviques. He aquí lo que dice el mismo Zinoviev sobre el caso:

«La insurrección de Moscú, que tuvo una gran importancia histórica, fué ahogada en la sangre de los obreros. En cuanto hubo abortado, los mencheviques se apresuraron a reprobarla. Plejanov escribió felizmente: "No había que aventurarse a tomar las armas." Que este movimiento haya sido justificado o no, le respondimos nosotros, semejantes palabras sólo pueden venir de un menchevique. Después de la derrota de los comunalistas, en 1871, Marx, que había puesto en guardia a los obreros parisinos contra una sublevación, no les dijo: "No había que aventurarse a tomar las armas." No. Marx escribió su magnífica obra La guerra civil en Francia, donde glorificaba la obra y la memoria de los comunalistas y cubría a sus verdugos de oprobio.

Plejanov, como tantos otros, ¡ay!, no había seguido el ejemplo de Marx. Como un señor de la revolución, se había mantenido al margen.

Los bolcheviques obraron muy distintamente. Lenin manifestó la más grande admiración por el heroísmo de los combatientes. Quiso estudiar a fondo los menores detalles de esta lucha, la técnica de los combates en las calles, la biografía de cada uno de los que habían participado en la acción. Lenin no era de esos "revolucionarios" que no se solidarizan más que con las insurrecciones victoriosas; hacía suya cada página de la historia de nuestra clase.»

En la acción, Lenin se revelaba; pero el teorizante manifestaba su debilidad. Sin embargo, Plejanov tuvo luego momentos de eficacia, cuando, desaparecidas todas las posibilidades de acción legal, defendió al lado de los bolcheviques la acción clandestina. Lenin continuó en la acción, que no abandonó un instante. Actuaba conforme a las circunstancias, con una habilidad extraordinaria. Es conveniente saber que a Lenin le han motejado muchas veces de oportunista. En 1909, cuando se planteó el problema de la asistencia a la tercera Duma, de la cual era partidario Lenin, el bolchevismo se dividió en tres fracciones. Una de éstas la componían los ultimatistas, y la dirigían Bogdanof, Lunacharsky y Pokrovsky, que acusaban de oportunismo al que luego había de ser dictador proletario...

Cada día se fueron ahondando las diferencias entre ambos gigantes. Y cuando sobrevino la guerra europea, Lenin sostuvo la posición internacionalista. Pero Plejanov incurrió en un nacionalismo equivocado, que acabó de enajenarle las simpatías de los revolucionarios. En la revolución democrática de febrero, Lenin y Plejanov volvieron a encontrarse luchando en el mismo frente. Pero la revolución de octubre cogió a Plejanov al otro lado de la barricada. Los hechos le habían ido arrastrando insensiblemente al campo de la burguesía y le habían convertido en un contrarrevolucionario. Con ello demostraba su incapacidad para aplicar la teoría marxista a la acción. No obstante, al conmemorar la revolución rusa, Plejanov merece un recuerdo porque fué de los que mantuvieron la llama sagrada durante muchos años. Y porque es, sin duda, uno de los mejores teóricos del marxismo. Pero Lenin era la acción, y la dialéctica histórica había de arrumbar fatalmente a Plejanov, mientras elevaba la figura del formidable revolucionario a las cumbres de la primera revolución socialista triunfante.

Santiago CARRILLO

En el XVI aniversario

El 7 de este mes se ha cumplido el XVI aniversario de la revolución que elevó, con su triunfo, al partido bolchevique al Poder; en todas las conciencias revolucionarias del mundo es saludada esta fecha con el recuerdo más emocionado, con la alegría más pura, con la satisfacción inmensa del que ve construir un régimen nuevo en la séptima parte de la superficie habitada. Recuerdo que nos sirve al mismo tiempo de estímulo para realizar lo propio dentro de las fronteras donde nos vemos obligados a luchar. ¡Qué no haremos los socialistas españoles para llegar en nuestro país a algo semejante!

Es en la revolución de octubre cuando el proletariado alcanzó por vez primera sus objetivos, cuando logró su primera victoria. Por ello, estamos en el estrecho deber de estudiar no sólo la parte interna, sino también la estrategia desarrollada para extraer sus enseñanzas. Del intento de la «Commune» sacó Marx enseñanzas fundamentales de táctica revolucionaria. ¿Qué no sacaría de la triunfante revolución rusa?

Las dos tácticas: Huelga en masa. — Grupos de técnicos revolucionarios.

En la organización de la insurrección de octubre se enfrentaron desde el primer momento las técnicas. Dos modos de apreciar su significado y de lograr verdadera eficacia. La táctica preconizada por Kamenef, Zinoviev, Stalin, etc., y la mantenida casi exclusivamente por Trotski y su ejecutor Antonof Orseienko. La primera es la táctica de la huelga general y el levantamiento en masa. La segunda estima esto poco eficaz y prefiere la creación de equipos de revolucionarios técnicos y entrenados que en un momento determinado se apoderen de los centros vitales: Correos, Teléfonos, ferrocarriles, centrales eléctricas, de gas, de agua, etc. Kamenef y Zinoviev criticaban a Trotski: «Sin el concurso de las masas y sin el apoyo de la huelga general, la insurrección no será más que un alarde de fuerza destinado a fracasar. La táctica de Trotski no es más que blanquismo.» Sin embargo, Lenin no está tampoco conforme con esto. «No es blanquismo — dice —; en efecto, una conspiración militar es puro blanquismo si no está organizada por el partido de una clase, si los organizadores no tienen en cuenta el movimiento político en general y la situación internacional en particular.» Trotski dice: «Hay que atenerse a la táctica, operar con poca gente en un terreno limitado, concentrar sus esfuerzos sobre los objetivos principales, dar directa y duramente. No creo que esto sea tan complicado. Las cosas peligrosas son siempre extremadamente sencillas.»

Triunfa el criterio de Trotski. He aquí cómo describe Curzio Malaparte su ejercicio: «La tropa de asalto de Trotski se compone de un millar de obreros, soldados y marineros. Lo más escogido de ese cuerpo ha sido reclutado entre los obreros de las fábricas Poutilof y Wiborg; los marineros, de la flota del Báltico, y los soldados, de los regimientos letones. Durante diez días, bajo el mando de Antonof Orseienko, esos hombres, los guardias rojos, se han entregado a toda una serie de "maniobras invisibles" en el centro mismo de la ciudad. Entre la multitud de desertores que se agolpan en las calles, en medio del desorden que reina en los palacios de Gobierno, en los ministerios, en las oficinas del Estado mayor general, en Correos, en las centrales telefónicas y telegráficas, en las estaciones, en los cuarteles, en la dirección de los servicios técnicos de la capital, se adiestran, en pleno día, sin armas, en la técnica insurreccional, y sus grupos, poco numerosos (tres o cuatro hombres), pasan inadvertidos.»

Paralelamente a esta organización de Trotski, personal, suya, el Comité central bolchevique organiza la revolución proletaria: la huelga general revolucionaria. Esta Comisión la componen Stalin, Sverdof, Bonbnof, Ouritzki y Strerchinski. La rivalidad con Trotski es el origen de muchos sucesos posteriores. Pero la realidad es que fué Trotski quien llevó a efecto su proyecto y quien alcanzó el triunfo.

24 de octubre: la noche que decide.

El golpe había de realizarse, según los cálculos de Lenin, en un momento preciso. El día 21 declaró que el 24 sería demasiado pronto y el 26 demasiado tarde. ¿Por qué? No hay que olvidar que estaba en vísperas de reunirse el Congreso panruso de los Soviets. Los bolcheviques estaban en minoría. Y se trataba de dar un golpe de efecto para inclinarlo a su favor. Había que decir al Congreso: Aquí tienes el Poder, conquistado para ti por nosotros, bolcheviques. Así, el Congreso se inclinaba ante los hechos consumados y confirmaría lo realizado por el partido bolchevique. Pero este golpe requería un cuidadoso estudio, que fijase su oportunidad. Los delegados al Congreso iban acudiendo. Había que esperar a que estuvieran en buen número, sin llegar a la apertura de las sesiones. Por ello dijo Lenin: «El día 24 será demasiado pronto; el 26, demasiado tarde.» Y por ello, con exactitud matemática, fue realizado en la noche del 24 de octubre. Ni antes ni después. Como correspondía a revolucionarios de cuerpo entero.

Dice Malaparte: «El plan de las operaciones había sido decidido en todos sus detalles por el antiguo oficial del ejército imperial Antonof Orseien-

(Pasa a la Página 5)

Gráfica Socialista

(11-11-1933)

LO QUE TODO SOCIALISTA CON CONCIENCIA DE PARTIDO DEBE ESTUDIAR

LAS ÚNICAS EDICIONES SERIAS DE MARXISMO APARECIDAS EN ESPAÑA

BIBLIOTECA CARLOS MARX

(VOLUMENES PUBLICADOS)

CARLOS MARX (Historia de su vida). — Franz Mehring.

La magna biografía de Marx, el libro clásico de la vida y la obra del fundador del Socialismo moderno.

Precio: 30 pesetas.

HISTORIA DE LA COMMUNE DE PARIS. — Lissagaray.

La obra fundamental sobre el trascendental alzamiento obrero de París.

Precio: 25 pesetas.

EL MANIFIESTO COMUNISTA. — Marx y Engels.

Edición comentada, con notas históricas y todos los documentos sobre los orígenes del «Manifiesto» y su trascendencia para la historia social.

Precio: 25 pesetas.

ANTI-DUHRING. — F. Engels.

La enciclopedia del marxismo. La obra en que uno de sus dos grandes fundadores expone los principios fundamentales del Socialismo científico en la filosofía, la economía, la política y la historia.

Precio: 23 pesetas.

LA REVOLUCION DE 1917. — V. I. Lenin. — Tomo I. Volumen 1. (Desde la caída del zarismo hasta las jornadas de junio.)

Recopilación completa de los trabajos de orientación y táctica de la revolución proletaria. Figuran en este volumen, entre muchos otros trabajos, las famosas «Cartas desde lejos», las «Cartas sobre táctica», «Los objetivos del proletariado en la revolución», etc.

Precio: 25 pesetas.

LA REVOLUCION DE 1917. — V. I. Lenin. — Tomo I. Volumen 2. (Desde las jornadas de junio hasta la primera insurrección.)

Trabajos más importantes que figuran en este volumen: «El problema agrario y la revolución campesina», «El control de la industria», etc.

Precio: 25 pesetas.

LA REVOLUCION DE 1917. — V. I. Lenín. — Tomo II. (Preparando la toma del Poder.)

Recopilación completa de los trabajos de Lenin preparando la instauración del Gobierno de los Soviets.

Precio: 35 pesetas.

LA ACUMULACION DEL CAPITAL. — Rosa Luxemburgo.

Estudio sobre la interpretación económica del imperialismo.

Precio: 30 pesetas.

VOLUMENES CASI TODOS DE MAS DE 500 PAGINAS, EN TAMAÑO CUARTO, CON MAGNIFICA ENCUADERNACION

ESTA COLECCION, INTEGRA, NO DEBE FALTAR EN LA BIBLIOTECA DE NINGUN CENTRO OBRERO

PRECIOS DE LA COLECCION

AL CONTADO: DOSCIENTAS DIECIOCHO PESETAS

EN SEIS PLAZOS MENSUALES DE PESETAS 33,35: DOSCIENTAS TREINTA PESETAS

EN UN PRIMER PLAZO DE PESETAS 25 Y QUINCE MENSUALES DE PESETAS 15: DOSCIENTAS CINCUENTA PESETAS

Los lectores que deseen adquirir esta colección en cualquiera de las tres formas apuntadas deben dirigirse a

EDITORIAL CENIT, S. A. -- Apartado 1229 -- MADRID

RENOVACION

¡Por la dictadura proletaria!

(20-1-1934)

El día primero de octubre se abrirá de nuevo el Parlamento. Las derivaciones que adquiera la política, producida una crisis, no las conocemos; mas, sean las que sean, no nos importan mucho. Rompimos amarras con este estado de cosas por exigencias de la teoría y por dictado de moral. Suceda lo que suceda, por tanto, las Juventudes Socialistas reafirmarán una vez más su posición revolucionaria

¡Por la insurrección armada!

¡Por la dictadura del proletariado!

(29-8-1934)

RENOVACION

ÓRGANO DE LA FEDERACIÓN DE JUVENTUDES SOCIALISTAS DE ESPAÑA

¡Jóvenes intelectuales y manuales, en pie!

Todo el Poder para el Partido Socialista

EL ENTIERRO DE JOAQUÍN DE GRADO

El proletariado marxista escribe una página gloriosa

El proletariado madrileño conquistó ayer los mejores laureles que pueden discernírsele. La sensación de disciplina, solidaridad y propósito de triunfar sobre la burguesía se nos apareció, todo el tiempo que duró el acto, de una manera incuestionable. Fue el entierro de Joaquín de Grado una manifestación de enorme interés político y revolucionario. Día de trabajo, se juntaron, sin embargo, en el Cementerio del Este y sus alrededores, unas sesenta o setenta mil almas. La inmensa mayoría jóvenes. Enorme cantidad de mujeres acompañaban el féretro. Las milicias de las Juventudes Comunistas y Socialistas, con las camisas rojas y azules, abrían la marcha con paso fuerte y decidido. Detrás, la muchedumbre interminable, el puño alto, constituía un espectáculo imponente. ¿Un ejército de ocupación? Tal parecía. {...}

Las masas, imponentes, magníficas, temibles, dieron ejemplo de serenidad y de disciplina a los mantenedores del orden. Ésta es la verdad. No exageramos si decimos que los jefes de las fuerzas estaban impresionados. Veían un ejército en marcha. {...}

(1-9-1933)

¡Arriba el puño, jóvenes camaradas! El Estado burgués se aterra de su energía y quiere prohibir que nuestros brazos en alto tracen una línea rebelde sobre España. ¡Arriba el puño! En nuestras manos cerradas, que se alzan a compás, va el anatema contra el capitalismo, contra el Gobierno, contra la República burguesa. Van nuestros afanes revolucionarios. Nuestras ansias de luchas. Nuestro ardor de combate. El puño es símbolo de fuerza creciente, y sus músculos respaldan la energía con que cogerá el proletariado revolucionario las culatas de los fusiles para acabar con toda esta podredumbre que ahoga a España. Nuestro puño es nuestra fortaleza. Vean cómo penden de él todos los fantoches que alienta el Estado burgués: clérigos, terratenientes, fascistas, monárquicos. A una se conciertan para abatirlo. Les duele en los ojos, en la carne y en el alma. Y mandan a su lacayo que acabe con esta visión. Salazar Alonso, perro sucio de la burguesía, manda y ordena a sus secuaces que nos impidan alzar el puño, anatemizar a la sociedad burguesa con el brazo tenso. No importa. Jóvenes socialistas, el puño en alto: ¡Frente a la burguesía! ¡Frente al Gobierno! ¡Por la revolución!

(28-7-1934)

EL DISCURSO DE PRIETO EN EL PARDIÑAS

"Podemos controlar, en fecha inmediata, los destinos políticos del país"

El triunfo es indudable

... Dije a los jóvenes socialistas congregados en Torrelodones —y perdonad la insistencia con que me remito a palabras mías de hace seis meses— que para mí, si seriamente nos proponemos la conquista del Poder (y el fenómeno de esta creencia es tanto más raro si se calibra el pesimismo que a mí me ha caracterizado temperamentalmente en todas las rutas de mi vida), el triunfo es indudable, la victoria es innegable. Frente a estas falanges del Partido Socialista y de la Unión General de Trabajadores, adscritas a ellas cuanto venturosamente hay de sano en las zonas políticas de izquierda y en las zonas sindicales colindantes con nuestra organización, frente a eso es imposible oponer nada en España. Somos, no sólo los más, somos los más potentes, y somos –porque la actividad de estas masas trabajadoras es el eje de la vida española –quienes, poniéndonos en acción, podemos controlar, en fecha inmediata, los destinos políticos del país. [...]

Porque si las masas socialistas han de actuar para defender lo conquistado, y que ellas no han puesto en peligro, nadie se debe hacer la liviana ilusión de que van a entregarse de nuevo al sacrificio cruento, a la lucha heroica, por sostener un Gobierno que, personificado como está ahora, significa una traición a los anhelos del proletariado. *(Gran ovación.)*

¿Es que alguien cree, después de la historia, corta, pero vertiginosa, en las defecciones republicanas, que si el régimen peligra por acometidas de sus enemigos de la derecha, y la clase obrera se ha de salir a actuar violentamente en su defensa, va a hacerlo, por ejemplo, para sostener un Gobierno presidido por el señor Lerroux? *(Ovación.)* No. Lo primero que deben hacer nuestras masas al actuar así es eliminar, como se elimina un peligro, extinguir como se extingue un foco infeccioso, todo lo que de podrido exista en la entraña de la República española, que sino se limpia de tumores concluirá con la muerte de unas instituciones que no pueden seguir llevando dentro de sí podredumbre de ese género. *(Clamorosa ovación.)*

La táctica marxista

Por eso, correligionarios, dista mucho del supuesto a virtud del cual nosotros hemos procedido con torpeza al contribuir a la instauración de la República española. No; nosotros cumplimos entonces un deber que no nos lo dictaba un oportunismo exagerado ni pasajeras conveniencias del momento, sino algo más fundamental. Quienes quieren refugiarse para mantener ese supuesto en lo más típicamente socialista, en lo más clásicamente socialista, hallarán enseguida una tesis de Carlos Marx expuesta en el "Manifiesto Comunista" que con él suscribió Engels, tesis a virtud de la cual Carlos Marx estableció la obligación de participar en todos los movimientos revolucionarios que significaran lucha contra el régimen político y social existente. [...]

Cuando nosotros nos comprometimos a contribuir al advenimiento de la República, sabiendo que le prestábamos el instrumento más poderoso, no abdicamos de nuestro ideal, no hipotecamos nuestra libertad de acción; mantuvimos en todo instante nuestra significación socialista, no nos prestamos (se nos hubiese exigido algo contrario fundamentalmente a nuestra dignidad, rayano en la apostasía) a plegar nuestras banderas, a retirar nuestro programa, a prescindir de nuestros principios, de todo aquello que constituye el horizonte espléndido y luminoso de nuestro ideal. [...]

Nos presentan como ejemplo de conducta la seguida por el Laborismo inglés, que al ver en las elecciones del años 1931 reducida su representación parlamentaria en mucha mayor proporción que el Partido Socialista español en 1933, se ha mantenido dentro de la conducta anterior, sin dejarse arrastrar por la ira, sin dejarse dominar por la amargura de una derrota electoral. Pues bien, vayan, perfectamente parceladas, unas afirmaciones: nosotros no nos consideramos víctimas de ninguna derrota electoral. Nosotros no medimos nuestro ascendiente sobre la opinión pública española por el hecho de haber disminuido el número de representantes socialistas en las Cortes. [...]

Señalamiento de objetivos

... Cuando un régimen nuevo nace, los que le dirijan incurrirán en grave delito de imprevisión si consienten que elementos subalternos se encarguen desde las covachelas de ridiculizar al régimen, de hacer frustrar sus energías, de debilitarlo, de envolverle en el marasmo y de esterilizarle mediante el saboteo. Pues bien, respetando, si hubiera que respetar, los cuadros de la burocracia actual, pero con la exigencia inflexible del cumplimiento de su deber, todos los órganos de la Administración habrán de estar intervenidos por comisarios del pueblo. *(Ovación.)*

La democratización del ejército

Hay que asegurar una fidelidad, no fingida, sino leal y absoluta, al régimen de todos los institutos armados a su servicio, incluso, desde luego, del ejército, y hay que democratizarlo.

Vosotros, entre quienes predomina la concurrencia juvenil, aspiráis —es aspiración que también yo comparto— a la desaparición del ejército, a la supresión de las fuerzas armadas. Pero pensad conmigo que no sólo el peso de las codicias internacionales, sino también la necesidad inexcusable de la defensa del régimen, hace imperiosamente exigible por ahora la existencia de un instrumento armado. *(Voces: ¡Del pueblo!)* Bien; la que revelan vuestros gritos es una aspiración; pero pensad que yo estoy articulando ahora una serie de medidas para su aplicación inmediata, para su implantación al día siguiente del triunfo. *(Atronadora ovación.)* El pueblo armado será mañana, sí, como decís vosotros, y eso equivaldría a la defensa del pueblo por el pueblo mismo. Mas como eso no se improvisa, la medida a realizar inmediatamente es que el ejército sea una síntesis del alma del pueblo. [...]

(62-1934; retranscrito)

RENOVACIÓN

Somos marxistas, seremos marxistas, y únicamente podemos dejar de serlo cuando muramos.

(18-4-1934)

RENOVACION

Armas en la Casa del Pueblo

Unas investigaciones policíacas en el hogar de los trabajadores madrileños han dado por consecuencia el descubrimiento de un abundante lote de armas en condiciones asaz sospechosas. Resulta que el día en que fué declarada la huelga general en Madrid la policía y las fuerzas de seguridad tomaron militarmente la Casa del Pueblo, cachearon y registraron cuidadosamente a los detenidos y procedieron a clausurarla. No se encontró una sola arma. Pocos días después torna la policía a los lugares donde estuvo primero, y con claridad de vidente, como iluminados por la Pytia griega, se dirigen a determinado lugar, donde, de manos a boca, tropiezan con un considerable bagaje de instrumentos mortíferos, allí escondidos por los socialistas para realizar la revolución social.

Perdone el señor director general de Seguridad. Tememos que también se querelle contra nosotros, como se ha querellado contra «El Socialista» por hacer manifestaciones de extrañeza semejantes a las nuestras. ¡Pero si son irremediables! Considere con nosotros. El día del movimiento huelguístico, cuando las armas podían ser más eficaces, porque nadie conocía las derivaciones del mismo, las armas no aparecen. No están allí. Días después, cuando la clase trabajadora no puede penetrar en la Casa del Pueblo y, por tanto, emplear eficazmente el bagaje que pudiese haber, se actúa sobre seguro en las pesquisas y se hallan armas en abundancia. Caso grave. Nosotros ignoramos que las armas nazcan por generación espontánea, como los hongos. Asimismo ignoramos que el proletariado madrileño y sus dirigentes estén aquejados de imbecilidad. Decimos esto porque imbecilidad, y grande, sería guardar un alijo de tan crecido interés en un lugar expuesto, a virtud de los azares revolucionarios, a lo que ha sucedido. De aquí nuestra extrañeza. No hay duda de que por medio surgieron los agentes provocadores.

Conviene dar publicidad a diversos detalles del registro que aclaran esto. Durante los días que la investigación ha durado llegaba la policía a la Casa del Pueblo y derechamente se dirigía a una de las Secretarías del edificio. Hay 60 Secretarías y 80 ó 90 puertas, amén del teatro, los fosos, la cueva, los salones de reuniones, urinarios, boardillas de limpieza, Conserjería, café, terrazas, etc. Pues bien; se dirigen a una Secretaría. «Abran ustedes la Secretaría 17», por ejemplo. Allí habían estado durante el primer registro, sin encontrar nada. Se abría con tranquilidad, y dentro aparecían casi ante la vista, con sólo tirar de un cajón, veinte pistolas. Acudían después al teatro, también registrado. «Abran esa puerta», demandaban. Y vuelta a aparecer más armas. Secretarías y Secretarías registraban protocolariamente, convencidos de la inutilidad de su gestión. De pronto llegaban a una cualquiera, no diferenciada en nada de las demás. «Abran aquí», decían. Y allí había más armas. Todo el registro se ha realizado de este modo. Es decir, que los agentes policíacos producían la sensación de llevar en el bosillo una lista con los «lugares de trabajo».

Esto ¿qué es, señor director de Seguridad? Nosotros lo consideramos claramente: una provocación. Como dice «El Socialista», un nuevo intento de incendio del Reichstag. Pero ándense con ojo, que acá no es Alemania y estamos apercibidos. Sabemos de buena fuente que se pretende declarar ilegales a numerosas organizaciones a consecuencia del hallazgo de armas. Sabemos también que la Casa del Pueblo quedará clausurada por tiempo indefinido. Sabemos otras cosas más graves. Y, por encima de todo, sabemos que el enemigo lleva perdido medio juego cuando se ha dejado ver las cartas, como en este caso. Las cartas de la provocación y las cartas de las consecuencias.

(22-9-1934)

Las Juventudes Socialistas, ahora más que nunca, por la revolución

(22-9-1934)

¡POR LA REVOLUCION SOCIAL!

La crisis actual es la crisis de la República democrática. La revolución no puede salir del Palacio de Oriente, sino de la calle. La solución de la crisis es la revolución social.

(3-2-1934)

(25-8-1933)

Los que contribuyeron a hacer la República y los que la acatan

Recapacitemos. Se ha producido un suceso grave, gravísimo. Lo soslayan incluso los diarios republicanos. El discurso de Prieto, en lo que tiene de declaración colectiva —«decimos desde aquí al país entero que públicamente contrae el Partido Socialista el compromiso de desencadenar la revolución» —, tiene innegable valor histórico. La República, después de esas palabras, acaba de perder uno de sus apoyos más valiosos y robustos. Se ha enajenado la colaboración del Partido Socialista.

la República se ve privada de la colaboración — y al hablar de colaboración aludimos a la simple permanencia de los socialistas en el área legal acotada por el régimen — de un Partido que, en poco o en mucho, que el cuanto no importa ahora, pero por manera sincera y entusiasta, cooperó al nacimiento del régimen, aceptándo, sin una vacilación, el sacrificio que en vidas le impuso su defensa.

Recientemente, con ocasión de ventilarse la crisis, los socialistas hubieron de contestar, por su representante autorizado, a esta pregunta: «¿Es que debemos impedir el acceso a la República de nuevos adherentes?» La respuesta no fué un efugio: «Quienes lleguen a ella con la sinceridad necesaria, con el fervor apetecible, con la honestidad indispensable, ¿con qué autoridad podrán ser recusados? Pero aun trayendo en regla su pasaporte, nada aconseja llamarles inmediatamente a participar de la dirección del régimen. Requeridos para ello, su propia lealtad, si son leales, les aconsejará reservarse para cuando su lealtad tenga el refrendo de su conducta.» ¿Acaso las fuerzas que se trata de incorporar a la República han hecho declaración alguna de republicanismo? Han llegado a decir, cuando más, que soportan la República, que la acatan. ¿Y qué remedio? ¿Acaso no la acatan los tradicionalistas? Si del acatamiento se hace un mérito y se premia con una cartera y promesas de caballero, ¿cuál es la nueva República con que se amenaza al país que peleó por ella, suponiéndola izquierdista y, en fin de cuentas, más socialista que fascista?

(22-12-1933)

(22-9-1934)

Cuando nos dicen que si queremos un Gobierno de izquierdas, la disolución de estas Cortes, la recuperación de nuestra anterior influencia, debemos contestar: Queremos la revolución, y nada más que la revolución.

(3-3-1934)

Una voz que no es la nuestra

La táctica evolutiva del profesor Besteiro

Los acontecimientos se han propuesto refrendar nuestras campañas con el sello de la aprobación. Por si no fuera suficiente la aprobación que nos llega de las masas juveniles, sentimos en estos momentos la aprobación de los hechos, que con su lógica irrebatible nos señalan el camino a seguir.

En los dos números anteriores pedíamos la unificación del Partido bajo una dirección única. ¿Capricho nuestro? ¿Exceso de celo? En los mismos momentos, un militante del Partido, con toda la responsabilidad de su nombre y cargos ostentados, infligía al Partido un daño. No es suya la culpa únicamente. La responsabilidad alcanza también al Partido, que por un exceso de consideración deja pasar tales infracciones de la disciplina.

Las últimas declaraciones del catedrático de Lógica Julián Besteiro, afiliado al Partido Socialista, y sujeto, por tanto, a una disciplina y un programa, son sincera y francamente una monstruosidad contra la esencia y contenido marxista de nuestro Partido. E igual que en otro momento arremetimos duramente contra la minoría parlamentaria por considerar que su actuación huía de la táctica del Partido, arremetemos hoy contra Besteiro por hacer declaraciones que, además de no llevar tras de sí el refrendo de un sector numeroso del Partido, dañan a éste en tanto crean un estado de confusión en las masas obreras. Para que un Partido gane la confianza plena de las masas en momentos revolucionarios, preciso es que observe en todas sus manifestaciones una postura clara y diáfana, que no se preste a ninguna falsa interpretación. A las masas hay que ganarlas con consignas y banderas claras. Y no puede autorizarse que ningún afiliado, desde la prensa burguesa, ataque la línea teórica y táctica del Partido. Cuando algún simple afiliado se permite el lujo de criticar al Partido desde la crítica comunista o sindicalista, a ese afiliado se le abre expediente, y si no rectifica, se le expulsa. Y cuando la indisciplina se produce por un miembro que ha sido presidente del Partido, que ha representado a éste en varios organismos, que ha dicho poner la disciplina por encima de todo, ese acto, en vez de ser indisciplina, toma un claro valor de deslealtad. No son las primeras declaraciones con que tenemos que mostrarnos disconformes. El profesor Besteiro acostumbra a dejarse interviuar con profusión. Pero estas últimos declaraciones pasan de lo permisible.

Admirable es que quien ha pretendido en varias ocasiones ser el primer intérprete español del marxismo niegue la precisión de la violencia como instrumento para conquistar el Poder. No como base del marxismo, sino como instrumento de realización. "Cultivar el trastorno por el trastorno no puede ser programa de ningún Partido, y menos de un progresista." "Las revoluciones se hacen con el corazón y la inteligencia, y donde no hay cabeza ni instintos directivos no hay fuerza progresiva ni verdadera revolución. Hay sencillamente trastornos y desorden."

Bien; perfectamente bien. Magnífica declaración para justificar un duro correctivo. La ciencia infusa y difusa del profesor Besteiro se ha complacido en la suerte de atacar a quien todos tenemos el máximo respeto por una vida de lucha en el Partido, por una visión clara de los problemas y por un concepto de la disciplina que le ha hecho callar cuando su posición ha sido minoritaria.

Cuando se quiere atacar a alguien se hace con valentía, descaradamente y no ocultando lá situación tras declaraciones metafísicas del corazón y la inteligencia. Si el profesor Besteiro estima que en la dirección del Partido Socialista no hay hoy ni inteligencia ni cabeza directiva; aún más claro: si cree que la presidencia del Partido Socialista está simplemente trastornada, debe decirlo con valentía; pero dentro de nuestra misma casa y no en la prensa burguesa.

Hemos mamado de las viejas generaciones del Partido una adoración a la disciplina interna, y el profesor permitirá que los jóvenes le den una lección de disciplina y moral socialista.

Por duro que sea nuestro juicio y muy brusca que parezca la exposición, nos obliga a llegar a ella la insistencia de determinados compañeros en una táctica que queremos extirpar de cuajo de nuestras filas. El que no esté conforme con la dirección táctica y doctrinal del Partido, que se vaya.

Y cuando el que se indisciplina no se marcha, se le expulsa.

(25-8-1934; retranscrito)

La democracia es una odiosa mentira...

... Podemos sostener con entera razón ante esa democracia semifascista, que a un pueblo como España, amenazado por la vieja fortaleza territorial, su aliado el clero y su ex nobleza cobarde, le conviene la dictadura del proletariado, ejercida por la fracción más consciente de la clase obrera, que somos nosotros, no sólo por nuestra disciplina, sino porque tenemos un vasto programa a realizar, capaz de satisfacer todas las necesidad más apremiantes de los trabajadores. Además, una democracia capitalista, como es la de nuestro país, es un nada odiosa mentira. Por eso los jóvenes socialistas debemos encaminar nuestros esfuerzos a que el Sociedad preceda a la democracia en vez de seguirla. [...]

(22-7-1933; retranscrito)

Precio del ejemplar, 10 céntimos.

Proletariado y burguesía

El gran error de las fuerzas de izquierda europeas

Una de las cosas que con más justificación se pueden reprochar a demócratas y socialistas reformistas es la negligencia con que todos han asistido a su derrota y han contemplado los avances del adversario. Los partidos políticos que se detienen se suicidan. Partido político que se para hoy, en estos momentos de prisa histórica, es partido muerto.

Es indudable que las izquierdas han retrocedido porque no han realizado la política que de ellas demandaban las masas. En todas partes han comenzado una obra que creían poder terminar sin advertir que serían aplastadas por los ingentes intereses del capitalismo. El mayor obstáculo lo han encontrado en una traducción excesivamente rígida de los postulados democráticos universales.

El fascismo pelea con dos armas: la democracia y la dictadura. Los demócratas, en cambio, luchan únicamente con el blandengue recurso democrático. Ante la necesidad de resolver una situación mediante el golpe de Estado, los demócratas—y el Socialismo reformista lo es—retroceden.

De ahí que la democracia, como dijimos en otra ocasión, conduzca hoy al fascismo. Es de suponer que los demócratas hayan comprendido ya en Europa esta realidad. Aunque en política rara vez se escarmienta en cabeza ajena.

(29-11-1933)

JUVENTUDES
SOCIALISTAS DE ESPAÑA
el triunfo es nuestro
adelante
Heron 33

(6-1-1934)

Los Jóvenes socialistas deben forzar la propaganda revolucionaria en los cuarteles. Hay que ganar al ejército para nuestra causa.

(3-3-1934)

De la U. R. S. S.

El nuevo comisario de Asuntos Interiores de los Soviets

MOSCU, 4.—Enrique Grigorievich Yagoda, el «viejo bolchevique», que empezó su lucha revolucionaria a los catorce años de edad y que llegó a ser durante algún tiempo el hombre más querido y más temido a la vez de la Unión Soviética, es ahora el comisario de Asuntos interiores, puesto creado recientemente.

Actualmente la G. P. U. ha sido reorganizada y ha perdido su derecho de juzgar y ejecutar, y constituye meramente una sección del Comisariado de Asuntos interiores. Por lo tanto, Yagoda, el nuevo comisario, sigue controlando las huestes de la temida organización que defiende la Revolución en toda Rusia.

En 1917 Yagoda emprendió la organización de la Guardia Roja, que más tarde llegó a ser el Ejército Rojo. Luchó después en la guerra civil, primero en el sur y luego en el este. En 1920 fué elegido miembro del Presidium de la Comisión Extraordinaria, o Cheka, que condenó a miles de enemigos del nuevo régimen. Posteriormente, cuando la G. P. U. sustituyó a la Cheka, Yagoda pasó a ser su vicepresidente, y en ella continuó trabajando hasta que ha sido designado comisario de Asuntos interiores.

Formula clara y energicamente tu aspiración: "conquistar el poder"

(25-11-1933)

RENOVACION

DEPORTE SOVIETICO

Los trabajadores rusos, educados dentro de la más férrea disciplina, nos dan exhibiciones atléticas tan perfectas como la que hoy mostramos a nuestros camaradas.

(17-2-1934)

Una azafata en la nueva Rusia

Irina Skiaritina, hija de una princesa y de un general de la Rusia zarista, criada en la corte imperial y antigua azafata de la zarina, ha vuelto a su país al cabo de diez años de destierro. Presenció el gran drama histórico de la revolución, en el que sus padres perdieron la vida. Ella misma fue encarcelada y condenada a muerte por su actividad contrarrevolucionaria; pero se le conmutó la pena por la de destierro, y en 1922 marchó al extranjero.

Diez años después, casada ya con un ciudadano norteamericano, solicitó de las autoridades soviéticas un pasaporte y el permiso de volver a Rusia y viajar libremente por la Unión de Repúblicas Socialistas. Con muy buen sentido y teniendo en cuenta la moderación de los juicios expresados por la Skiaritina en sus libros, artículos y conferencias sobre su país, los Soviets le concedieron permiso y pasaporte. ¿Por qué no? Rusia no tiene nada que ocultar, y sí por lo contrario mucho que enseñar como ejemplo. La comparación entre las lacras, la miseria bestial, por un lado, y el loco despilfarro por otro de los países capitalistas, y el magnífico esfuerzo de construcción socialista por hombres y mujeres sanos, alegres, entusiastas, libres al fin de la explotación inicua del hombre por el hombre, sólo puede resultar a favor de la Unión de Repúblicas Socialistas Soviéticas, con una diferencia abrumadora.

Segura de su camino y justamente orgullosa de su esfuerzo, la Unión Soviética abrió sus fronteras a la antigua dama de la corte imperial para que ésta pudiera establecer por sí misma la comparación entre la vieja y la nueva Rusia, midiera el camino recorrido y sacara la conclusión. Irina Skiartina ha estado en su país. Ha viajado libre y extensamente. Cumplió cabalmente su anhelo de peregrinación sentimental a los lugares en que transcurriera su juventud. Visitó a su vieja nodriza, y la encontró muy feliz en su nuevo ambiente. {...} Pudo arrodillarse a su antojo en la tumba de su padre: pudo incluso orar en las iglesias que antaño solía frecuentar con su madre. Un joven comunista le explicó por qué hubo de ser tan empeñada la lucha contra la Iglesia, fuerza contrarrevolucionaria íntimamente trabada con el antiguo Estado oligárquico, y por qué, descuajada de raíz esa tremenda barrera, se la puede ahora dejar que se derrumbe por propia consunción.

Pero la antigua azafata de la zarina no se ha limitado a recordar sentimentalmente el pasado. Ha querido ver, observar, estudiar el presente, la nueva Rusia. Su espíritu crítico deseaba ejercerse sobre la obra de Lenin y de sus sucesores. Hablando con gentes escogidas al azar ha llevado a cabo su encuesta. Ha podido darse plena cuenta de la enorme elevación material y, más aún, moral del nivel de vida de ese inmenso pueblo. {...}

(3-2-1934; retranscrito)

EL CASO DE TROTSKI

LA VERGÜENZA DE EUROPA

León Trotski ha sido forzado a abandonar Francia. He aquí una determinación injusta. Francia le cierra su territorio. Pero lo que hace Francia lo han hecho ya otras naciones. Es Europa entera la que está cerrada para el revolucionario ruso. Turquía, que accedió durante algún tiempo a tenerle como huésped, siquiera fuese en Prinkipo, le advirtió a tiempo que tan pronto como abandonase su país le sería negado el derecho de reingreso. No hay una sola nación en Europa que se avenga a discernir a Trotski el derecho de asilo. Es increíble. Es monstruoso. No parece sino que Trotski es una fuerza ciega de la Naturaleza que allá donde hace su aparición lo trastrueca y cambia todo. Los propios comunistas oficiales no tienen inconveniente en estimular a sus secuaces para que le ataquen y le hagan la vida imposible. Se añade que las propias Embajadas rusas se interesan porque no le sea concedido el derecho de asilo. Demasiado fuerte es la cosa para que la aceptemos de buen grado. Mas, sea de ello lo que quiera, es lo cierto que Trotski carece de derecho de asilo en los países europeos. ¿No habrá alguno que se decida a concedérselo? ¿No será posible que los liberales, los demócratas, incluso los propios católicos, se economicen la vergüenza de asediar a un hombre, sin posibilidad de defensa contra esta confabulación de Estados? Grande es el homenaje que con estas determinaciones se hace a la capacidad revolucionaria de Trotski, pero más grande todavía que el homenaje es el daño que se causa a la famosa democracia, en nombre de la cual debería reconocerse a Trotski el derecho de asilo en el país de su elección.

(18-4-1934)

El Estado Socialista en construcción

Las exportaciones soviéticas se acrecientan

(3-10-1934)

OTRO GRAN DISCURSO DE LARGO CABALLERO

"Si triunfamos —dice— en la contienda, no nos limitaremos a celebrar complacidos la victoria política"

"Iremos —añade— a la instauración de un régimen donde no existan los privilegios de clase"

EN LA PRÓXIMA ETAPA REVOLUCIONARIA NO PODREMOS TENER GENEROSIDADES CON NADIE

En abril, los socialistas hubiéramos podido realizar una represalia justa contra quienes nos habían venido maltratando hasta entonces. Sin embargo, respetamos la vida y la hacienda de ciertos elementos que hoy cooperan contra la República. Ya dije yo anoche que aquello fue un error; pero que al mismo tiempo nos había servido de lección, y que no deberá extrañar a nadie que cuando los hechos se repitan no tengamos las mismas generosidades que antaño supimos tener. *(Aplausos.)* [...]

LA PRETENDIDA DEMOCRACIA DE LA REPÚBLICA BURGUESA

Cuando hablamos de poseer el Poder político, enseguida se dice que vamos a la dictadura del proletariado. ¿Qué es lo que haría la clase trabajadora con el Poder en las manos? Gobernar con todos los resortes del Estado en beneficio de la mayoría del país, que son los obreros. ¿Es esto la dictadura del proletariado? Yo no voy a discutirlo siquiera, porque a mí no me asusta eso. Pero preguntamos: ¿quién tiene en la actualidad el ejército, la prensa, los Bancos, la Magistratura, los medios de producción y de cambios? Los tiene la clase capitalista, y al tenerlos no hace más que ejercer una dictadura contra el proletariado. No os dejéis engañar por las palabras. La democracia burguesa no es más que una composición de palabras. [...]

BASTARÁ LA FUERZA DE NUESTRA VOLUNTAD PARA HACER LA REVOLUCIÓN SOCIAL

Ahora los trabajadores saben que sólo variando el régimen de propiedad privada pueden triunfar. A variar, pues, el régimen de propiedad privada vamos. Los que quieran, que vengan con nosotros; los que no, que se pongan enfrente. Porque sabemos que por muchos que sean nuestros enemigos, ha de llegar un momento en que no servirán a contener nuestro avance ni los ejércitos permanentes, ni la fuerza pública, ni la magistratura, ni la policía; pues bastará nuestra voluntad firmísima para instaurar la República social. (El público, puesto en pie, ovaciona durante largo rato al orador.) [...]

Podéis decir como aquel rey francés: «El Estado soy yo». En cuanto los proletarios tengan conciencia de clase, podrán decir con toda autoridad: «El Estado somos nosotros». [...]

ESTOY DISPUESTO A OLVIDAR TODOS LOS AGRAVIOS EN ARAS DE LA UNIDAD OBRERA

... Yo he sido el hombre más injuriado, más difamado por los elementos obreros a que aludo; pero declaro que, por mi parte, doy por olvidado todo lo que contra mí han dicho, en aras de la unidad obrera. *(Formidable ovación. Vivas a Largo Caballero y a la Revolución social.)* Cuando se habla por ellos de la implantación de un régimen como el que hay en Rusia, yo pregunto: pero eso lo vamos a hacer unidos, ¿no? Unámonos, pues, y luego trataremos sobre cómo se debe hacer la revolución. *(Se repiten los aplausos.)* [...]

(11.11.1933; retranscrito)

Caricatura de Largo Caballero, *el Lenin español,* Presidente del PSOE, publicada por *El Socialista.*

El mito de la democracia burguesa

Dos años y medio de experiencia democráticoburguesa son suficientes para que el proletariado disipe las ilusiones excesivas que en torno a la democracia había concebido. La República instaurada en la fecha del 14 de abril tendrá, cuando menos, este valor para las masas trabajadoras: haberlas desengañado totalmente de su fe en la eficacia de un régimen democrático para resolver su problema económico. Aun cuando no fuera más que por esto, habría que celebrar el advenimiento de la República.

Nosotros siempre hemos sido unos escépticos de la democracia, concediéndole sólo una superioridad relativa frente a otros sistemas políticos.

c Si queremos implantar una verdadera democracia es preciso antes acabar con el orden (?) capitalista mediante la Revolución social.

Hoy por hoy el mundo se divide en dos bandos: partidarios de la dictadura fascista y partidarios de la dictadura del proletariado. La clase trabajadora ya sabe lo que pretende el fascismo: retrasar su emancipación en el terreno económico y político. En cambio, la dictadura del proletariado representa el Gobierno de su clase, con la sola mira de redimirlo de un modo definitivo del yugo capitalista. O fascismo o Socialismo.

Guillermo DIAZ DOIN

(26-12-1933)

EL SOCIALISTA

"ANTES QUE LA CONSTITUCIÓN ESTÁ LA REPÚBLICA...

Y antes que la República, está el impulso del pueblo soberano que la creó"

Es preciso que el republicanismo se entere de que España es un país enfermo de historia mal sabida, enfermo de historia no cribada por la crítica, y que el republicanismo, como miembro del cuerpo español, no está exento de esta enfermedad. Y ya va siendo hora de que digamos que el republicanismo español empieza cada día y que no tenemos que ver nada con la Historia, absolutamente nada, como no sea más que para apartarnos de ella, y que es hora de enterrar a los muertos, haciéndoles un panteón como esta casa de grande, pero enterrarlos (Grandes aplausos.), y que no estamos dispuestos a atarnos por los tobillos momia con momia, recuerdo con recuerdo, panacea con panacea. ¡De ninguna manera!

(13-2-1934)

CALLICIDA OBRERO

El más eficaz para hacer desaparecer durezas, callos, ojos de gallo, sin la menor molestia.

UNA PESETA FRASCO

Pídalos en todas las farmacias, y especialmente en las de La Mutualidad Obrera: Mesón de Paredes, 16; San Bernardo, 41; Glorieta de la Iglesia, 1 (frente a la Iglesia de Chamberí); Pacífico, 7; Avenida de la Libertad, 21 (Tetuán); Hermosilla, 3; Valencia, 51; Avenida de la República, 23 (Puente de Vallecas); Paseo de Extremadura, 52; Paseo de las Delicias, 161; López de Hoyos, 89, y Carretera de Aragón, 15 (Ventas).

En línea recta

Sin propósito de envanecimiento, nos interesa robustecer nuestra posición ante la realidad de los hechos. Y nuestra línea de conducta, además de ajustarse exactamente a los hechos revolucionarios que se vienen produciendo diariamente, afirma una vez más las predicciones tácticas que desde estas mismas columnas venimos desarrollando.

Los pasados acontecimientos causantes de una nueva derrota al fascismo gubernamental, son fortalecimiento y experiencia de jornadas más prometedoras.

Es innegable la confirmación del curso ascendente de la marca revolucionaria. El proletariado español, combatiente específico de la revolución, se ve secundando en su lucha contra las fuerzas mercenarias por la adhesión incondicional de una enorme masa popular.

Los Sindicatos no solamente mantienen su disciplina combativa, sino que se radicálizan cada vez más, poniendo en primer plano la lucha contra la reacción y por la conquista del poder político.

Por otra parte, los partidos republicanos burgueses extreman su demagogia «radical», inclinando hacia las «izquierdas» sus postulados programáticos. El Gobierno, sin autoridad y derrotado en toda su acción, destaca impotente, como una piltrafa sangrienta, en continuos descalabros. La reacción sigue descomponiéndose en oscilaciones vertiginosas. Sus disidencias internas se manifiestan ostensiblemente; sus vacilaciones políticas determinan un estado incierto en la vida gubernamental. La pérdida autoritaria del Poder se hace tan notable, que se traduce en la cobarde situación de sus cuadros defensivos.

Rico período en acontecimientos públicos el que estamos viviendo. Divorcio de Cataluña y Vasconia con un Poder central descentrado; actuación revolucionaria de las masas contra las concentraciones fascistas; fracaso indiscutible de dichas concentraciones; repulsión y nueva derrota del fascismo en su intervención con los obreros parados; agravación del atentado personal; reducción del apoyo al Gobierno por los partidos colaboradores, etc., etc., evidencian la rápida descomposición del Estado policial, regentado por un presidente impotente y por un ministro sangriento.

La rabia del Gobierno no puede permanecer oculta; sus órdenes se reflejan en los asesinatos cometidos originalmente en trabajadores indefensos, ya que la fuerza pública, vinculada especialmente en los forajidos de asalto, carece de coraje para batirse en las calles de la ciudad.

Vamos en línea recta camino de la insurrección. La clausura de nuestros centros señala en gran escala la práctica de la ilegalidad. Los encarcelamientos y persecuciones de algunos socialistas moderados les pondrán en la última disyuntiva: reincorporación a la lucha revolucionaria o expulsión de nuestras filas.

La revolución sigue su camino triunfante; pero los millares de trabajadores que ansiosamente te aguardan el combate definitivo deben ver en la experiencia del 8 de septiembre que no es estímulo lo que se precisa, sino armas. Es la acción armada, el trabajo ilegal, la incorporación a los puestos respectivos para completar la obra preparatoria al combate definitivo.

El proletariado ruso estaba armado. Faltaba la cristalización de una unanimidad revolucionaria que convergiese en la condición objetiva para el asalto. Esta condición la poseemos en España. Es material combativo lo que precisamos; material en abundancia para responder a los autores de los asesinatos que, respaldados por el Gobierno, se suceden diariamente en las filas proletarias.

Jornadas triunfales que requieren el aumento de astucia y sagacidad rectificando errores recientes. Disciplina de hierro y centralización de mando, con obediencia dictatorial. Intensificación revolucionaria en la teoría y en la práctica. Todo, trabajo para la juventud. Pero no se olvide que en la ciudad y en el campo hay millares de trabajadores que deben convertirse inmediatamente en fuerzas «activas» para acelerar el proceso revolucionario.

Nuestra línea es recta, clara e inflexible: el que no está con la revolución está contra la revolución. Y en período revolucionario, para los contrarrevolucionarios sólo hay una consigna: guerra a muerte.

(16-9-1934; retranscrito)

«Disciplina de hierro y centralización de mando, con obediencia dictatorial. Intensificación revolucionaria en la teoría y en la práctica.»

«Nuestra línea es recta: en período revolucionario, para los contrarrevolucionarios sólo hay una consigna: guerra a muerte.»

«Lo que se necesita es la acción armada, el trabajo ilegal, la incorporación a los puestos respectivos para completar la obra preparatoria al combate definitivo.»

Madrid, martes 13 de marzo de 1934

EL ESTADO SOCIALISTA

Unica posibilidad de economía dirigida

Se diría que «El Debate» se propuso demostrar con su artículo «Farsa de la Revolución social» la farsa de la economía burguesa y la mentacatez de sus patrocinadores. Creemos haber probado el día último que no hay parangón posible, en cuanto a la burocracia, verdadero problema capitalista, entre el actual Estado y la futura organización social socialista. No hay parangón. Antes que burocratizar, la revolución social viene a desburocratizar el Estado y las Empresas privadas, muchas de las cuales, las maduras para la socialización, pasan a ser públicas.

Circula la leyenda de que el Estado «no rinde igual que un negocio privado». «El Debate» la esgrime. Pero téngase en cuenta que quienes barajan ese argumento olvidan que el Estado socialista no es el Estado burgués. Para éste sí es lícito el reproche. El Estado burgués, aun en el caso de mayor despotismo, es un Estado sin autoridad. El ejemplo de Rusia se acredita de definitivo a este respecto.

El zarismo, un Estado autoritario, no pudo sacar a Rusia de la barbarie. Necesitaba el atraso del país para sostenerse. En cambio, el Estado ruso actual ha «rendido» ya lo que no hubieran podido rendir en un siglo el Estado zarista y las Empresas privadas juntos. Precisamente, el capitalismo que ahora se organiza en régimen de terror está pidiendo, tanto en Italia como en Alemania y en Norteamérica, frenos para la producción, diques para el desarrollo de las fuerzas productoras. Basta conocer lo que ocurre en los países fascistas para advertir que el Estado burgués del momento presente tiene la misión de detener el progreso, que acabará, a pesar de todos los obstáculos, destruyéndolo.

Son dos cosas muy distintas el Estado transitorio socialista y el Estado capitalista. En aquél, el acrecimiento de la producción es una ley vital. En éste, se da el fenómeno contrario: todo desarrollo económico le acerca a su fin. ¿Acaso no murió el feudalismo de la misma enfermedad?

Ignoramos de dónde saca el articulista de «El Debate» que el Estado socialista tendría que restar del trabajo nacional «una cantidad para el sostenimiento de burgueses y capitalistas». O eso, «o tirarlos al río». Ni lo uno ni lo otro. Parece mentira que el cretinismo de un seudoeconomista se revele de modo tan impudoroso. El Estado socialista obliga a trabajar a todo el mundo. Sólo los que no pueden aportar sus esfuerzo por razones físicas o de edad están libres de tal contribución. Los burgueses y capitalistas, si no se avienen a trabajar, se mueren de hambre en una esquina. No hace falta tirarlos al río, como dice «El Debate».

¿Hay quien no vea que, como dice Ferdinand Fried en su obra «Das Ende des Kapitalismus», a la Humanidad se le plantea a estas horas el problema de hace siglo y medio, o sea el de superar un sistema económico y entrar en otro nuevo: el régimen socialista? El capitalismo tiene la desgracia de morir y el dolor de que lo defiendan economistas tan desdichados como el de «El Debate», un caso de enfermedad mental.

(13-3-1934)

RENOVACION

La vida sexual en Rusia

por H. Fouillet, con más de 30 fotos auténticas.—La mujer. El amor en Rusia.—¡Una generación sin preocupaciones sexuales! 4.ª edición. 3 ptas.

Medios para evitar el embarazo. Doctor Hardy. Breviario indispensable al hombre y a la mujer. Abundantes grabados demostrativos-láminas. 7 ptas.

La libertad sexual de las mujeres. 3 ptas.

Amor sin peligros. Doctor Wasroche. Ilustrado. 4 ptas.

Procreación prudencial. Doctora Stopes. Tratado sobre regulación de nacimientos. 5 ptas.

Higiene secreta del matrimonio. (60 heliograbados. Iniciación en la vida sexual; educación sexual.) 7 ptas.

Atlas descriptivo de las funciones sexuales. Con su atlas desmontable del cuerpo femenino. Completo, 16 ptas.

Paternidad voluntaria. Profilaxis, medios preventivos. Libro de la malograda Hildegart. Con numerosos grabados. 4 ptas.

Pedidos a CULTURA SEXUAL. Apartado 887. **Moratín, 49.** Madrid. Reembolso, 0,50 gastos.

(11-11-1933)

PRIETO: "Si alguien quiere entregar el poder a las fuerzas reaccionarias, el pueblo español estará en el deber de levantarse revolucionariamente." (Ovación que se repite tres veces.)

(El Socialista: 29-11-1933)

HABLA LARGO CABALLERO

"Estamos a las puertas de una acción de tal naturaleza que conducirá al proletariado a la revolución social"

EXPECTACIÓN Y DESCONFIANZA HACIA LA REPÚBLICA BURGUESA

Largo Caballero medita un momento la pregunta: situación del Partido ante la República Burguesa tras la última crisis.

—Situación de expectación y desconfianza que si no nos ha de llevar a una actitud de agresividad contra ella, cuando menos pone en nuestro ánimo la duda sobre la posibilidad de que en la República consigan los trabajadores sus aspiraciones mínimas. La posición del Partido es de guardia. Poseemos resolución para defendernos, primero, y después, para vencer.

—*¿En cuanto a compromisos con los partidos republicanos?...*

—Los que había —responde— se han liquidado. Para el futuro habrá que pensar mucho antes de convenir ninguno. Ya sé yo que ahora sacarán el fantasma de la reacción, como antes sacaban el de la monarquía para que pactemos alianzas. Pero ahora les va a costar mucho trabajo, como no haya en los partidos republicanos una reacción visible que pueda inspirar confianza al proletariado. Si no se produce esa reacción, yo dudo mucho, muchísimo, que podamos entendernos nunca. No en vano vamos extrayendo experiencias de la lucha política. Y tras lo sucedido no está el ánimo para adquirir compromisos.

Además —continúa Largo Caballero—, en la República se acentúa la lucha de clases. Desaparecido el problema político que planteaba la monarquía, los trabajadores se dan cuenta clara de que el enemigo es el capitalismo y que hay que contender con los partidos que le defienden. Ése es el gran inconveniente para los compromisos. Claro es que no vamos a caer nosotros en los errores del "blanquismo", renunciando de antemano a toda posibilidad de compromiso. Pero eso dependerá en mucho de la conducta de los republicanos. [...]

LA UNIDAD OBRERA

Hablamos de la unidad obrera. Largo Caballero nos dice:

—En las circunstancias actuales la unidad es difícil, por la incomprensión dominante. ¿En qué se diferencia el Partido Socialista del partido comunista? Doctrinalmente en nada. Nosotros profesamos el marxismo en toda su pureza. No tenemos nada que objetar a lo dicho por los maestros del Socialismo revolucionario. Ellos se denominaban comunistas para diferenciarse de partidos meramente democráticos que entonces llevaban el título de socialistas. Ahora eso no es preciso. El Socialismo de Marx es sobradamente conocido para que nadie pueda confundirnos con un partido de otro género. Por eso no precisamos llamarnos comunistas. El partido comunista es marxista; nosotros también. Nos separa, según parece, la táctica, los procedimientos. Y aún esto puede discutirse. Los comunistas aceptan, como nosotros, la lucha política en la legalidad burguesa y aceptan el convenio de compromisos con los partidos burgueses. ¿Qué nos separa? En mi opinión, más que otra cosa, el deseo de un partido nuevo —como el de ellos— de suplantar en la lucha a otro partido —el nuestro— que ha conseguido encarnar las aspiraciones de la clase obrera. De ahí su ofensiva contra nosotros. [...]

EL SOCIALISMO TENDRÁ QUE ACUDIR A LA VIOLENCIA MÁXIMA PARA DESPLAZAR AL CAPITALISMO

Planteamos a continuación a Largo Caballero un tema palpitante, de interés. ¿Puede irse al Socialismo a través de la democracia? La respuesta es concisa.

—A través de la democracia burguesa la clase obrera no puede hacer más que ponerse en relativas condiciones para el triunfo. Pero ¿llegar al Socialismo dentro de la democracia burguesa? ¡Eso es imposible! ¿Es que la democracia burguesa va a acabar con la lucha de clases? ¿Va a socializar los medios de producción y de cambio?... ¡Cómo vamos a soñar tal cosa! El capitalismo acudirá a la violencia máxima para mantener sus posiciones, y el Socialismo tendrá que llegar también a la violencia máxima para desplazarle.

Yo no sé —añade— cómo hay quien tiene tanto horror a la dictadura del proletariado, a una posible violencia obrera. ¿No es mil veces preferible la violencia obrera al fascismo? En un último extremo, ¿no es la democracia burguesa un sistema de opresión y de violencia? [...]

(23-9-1933; retranscrito)

LARGO CABALLERO:

"¿En qué se diferencia el Partido Socialista del partido comunista? Doctrinalmente en nada"

"El partido comunista es marxista; nosotros también"

"Profesamos el marxismo en toda su pureza"

RENOVACION

ÓRGANO DE LA FEDERACIÓN DE JUVENTUDES SOCIALISTAS DE ESPAÑA

Las elecciones son un paso hacia la revolución social

¡Camaradas, preparaos!

El Sr. Gil Robles pronunció el domingo pasado un discurso en el que ha sentado de manera nítida su visión fascista del Estado. En él excitó a las oligarquías feudales y a la burguesía a unirse en un bloque antimarxista. Frente a ese bloque está emplazada la lucha electoral. Y, desde hoy, toda la lucha del proletariado español. Primero contenderemos legalmente con él. Trabajaremos con todo ahinco en las elecciones. Esperamos de ellas un triunfo resonante. Pero sabemos que, por muy resonante que él sea, no conseguiremos derrotar al enemigo en la legalidad burguesa. Por eso decimos a nuestros camaradas: ¡Preparaos!, con la esperanza de que comprenderán todo el sentido de la consigna. Sabemos que prepararse cuesta mucho. Pero el proletariado sólo puede triunfar a cuenta de muchos sacrificios. Si no nos preparamos nosotros, no esperemos que vaya a venir una mano milagrosa que nos prepare. El fascismo sólo puede ser derrotado definitivamente por la violencia de la clase obrera organizada bajo las banderas del Partido Socialista.

¡Jóvenes! ¡Disponeos a luchar por el triunfo del Partido Socialista!

Policías honorarios

El sábado pasado ocurrió un hecho muy significativo. Cuando nuestros jóvenes camaradas vendían RENOVACION en la Puerta del Sol, un grupo de comunistas, que voceaban su periódico, se acercó, solícitamente, a los guardias para advertirles que los jóvenes socialistas estaban vendiendo un periódico denunciado. El resultado fué que los agentes de la autoridad intentaron, sin conseguirlo, apoderarse de los números de nuestro sobrante semanario.

Sepan nuestros camaradas de Madrid y provincias cómo proceden los del "frente único por la base". ¿Es que les molesta nuestro lenguaje revolucionario? ¿Es que se desenmascaran al quedarse sin banderas revolucionarias? Calma, calma sus nuevos de rieja histórica. O sigan, si les place, haciendo el juego a la reacción.

De todas las maneras, pueden tener la seguridad de que para ellos ha de ser igual. Tomen bromuro para calmar sus nervios. En un caso o en otro pueden tener la seguridad de que no serán ellos los conductores de la revolución. Cuando ésta llegue, los pintorescos comunistas españoles seguirán llamándonos traidores y pidiendo al mismo tiempo el frente único. ¿De verdad que queréis el frente único? Comenzad con el ejemplo.

Hacia el triunfo

Las organizaciones provinciales del Partido Socialista van ultimando los preparativos electorales y afilando sus armas para presentarse en la próxima contienda. Es confortador ver cómo la masa de nuestras organizaciones y la clase obrera en general responde entusiásticamente a la trascendencia del momento, acreditando una depurada educación política de clase. Los que pensaban que el proletariado iba a negar sus votos al Partido Socialista tienen una respuesta clara: los Sindicatos obreros votan gruesas sumas —gruesas dentro de nuestra economía— para la propaganda electoral. El proletariado no sólo otorga sus votos al Partido Socialista, comprendiendo que es la vanguardia de la revolución, sino que hace su aportación metálica para la propaganda. A medida que los días transcurren el entusiasmo va «in crescendo» y se observa en todo nuestro Partido un deseo predominante del 48. Cada episodio victorioso; cada triunfo, por mínimo que sea, es un escalón que ponemos hacia el triunfo definitivo. Como en el 48, el proletariado español se separa ahora de los partidos de la burguesía, comprendiendo que la revolución para serlo necesita otro rumbo. Como entonces también, surge aquí un ridículo Thiers que ha cumplido los setenta años, y del cual espera la burguesía el aplastamiento de las masas obreras. Pero la clase obrera española y sus organizaciones han llegado a un punto de potencia y de educación, que su ataque al Estado burgués será mucho más terrible que el de los proletarios franceses entonces. Nuestra «Commune» será el ejemplo para el proletariado internacional, porque sabrá aplastar victoriosamente a los Thiers, a las oligarquías feudales, estableciendo y consolidando la dictadura proletaria.

Fritos variados

Manuel Becerra, ex diputado constituyente radical, es el actual flamante subsecretario de Obras públicas. Es ingeniero de Caminos, el capitán general del cuerpo. Conoce muy bien las necesidades del ministerio que regenta. Tan perfectamente, que ha creado nuevos negociados para dejarlo nuevo. Al frente de éstos ha puesto a sus hijos y demás parientes. Se suplica el ocaso.

Se ha popularizado tanto la circunsuras del tal Becerra, que el ministerio de Guerra del Río nadie lo conoce ahora por el de Obras públicas.

¿Sabéis cómo lo llaman?

¡¡¡¡La abecerrada benéfica!!!!

* * *

Un militar, el teniente coronel Tudela, complicado en los sucesos del 10 de agosto y expulsado del ejército por Azaña, es comisario de Ferrocarriles. Un alto cargo cuyo nombramiento fué firmado por el ministro de O. P. (canonjías públicas), es decir, el vasco Rafael.

En fin, ¡¡todo queda en Guerra!!

* * *

Otros nombramientos han causado sorpresa.

Los efurlbundos ex diputados federales Niembro y Sediles tienen los suyos, que ahora no son cenohufesa, sino enérgicos, donde van a sacrificarse, uno a la delegación del Banco de Crédito Industrial y el otro de consejero de la Campsa.

A éstos les siguen otros ex-parlamentarios, facturados con destino a diferentes embajadas americanas.

¡Adiós mi minera! Embajadores de apertura al estilo de «Los cadetes de la reina». ¡Qué mono va a estar Rodrigo Soriano cantando aquello de: «¡Mariposa es la reina gentil!...»

Dejan solo, abandonado, al formidable Ayuso.

(28-10-1933)

RENOVACION

Las Juventudes Socialistas solamente obedecen hoy una consigna: ¡Por la conquista del Poder!

No más huelgas parciales, no más luchas reformistas dentro de la democracia burguesa, no más desgaste revolucionario del proletariado. Todas las energías deben concentrarse en una sola cosa: la insurrección armada por la conquista del Poder.

Los comunistas dicen que el proletariado no está curtido aún para la acción. Esto lo dicen ahora, después de solicitar durante tres años la lucha violenta por el Poder. Hay que jugar más claro y conformarse a perder. Hoy día, solamente el Partido y las Juventudes Socialistas responden ante el proletariado de una acción eficaz revolucionaria, para lo que éste se halla preparado de sobra. Lo noble es reconocerlo y no lanzarse, con abandono de la propia línea táctica, a decir que la clase trabajadora no está preparada para la insurrección... porque no la dirige y controla el Partido Comunista.

Las Juventudes Socialistas dicen: El proletariado no se movilizará por conquistas parciales más o menos ambiguas, por huelgas condenadas al fracaso en esta República de terror blanco, por reivindicaciones de tipo pequeñoburgués y sentimental. El proletariado se movilizará tan sólo ante esta consigna concreta: Por la dictadura de clase, por la insurrección armada, por el Poder.

(4-8-1934)

La situación actual sólo tiene una salida: la revolución social.

(13-1-1934)

¡¡Guerra al Gobierno Lerroux!!

(19-9-1933)

Las Juventudes Socialistas, ahora más que nunca, por la revolución

(22-9-1934)

A por la República Socialista

(26-8-1933)

Largo Caballero recuerda, con textos de Pablo Iglesias, cuál es la línea del Partido Socialista

... A continuación el camarada García Atadell, secretario de la Asociación, hace uso de la palabra.

El Arte de Imprimir hace sesenta y dos años que advino al movimiento sindical. Es responsable. Y está dispuesto a seguir por la senda revolucionaria que le trazó Pablo Iglesias, pese a quien pese, hasta lograr un régimen socialista. Prescindiendo de la democracia, porque la democracia sin pan, como dijo Lenin, no sirve para nada. [...]

Al concluir su intervención nuestro camarada fue muy aplaudido. [...]

Discurso de Largo Caballero

Desde que yo decidí, estando aún en el Gobierno, viendo ya próximo lo que iba a ocurrir en el país, a dar la conferencia que todos recordaréis, he venido exponiendo en cuantos actos intervine una opinión que algunos —no me refiero a los enemigos, de cuyo juicio hago poco aprecio, sino algunos que se hallan más cerca de mí— han reputado de nueva en el Partido.

Además, a nadie se le niega el derecho a exponer su criterio. Y del mismo modo que yo, el más refractario a mitinear, vengo a decir a los trabajadores mi opinión, háganlo los demás, pero con enterar claridad... *(La ovación trunca el párrafo.)* Y convénzasenos de que estamos en un error. Pero no se nos quiera llevar por ciertos caminos sin intentar convencernos antes. Hágase lo que nosotros, que venimos aquí con los riesgos que crea la diferencia de situación entre los que defienden un *statu quo* referido a la situación actual, y los que defendemos lo contrario. Porque los primeros obtienen aplausos hasta del enemigo, y en cambio, nosotros necesitamos afrontar los riesgos de toda clase de enemistades y censuras. *(Gran ovación.)*

¿PODEMOS CONSENTIR CON DIFERENCIA NUESTRA PRESENCIA LO QUE SE ESTA HACIENDO EL PARLAMENTO?

Y bien: nosotros tenemos en el Parlamento sesenta diputados, que presencian a diario la agresividad de las derechas y la complicidad del Gobierno, encaminada a destruir la legislación social. Que asisten a la paradoja de que un país donde el proletariado ha intervenido en una revolución y ha llevado a la *Gaceta* medidas favorables, venga luego un Parlamento de derechas que las deshaga.

No digan luego que los obreros son una masa inculta que comete actos de salvajismo. Porque ellos son los que están llevando a la clase obrera a una situación de desesperación tal, que en muchos sitios los obreros prefieren salir a la calle, a perder la vida luchando, antes de morir por la inanición. *(Formidable ovación.)*

EL VALOR QUE TIENE EL PARLAMENTO PARA LOS SOCIALISTAS

Pero, además, al valorar el precio del Parlamento, los socialistas no podemos caer en un simple republicanismo. Y sobre lo que debe ser el Parlamento para los socialistas permitidme que os lea unas palabras que no son mías, para ver si luego alguien puede decir que mis campañas son producto del despecho:

«Al mostrarnos, pues, partidarios de que vayan representantes socialistas al Parlamento o a los Cuerpos administrativos no entra en nuestros cálculos sacar de ellos la transformación de los instrumentos de trabajo en propiedad común: lo que intentamos con eso es contribuir desde allí poderosamente a la formación del ejército revolucionario.

»Y formado que sea ese ejército, preparadas que se hallen las huestes obreras, cualquier conflicto de los que necesariamente ha de producir el orden burgués, una guerra, una crisis económica, puede ponernos en el caso de intentar la conquista del Poder político, conquista que, según se desprende de lo que decimos al principio de estas líneas, sólo podrá alcanzarse revolucionariamente.

»Por lo tanto, el Partido Socialista Obrero no ha entendido ni entiende que ir al Parlamento sea para conquistar el Poder político ni que esta conquista pueda ser pacífica.»

Este es el juicio que tenía del Parlamento el fundador del Partido Socialista y de la Unión General de Trabajadores, compañero Pablo Iglesias. *(Gran ovación.)*

SE CONFIRMA LA FRASE DE MARX: «EN ESTE REGIMEN TODOS LOS GOBIERNOS SON ADMINISTRADORES DE LA BURGUESIA»

Eso es exactamente lo que está ocurriendo ahora. Nosotros fuimos a una revolución, y el Poder cayó en manos de republicanos y socialistas, éstos en minoría. Hoy hay en el Poder un Gobierno que se llama republicano, y ya destruye lo que hicimos nosotros. Se confirman las palabras de Marx: «En este régimen todos los Gobiernos son administradores de los intereses de la clase burguesa». Y será un error esperar a que venga tras el actual un Gobierno mejor; se verá obligado a servir a la burguesía.

«Para librarse, pues, los trabajadores de la miseria social, el envilecimiento intelectual y la dependencia política precisan de todo punto destruir la causa que engendra estos males, y que es, sencillamente, la dominación económica que la clase burguesa ejerce sobre ellos. Mas para que este dominio desaparezca y la esclavitud humana termine por completo es necesario arrebatar de manos de la burguesía los instrumentos de producción que hoy monopoliza.» (Pablo Iglesias.)

Como veréis, yo no hago más que glosar cosas que dijo Iglesias.

Conviene, no obstante, que todos trabajemos al unísono. Yo he dicho ya en algunas reuniones, contestando a ciertas apreciaciones, que no comprendía cómo hay entre nosotros hombres, socialistas, marxistas, revolucionarios, que piensen en transformar la sociedad actual en otra igualitaria, y que al mismo tiempo sostengan que esto no se puede hacer. Porque yo no hablo de oportunidad de hacerlo simplemente. *(Muy bien.)* Hablan de incapacidad, que es más grave. Dicen que es preciso que la clase obrera se ilustre, se eduque, se capacite. Ya manifesté yo en cierta ocasión que era bastante sofístico.

Otra afirmación que hemos venido haciendo y que seguiremos sosteniendo es que la clase capitalista no consentirá, sin lucha, la conquista del Poder para el proletariado, y cuando hablo de la conquista del Poder no me refiero a llevar al banco azul a varios compañeros, sino a tener todos los resortes en las manos del Partido. *(Muy bien.)*

Creer que por la evolución se va a llegar al Poder es un error. Os lo voy a demostrar, comentando lo que dicen otros que tienen una opinión distinta a la mía. En algunos mítines se ha dicho –no diré yo que por conseguir aplausos, sino porque lo sienten- que vamos a conseguir el Poder, y que si no nos dejan de otra forma, lo haremos revolucionariamente. Pero yo añado que si a eso no se acompaña el propósito de preparar las huestes para la revolución, no es más que una estridencia y una insinceridad. *(Grandes aplausos.)* Cuando se dice: «Si se nos cierran las puertas de la legalidad acudiremos a la violencia», habrá que suponer que algún día se nos cerrarán. Y ¿de qué sirve que hablemos así si no nos preparamos? ¿De qué sirve que digamos eso si no se prepara a las masas para la revolución espiritualmente, pero sobre todo materialmente? *(Gran ovación. Vivas a la revolución. Una voz: ¡Vivan las ametralladoras!)*

Y bien: partiendo de estas afirmaciones, y habiendo llegado a un régimen político cuya Constitución garantiza ciertas libertades, hay que trabajar, no para quedarnos aquí, en estos regímenes republicanos, que, aun cumpliendo sus compromisos, detenernos en él sería una renuncia a nuestras ideas. *(Ovación.)* Y si para colmo es un régimen desleal que no cumple sus compromisos, me parece que la cosa ya no ofrece dudas de ninguna clase. *(Ovación.)* Es preciso, pues, decir a los trabajadores que marchen hacia el final y que no se entretengan en las cosas pequeñas; que no las desprecien, pero que tampoco se olviden de que son una clase con la misión histórica de transformar la sociedad. *(Gran ovación.)*

(23-1-1934; retranscrito)

Democracia burguesa

Es un tema viejo esto de la dictadura o la democracia como medio revolucionario y que se ha tratado innumerables veces en el seno de nuestros Partidos Socialistas. Nunca como ahora, ni cuando el «hecho ruso», ha sido tratado con apasionamiento tan natural como en la actualidad.

Natural porque cuando se hizo la revolución rusa se produjo un ambiente general favorable a la revolución inmediata en casi todos los países, y si no cuajó no fue, como se ha dicho muchas veces, por causa de las célebres veintiuna condiciones de Lenin, sino que tuvo causas más profundas, como eran la mala situación económica de los países después de la guerra y la indecisión de los Partidos Socialistas, colocados entre el dilema, eterno al parecer, de democracia o dictadura. Entonces se escogió la democracia. No me meto a discutir ahora los resultados, porque me parece que entonces aún estaba muy verde hablar de revolución en algunos países, en la mayoría.

Hoy las circunstancias han cambiado mucho en todo el mundo. La democracia ha fracasado en todos los sitios por sus errores y por su insuficiencia para resolver ninguno de los problemas que hoy agobian al mundo.

La burguesía, su inventora e interesada defensora mientras le ha servido para mantener su dominación, se hombre a dado cuenta de que es un traje que le molesta demasiado y se dispone a sustituirlo por otro más amplio para ella. Ya no distrae el hambre de los pueblos con el juego de los partidos políticos. [...]

Creo, como el compañero Asúa, que hay hoy entre la juventud un ambiente favorable a las dictaduras, pero también creo que cuando, como ahora, esta corriente tiene unos fundamentos naturales en el actual momento del mundo, no cabe pretender cambiar esta corriente, encauzándola en unos moldes ya caducos y que no inspiran confianza a nadie. Creo, por el contrario, que la situación es situar frente a una corriente dictatorial... porque sí: la corriente de la dictadura inevitable e imprescindible del proletariado, para llegar a formas nuevas de libertad verdadera, sólo será posible con el cambio del actual régimen capitalista por el socialista que nosotros propugnamos y que no tenemos derecho a malograr ni retrasar su implantación.

Se habla por los compañeros evolucionistas de los trastornos y males sin cuento que trae aparejados la revolución violenta; pero ¿es lícito hablar de males hipotéticos cuando estamos tocando los «beneficios» del actual régimen imperante? [...]

¡Jóvenes, dejémonos de sentimentalismos ñoños que no nos conducen a ninguna parte! Trabajemos por que la revolución sea cuanto antes una realidad. No vacilemos en la elección de los medios precisos para ello. Pensemos que el actual dilema es: aplastar o ser aplastados.

Año XLIX.—Núm. 7.995

Madrid,

UN ESTADO DE COSAS SONROJANTE

El proletariado está en la calle reclamando el Poder

(19-11-1933)

"Por cada obrero que caiga, caerán diez fascistas"

(2-2-1934)

UN BUEN DISCURSO DE INDALECIO PRIETO

"Si intentáis una agresión violenta, os advertimos: Cataluña no estará sola, la acompañará el proletariado español"

(26-6-1934)

EL SOCIALISTA

PABLO IGLESIAS, FUNDADOR
Redacción y Administración: Carranza, 20
Teléfonos: Redacción, 41378. Admón., 31862
APARTADO DE CORREOS NÚM. 10036
Precio del ejemplar, 10 céntimos.

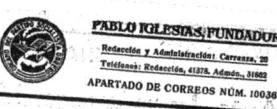

Año XLIX.--Núm. 7.869

Madrid, martes 24 de abril de 1934

Sólo hay una solución: entregar el Poder al Partido Socialista

(24-4-1934)

LA MORAL BURGUESA, por Arribas

—¡Oh, altísima señora! Pierdes el tiempo con tu moral y tu justicia en estos países; en Rusia no tendrías que perseguir estafadores.

(10-1-1934)

EL SOCIALISTA

EL FORMIDABLE ACTO JUVENIL EN EL STÁDIUM

MAS DE OCHENTA MIL PERSONAS SUBRAYARON ANOCHE ENTRE ACLAMACIONES LA CRITICA DE UN DECRETO Y UN GOBIERNO

El desfile de las formaciones juveniles socialistas y comunistas y las rojas banderas desplegadas constituyeron un espectáculo alentador

¡Magnífico triunfo proletario el de ayer! Ochenta mil trabajadores socialistas y comunistas se congregaron en el Stádium, no sólo para protestar del decreto gubernativo contra la asociación política de los jóvenes, sino también para clavar en el corazón de Madrid su potencia revolucionaria. A fe que se logró con creces. Jamás ha contemplado la capital de España un acto semejante. No buscamos el adjetivo elogioso por ser parte interesada. Si la prensa burguesa es sincera, tendrá que reconocerlo. En el gran campo de deportes, hecho para amplias perspectivas, la muchedumbre lo colmaba todo. Y esta plenitud no estaba lograda por una masa amorfa, destribuída de cualquier manera, sino por un ejército disciplinado, gran parte del cual por intuición logró alcanzar la tónica de las grandes formaciones, de los desfiles espectaculares. La organización fué un acierto. Una alta tribuna, un fondo rojo de varios metros de altura, centrado por una estrella gigantesca. Allí el orador ante el micrófono. Abajo, frente por frente, las milicias obreras, clavando el grito rojo y azul de sus uniformes, en perfecta formación militar.

Cientos de estandartes, de banderolas, de gallardetes. En el centro del campo, dos grandes reflectores alumbrando dos banderas rojas que se izaron al comenzar el acto.

Por todas partes, jóvenes socialistas y comunistas, guardando la formación, distribuyendo las masas que durante una hora desembocaban hacia el campo. Ordenes por micrófono, cumplidas casi en el momento de darse. Disciplina. Auténtica disciplina revolucionaria. Fervor. Entusiasmo.

Repetidas veces se entonaron «La Internacional» y los himnos de las Juventudes Socialista y Comunista y la canción a Thaelmann, en medio de grandes ovaciones. Se repiten constantemente brillantes desfiles de obreros uniformados portando transparentes, carteles y banderas. Tres obreros ciegos son ovacionados al penetrar en el local.

Con reiteración constante suenan las ovaciones y los vivas entusiastas. En la presidencia fué instalado un micrófono, transmitiéndose las órdenes oportunas. Detrás de las milicias, y después de ocupadas por completo todas las graderías, se situaron, formados militarmente, millares de trabajadores, hasta llenar el campo de juego.

. . . .

A las diez y veinte se anunció por Puente que iba a comenzar el acto, y la muchedumbre, puesta en pie, entonó, con el puño en alto, «La Internacional» y los himnos de las Juventudes Socialistas y Comunistas, al tiempo que eran izadas dos banderas rojas en el centro del campo. Previamente, las milicias obreras socialistas y comunistas desfilaron militarmente ante una muchedumbre erizada de puños en alto y un centenar de banderas y gallardetes rojos, iluminados por reflectores.

SANTIAGO CARRILLO

Por nuestras Juventudes Socialistas habló Santiago Carrillo, que es saludado con el puño en alto. Comienza con un vibrante párrafo, diciendo que este acto es una potente protesta contra el Gobierno y su disposición. Y si ese Gobierno—añade—, entregado a las derechas, no rectifica, serán estas Juventudes las que asalten el Poder, implantando su dictadura de clases. (Saludos vibrantes con el puño en alto y gran ovación.)

Refiérese al hallazgo de cartuchos en Asturias y lo califica de maniobra reaccionaria contra los socialistas. Yo no niego — añade — , en nombre de nuestras Juventudes, que el proletado se prepara para la insurrección contra los elementos fascistas, protegidos por el ministro de la Gobernación y el Gobierno. (Ovación.)

Señala el fracaso del Gobierno, y se pregunta a qué esperan las altas esferas para echarlo, después de esta imponente demostración proletaria, que le recusa con toda energía. Niega que un Gobierno de izquierdas sea una solución para el proletariado, puesto que no colmará sus aspiraciones. Por consiguiente, no temáis que un Gobierno de izquierdas sea el dique para la revolución, porque ésta saltará por encima de él, pujante, impetuosa. (Ovación.)

¡Camaradas: Sesenta mil jóvenes obreros y campesinos os saludan por medio de las Juventudes Socialistas, diciéndoos que os aprestéis a la lucha! ¡Muera el Gobierno! ¡Muera la burguesía! ¡Viva la Revolución! ¡Viva la dictadura del proletariado! (Fuerte ovación.)

(15-9-1934)

RENOVACION

AHORA MAS QUE NUNCA
NUESTRA CONSIGNA HA DE SER: **TODO EL PODER**
PARA LOS SOCIALISTAS

(25-11-1933)

A los diecisiete años de la huelga general de agosto, las Juventudes Socialistas mantienen su confianza en el triunfo próximo de la insurrección

(25-8-1933)

Al conmemorar la huelga de agosto del año 17, recordamos esta frase de Iglesias, con la que los jóvenes socialistas estamos totalmente identificados: "La conquista del Poder político sólo podrá alcanzarse revolucionariamente, y nada más que revolucionariamente"

RENOVACIÓN

Las Juventudes Socialistas solamente obedecen hoy una consigna: ¡Por la conquista del Poder!

No más huelgas parciales, no más luchas reformistas dentro de la democracia burguesa, no más desgaste revolucionario del proletariado. Todas las energías deben concentrarse en una sola cosa: la insurrección armada por la conquista del Poder.

Los comunistas dicen que el proletariado no está curtido aún para la acción. Esto lo dicen ahora, después de solicitar durante tres años la lucha violenta por el Poder. Hay que jugar más claro y conformarse a perder. Hoy día, solamente el Partido y las Juventudes Socialistas responden ante el proletariado de una acción eficaz revolucionaria, para lo que éste se halla preparado de sobra. Lo noble es reconocerlo y no lanzarse, con abandono de la propia línea táctica, a decir que la clase trabajadora no está preparada para la insurrección... porque no la dirige y controla el Partido Comunista.

Las Juventudes Socialistas dicen: El proletariado no se movilizará por conquistas parciales más o menos ambiguas, por huelgas condenadas al fracaso en esta República de terror blanco, por reivindicaciones de tipo pequeñoburgués y sentimental. El proletariado se movilizará tan sólo ante esta consigna concreta: Por la dictadura de clase, por la insurrección armada, por el Poder.

(4-8-1934)

(11-11-1933)

El día primero de octubre se abrirá de nuevo el Parlamento. Las derivaciones que adquiera la política, producida una crisis, no las conocemos; mas, sean las que sean, no nos importan mucho. Rompimos amarras con este estado de cosas por exigencias de la teoría y por dictado de moral. Suceda lo que suceda, por tanto, las Juventudes Socialistas reafirmarán una vez más su posición revolucionaria.

(28-9-94)

¡Por la insurrección armada!
¡Por la dictadura del proletariado!

(29-9-1934)

noviembre de 1933 en Valencia

Conjunto de carteles electorales de todas las tendencias.
Las elecciones, que dieron la mayoría a la derecha,
fueron muy reñidas y concurridas

Carteles electorales de la izquierda y de la derecha en las elecciones legislativas de noviembre de 1933

Desde el balcón de la *Generalitat*, Companys proclama la secesión de Cataluña

la humanitat

DEMOCRACIA

... La democràcia, cal tenir-ho ben present, és el govern del poble per al poble. Però és, sobretot, i més que no pas el poble com a govern, la resultant disciplinadora del poble com a autoritat. [...]

Teòricament sembla que dintre de la República puguin conviure les dretes i les esquerres. Pràcticament, però (i l'actualitat ens ho demostra d'una manera ben clara), faríem República sinònim d'esquerres, d'igual manera que podríem fer Monarquia sinònim de dretes. La Catalunya autònoma serà esquerrana o no serà. [...]

A. ESCLASANS

(14-11-1933; retranscrito)

Democracia

... La democracia, hay que tenerlo bien presente, es el gobierno del pueblo por el pueblo. Pero es, sobre todo, y más que el pueblo como gobierno, la resultante disciplinadota del pueblo como autoridad. [...]

Teóricamente parece que, dentro de la República, puedan convivir las derechas y las izquierdas. Prácticamente, sin embargo (y la actualidad nos lo demuestra de forma bien clara), la República es para nosotros sinónimo de izquierdas, de igual forma que podríamos hacer de la Monarquía sinónimo de derechas. La Cataluña autónoma o será izquierdista o no será. [...]

A. ESCLASANS

CATALUNYA, DISPOSADA A LA REPLICA

La gran parada de El Escorial

Per omissió, ja que no per obra, d'aquest absurd Govern Lerroux que li ha tocat en dissort a la República, avui formaran, davant la massa enorme del monestir de El Escorial —podrimemener de despulles imperials i monument a la consciència fanatitzada de la vella Espanya— les legions feixistes de Gil Robles.

Serà la provocació i el desafiament de les zones més obscures dels inquisidors espanyols —que es digueren Torquemada i podien dir-se Martínez Anido— a l'aire renovador i liberal de la Revolució d'abril. Al vent del Guadarrama onejaran banderes amb creus i tremolaran folles paraules d'ira. L'ombra de Felip II s'extremirà de goig, avui, en la sepultura del podrimener monumental. Gil Robles, l'ex-redactoret de *El Debate*, podrà sentir-se convertit en cabdill de la gran parada, disposada a reconquistar una nació que gràcies a la democràcia republicana havia adquirit una consciència, una sensibilitat i una ambició de civilitat i de llibertat.

La gran parada. Fantasmes de Felips i de Carles, de Ferrans i d'Isabels. Ara serà com una resurrecció de fanatisme i de follia i una contradansa d'hores que voldrien tornar, d'aventures que s'ha imaginat recomençar, de soldats que s'ha pensat a oferir per una pàtria que ja no és del nostre temps ni pot ésser de la nostra sensibilitat. [...]

(22-4-1934; retranscrito)

Cataluña dispuesta a dar la réplica

La gran parada de El Escorial

Por omisión, ya que no por obra, de este absurdo gobierno Lerroux que le ha tocado en desgracia a la República, hoy formarán, ante la masa ingente del monasterio de El Escorial —pudridero de despojos imperiales y monumento a la conciencia fanatizada de la vieja España— las legiones fascistas de Gil Robles.

Será la provocación y el desafío de las zona más oscuras de los inquisidores españoles —que se llamaron Torquemada y podrían llamarse Martínez Anido— al aire renovador y liberal de la Revolución de abril. Al viento del Guadarrama ondearán banderas con cruces y tremolarán locas palabras de ira. La sombra de Felipe II se estremecerá de gozo, hoy, en la sepultura del monumental pudridero. Gil Robles, el ex redactorcillo de El Debate, podrá sentirse convertido en caudillo de la gran parada, dispuesta a reconquistar una nación que gracias a la democracia republicana había adquirido una conciencia, una sensibilidad y una ambición de civilidad y de libertad.

La gran parada. Fantasmas de Felipes y de Carlos, de Fernandos y de Isabeles. Ahora será como una resurrección de fanatismo y de locura, y una contradanza de horas que quisieran volver, de aventuras que se ha imaginado recomenzar, de soldados que se ha pensado ofrecer para una patria que ya no es de nuestro tiempo ni puede ser de nuestra sensibilidad. [...]

Davant les noves Corts espanyoles

L'Espanya pitjor

... Ni tots els grups ni tots els homes de les Corts constituents de la República espanyola eren fills de l'Espanya millor. L'altra Espanya, la vella, la històrica, la de la monarquia unitària i negra, feia sentir encara el seu pes i la seva influència damunt una part considerable dels diputats. I fins aquells que lluitaven contra l'Espanya vella, sentien encara poc o molt la superstició dels seus dogmes, i més que cap la del dogma de la unitat sota l'hegemonia castellana.

Amb tot i això, poguérem veure com, a través de vacil lacions i de resistències, els dogmes caducs es clivellaven i com per les clivelles apareixia el rostre jovenívol de l'Espanya millor.

¿On és ara la millor Espanya, que els catalans havíem saludat i ensoratjat?

Els partits i els homes que representaven aquesta Espanya han rebut, en les eleccions del dia 19 de novembre, el cop d'una derrota que ha convertir en tristes engrunes els grups nombrosos que tenien en les Corts anteriors. Només el partit socialista ha pogut salvar, enmig de la general enfonsada de l'esquerrisme espanyol, una part important de la seva força parlamentària. [...]

A. ROVIRA I VIRGILI

(12-12-1933; retranscrito)

Ante las nuevas Cortes españolas

La España peor

... Ni todos los grupos ni todos los hombres de las Cortes Constituyentes de la República española eran hijos de la España mejor. La otra España, la vieja, la histórica, la de la monarquía unitaria y negra, aún hacía sentir su peso y su influencia sobre una parte considerable de los diputados. Y hasta aquellos que luchaban contra la España vieja todavía sentían, poco o mucho, la superstición de sus dogmas, y más que ninguno el dogma de la unidad bajo la hegemonía castellana.

Pese a ello, pudimos ver cómo, a través de vacilaciones y resistencias, se agrietaban los dogmas caducos, y cómo aparecía a través de las grietas el rostro juvenil de la España mejor.

¿Dónde está ahora la mejor España que los catalanes habíamos saludado y animado?

Los partidos y los hombres que representaban esta España han recibido, en las elecciones del día 19 de noviembre, el golpe de una derrota que ha convertido en tristes migajas los grupos numerosos que tenían en las anteriores Cortes. Sólo el Partido Socialista ha podido salvar, en medio del hundimiento general del izquierdismo español, una parte importante de su fuerza parlamentaria. [...]

A. ROVIRA I VIRGILI

POLITICA ESPANYOLA

La tardor tempestuosa

... ¿Per què no es recorre, es dirà, als procediments democràtics per a resoldre el plet?[...]

Els qui coneixen de prop l'estat actual de les terres castellanes, declaren que s'ha apagat la flama de ciutadania que s'hi encengué pel mes d'abril de 1931. Avui, les viles i els vilatges castellans tornen a estar sota el domini del caciquisme tradicional. El sufragi esdevé així una mentida per manca de llibertat i de voluntat.

Ja sabem què eren unes eleccions a l'Espanya castellana —o en molta part d'ella— abans de la dictadura. Doncs, una cosa molt semblant serien ara unes noves eleccions en aquella terra gris. [...]

A. ROVIRA I VIRGILI

(18-9-1934; retranscrito)

Política española

El otoño tempestuoso

... ¿Por qué no se recurre, se dirá, a los procedimientos democráticos para resolver el pleito [los conflictos de todo tipo existentes en el otoño de 1934]? [...]

Quienes conocen de cerca el estado actual de las tierras castellanas declaran que se ha apagado la llama de ciudadanía que en ellas se encendió en el mes de abril de 1931. Hoy las ciudades y pueblos castellanos vuelven a estar bajo el dominio del caciquismo tradicional. El sufragio se convierte así en una mentira por falta de libertad y de voluntad.

Ya sabemos lo que eran unas elecciones en la España castellana —o en muchas partes de ella— antes de la dictadura. Así pues, algo muy parecido serían una nuevas elecciones en aquella tierra gris. [...]

A. ROVIRA I VIRGILI

Escamots patrullando
por las calles de Barcelona

Barricada en los aledaños de la Plaça de Sant Jaume

En esta hora grave

... El texto de la Ley de Contratos de Cultivo ha sido condenado; la letra, inutilizada. Bien. Pero queda todo lo demás, inmensamente superior en vitalidad y en realidad. Con o sin texto, con o sin letra, queda la fuerza suprema de la razón. No abandonemos su reivindicación categórica. Existe la razón, cualesquiera que sean los Tribunales de Garantías que quieran desconocerla.

Y en nombre de esta razón de Cataluña, basada en leyes y en realidades; fundamentada en claras aspiraciones de justicia y en palpitantes realidades sociales, nosotros decimos desde aquí, en estas horas de máxima solemnidad, de máxima gravedad y de máxima responsabilidad:

El Gobierno de Cataluña, que tiene el mandato democrático de la dirección de los destinos de nuestro pueblo, hará lo que tenga que hacerse, de acuerdo con la voluntad ciudadana y con el imperativo esencial de la dignidad de Cataluña.

La hora es grave. Las decisiones tendrán que ser graves. Por eso mismo reclamamos de la democracia nacionalista republicana de Cataluña un sometimiento absoluto, una disciplina rígida, un nada serenidad inalterable. Presto el brazo, sí. Pero que nadie mueva el brazo ni alce la voz sin el mandato expreso de quienes tienen, con dignidad para tenerla, la autoridad de la dirección y del Gobierno.

Y la garantía de toda una preclara vida de lucha, que responde por ellos y por sus decisiones. [...]

Viñeta

¡Queremos la justicia catalana!

EN AQUESTA HORA GREU

... El text de la Llei de Contractes de Conreu està condemnat; la lletra inutilitzada. Bé. Però queda tot l'altre, immensament superior en vitalitat i en realitat. Amb text o sense, amb lletra o sense, queda la força suprema de la raó. No abandonem la seva reivindicació categòrica. Es alguna cosa la raó, per molts Tribunals de Garanties que volguessin desconèixer-la.

I en nom d'aquesta raó de Catalunya, basada en Lleis i en realitats; fonamentada en clares aspiracions de justícia i en palpitants realitats socials, nosaltres diem des d'aquí en aquestes hores de màxima solemnitat, de màxima graveta i de màxima responsabilitat:

El Govern de Catalunya, que té el mandat democràtic de la direcció dels destins del nostre poble, farà el que hagi de fer-se, d0acord amb la voluntat ciutadana i amb l'imperatiu essencial de la dignitat de Catalunya.

L'hora és greu. Les decisions hauran d'ésser greus. Per això mateix reclamem de la democràcia nacionalista republicana de Catalunya un sometiment absolut, una disciplina rígida, una serenitat inalterables. El braç prest, sí. Però que ningú mogui el braç ni aixequi la veu sense el mandat exprés dels qui tenen, amb dignitat Per a tenir-la, l'autoritat de la direcció i del Govern.

I la garantia de tota una clara vida de lluita, que respon per ells i per les seves decisions. [...]

(9-6-1934; retranscrito)

La jornada electoral del domingo

Las monjas de clausura, al votar, provocaron numerosos incidentes

Al día siguiente de la jornada del 19 de noviembre [primera vuelta de las elecciones], escribíamos lo siguiente con motivo de la intervención electoral de frailes y monjas:

«La clausura se ha roto. No lo sentimos. Lo sentirán las monjas y los frailes cuando vengan nuevas responsabilidades. Suya será la culpa por haberse inmiscuido en asuntos que no eran los de su hábito ni los de su voto, si un día el pueblo no respeta ni votos ni hábitos, y les pide cuentas a quienes no habían de tener ni voz ni voto en la vida civil, voluntariamente abandonada.»

Pues bien, los frailes y monjas empezaron a sentir el pasado domingo, en Madrid, y no sabemos si en alguna otra circunscripción española, las consecuencias de su intervención.

Sí, muy lamentables los incidentes ocurridos en Madrid. Todo lo lamentables que se quiera. Ya estamos viendo a la prensa católica y monárquica —que es lo mismo— poniendo el grito en el cielo. Muy lamentable. Pero nos resulta imposible apenarnos demasiado. Ha habido incidentes, sí, pero la culpa, más que de quienes los han producido, es de quienes los provocaron con su actitud insensata.

Viñeta

Los que el domingo ganaron las elecciones...

LA JORNADA ELECTORAL DEL DIUMENGE

Les monges de clausura, en votar, provocaren nombrosos incidents

A l'endemà de la jornada del 19 de novembre, escrivíem això amb motiu de la intervenció electoral de frares i monges:

«La clausura ha estat trencada. No ho sentim. Ho sentiran les monges i els frares quan vinguin noves responsabilitats. D'ells serà la culpa d'haver-ser insmiscuit en afers que no eren els del seu hàbit ni els del seu vot si un dia el poble no respecta ni vots ni hàbits i demana comptes als qui no havien de tenir ni veu ni vot en la vida civil, voluntàriament abandonada.»

I bé. Els frares i les monges han començat a sentir, el passat diumenge, a Madrid i no sabem si en alguna altra circumscripció espanyola, les conseqüències de la seva intervenció.

Sí, molt lamentables els incidents produïts a Madrid. Tan lamentables com es vulgui. Ja veiem la Premsa catòlica i monàrquica —que tot és u— amb el crit al cel. Molt lamentable. Però no sabríem doldre'ns massa. Hi ha hagut incidents, sí, però la culpa és, més que dels que els han produïts, dels que els varen provocar amb la seva actitud insensata. [...]

(5-12-1933; retranscrito)

ELECTORS

Frailes y monjas

Habrá que atenerse a las consecuencias

Alguien ha dicho estos días que las izquierdas se habían equivocado al dar el voto a la mujer. Esta concesión —dicen— que las derechas siempre habían negado, ha servido para apuñalar a las izquierdas republicanas y socialistas.

Y no, no es esto. Evidentemente, una zona femenina ha votado por las derechas. Era de prever. Era inevitable. Las mujeres de las clases conservadoras han votado por las derechas. Las mujeres de las sacristías han votado por las derechas. Las mujeres del cabaret y de «la vida» han votado por las derechas. Evidentemente. Las unas por instinto de conservación, las otras por fanatismo y las restantes por simpatía hacia el «señorito» monárquico, niño de familia, con poco trabajo, automóvil y dinero, han votado a las derechas, ¡sólo faltaría! También podríamos añadir las criadas del servicio, obligadas por la «señorita». [...]

No fueron las mujeres, sin embargo. Fueron las monjas y los frailes, los curas y los eclesiásticos quienes, con o sin hábito, votaron el pasado domingo contra la República. [...]

La clausura se ha roto. No lo sentimos. Lo sentirán las monjas y los frailes cuando vengan nuevas responsabilidades. Suya será la culpa por haberse inmiscuido en asuntos que no eran los de su hábito ni los de su voto, si un día el pueblo no respeta ni votos ni hábitos, y les pide cuentas a quienes no habían de tener ni voz ni voto en la vida civil, voluntariamente abandonada.

El obispo y las autoridades eclesiásticas sabrán lo que han hecho. Pero piensen que desde el pasado domingo los frailes y las monjas ya no están exclusivamente en el convento. Están en la calle, en medio de la calle, despojados de hábitos, cruces y juramentos. Totalmente suya es la responsabilidad de semejante actitud. De nada se le acuse al pueblo, si un día éste pide cuentas. El pueblo ha respetado hasta ahora. Ni ayer ni hoy se ha quemado un solo convento en Barcelona, ni se ha realizado un solo acto de violencia contra las órdenes religiosas.

Esperamos que siga siendo así. Esperamos que se siga en todas partes esta norma de ejemplar civismo dada por nuestro pueblo. Pero ya no se puede responder, como antes, de un respeto absoluto. Las monjas y frailes se han lanzado a la calle, han rebasado los muros de sus conventos, y un día la calle les pedirá cuentas por su gesto insensato de hoy.

Repetimos que la culpa no la tendrá la democracia republicana. Ella ha dicho hasta dónde llegaba su respeto y su tolerancia. Seguirá diciéndolo. No realizará violencias, porque no son necesarias. Pero, desde el domingo, ha perdido de manera absoluta el respeto que todavía podían merecerle los hábitos. Deberán frailes y monjas atenerse a las consecuencias.

FRARES I MONGES

Caldrà atendre's a les conseqüències

Algú ha dit aquests dies que les esquerres s'havien equivocat en donar el vot a la dona. Aquesta concessió —diuen—, que les dretes havien negat sempre, ha servit per apunyalar les esquerres republicanes i socialistes.

I no. No es això. Evidentment, una zona femenina ha votar per les dretes. Era de preveure. Era inevitable. Les dones de les classes conservadores han votat per les dretes. Les dones del cabaret i de «la vida» han votat per les dretes. Evidentment. Les unes per instint de conservació, les altres per fanatisme i les restants per simpatia vers el «senyoret» monàrquic, fill de família, amb poca feina, automòbil i diners, han votat les dretes, no faltava més! Podríem afegir-hi les minyones de servei obligades per la «senyoreta». [...]

No foren les dones, repetim. Foren les monges i els frares, els capellans i els eclesiàstics que, amb hàbits o sense, votaren diumenge passat contra la República. [...]

La clausura ha estat trencada. No ho sentim. Ho sentiran les monges i els frares quan vinguin noves responsabilitats. D'ells serà la culpa d'haver-se inmiscuit en afers que no eren els del seu hàbit ni els dels seu vot, si un dia el poble no respecta ni vots ni hàbits i demana comptes als qui no havien de tenir ni veu ni vot en la vida civil, voluntàriament abandonada.

El bisbe i les autoritats eclesiàstiques sabran el que han fet. Però pensin que des de diumenge passat els frares i les monges ja no són exclusivament al convent. Són al carrer, al mig del carrer, despullats d'hàbits, de creus i de juraments. La responsabilitat d'una actitud semblant és tota seva. Si un dia el poble demana comptes no s'acusi de res. El poble ha respectat fins ara. Ni ahir ni avui no s'ha cremat un sol convent a Barcelona, no s'ha realitzat u n sol acte de violència contra les ordres religioses.

Esperem que segueixi essent així. Esperem que aquesta norma de civisme exemplar donada pel nostre poble sigui seguida arreu. Però ja no pot respondre's com abans, d'un respecte absolut. Les monges i els frares s'han llançat al carrer, han depassat els muts del seus convents, i un dia el carrer els demanarà comptes del seu gest insensat d'avui.

Repetim que la democràcia republicana no en serà responsable. Ella ha dit fins on arribava el seu respecte i la seva tolerància. Seguirà dient-ho. No realitzarà violències, perquè no calen. Però, des del diumenge, ha perdut d'una manera absoluta el respecte que encara podien merèixer-li els hàbits. Els frares i les monges hauran d'atendre's a les conseqüències.

(24-11-1933; retranscrito)

LA BURGESIA REACCIONARIA

Els aliats del extremistes

Els treballadors triomfaran. Tal com desaparegué l'esclavitud de l'Edat antiga i la servitud de l'Edat mitjana, desapareixerà el salariat dels nostres temps. Això que ha estat tan dit, és oblidat per les classes conservadores i privilegiades, que no tenen el sentit de l'evolució econòmica ni la comprensió de la psicologia humana.

Desapareixerà el salariat. Desapareixerà amb ell el capitalisme. Desapareixeran, perquè porten dins el cranc incurable de la injustícia i perquè el món, entre lluites, fa ruta cap a sistemes més alts. [...]

A. ROVIRA I VIRGILI

(10-8-1934; retranscrito)

La burguesía reaccionaria

Los aliados de los extremistas

... Los trabajadores triunfarán. Así como desapareció la esclavitud de la Edad Antigua y la servidumbre de la Edad Media, así también desaparecerá el trabajo asalariado de nuestros días. Esto, que ya se ha dicho tantas veces, lo olvidan las clases conservadoras y privilegiadas, que carecen del sentido de la evolución económica y de la comprensión de la psicología humana.

Desaparecerá el trabajo asalariado. Desaparecerá con él el capitalismo. Desaparecerán, porque llevan en su seno el gusano incurable de la injusticia y porque el mundo, entre luchas, se encamina hacia más altos sistemas. [...]

A. ROVIRA I VIRGILI

Los católicos ejercieron su derecho de voto en las elecciones de 1933. La propaganda de la izquierda vio en ello una de las principales razones de su fracaso electoral.

¡En pie de guerra!

Mala hora para la República, ésta de hoy, decíamos en nuestro comentario de ayer.

En efecto. Ha sido un alud incívico lo que se ha lanzado contra el régimen con el fin de liquidarlo. Pero aquí no se trata de una cuestión de matiz social. Se trata de un hecho antirrepublicano y antidemocrático.

Hemos visto cómo votaban los obispos. Cómo las monjas y los frailes de clausura salían de sus guaridas para votar contra el régimen. Hemos visto cómo se compraban votos a todos los precios, cómo se regalaba dinero y asiento al elector, cómo se hacía propaganda política desde los púlpitos, cómo se hacían mítines en las sacristías. Ha sido toda la tropa lívida y negra del fanatismo religioso, que ha utilizado una ley de la democracia para apuñalar a la democracia.

No ha sido la Lliga, ni Acción Popular la triunfadora. Ha sido, tanto aquí como fuera de aquí, el Obispo. Ha sido la Iglesia, ha sido Ignacio de Loyola. [...]

Es hora de repetir —pero con ánimo de ponerlo resueltamente en práctica— aquellas históricas palabras de Manuel Azaña [...]:

"Si alguien hace caer la silla, nosotros derribaremos la mesa."

Que tomen nota la Lliga, el obispo y su siniestra tropa. Tomen nota con el mayor de los cuidados, y mediten bien el significado de nuestras palabras de hoy. No amenazamos. Advertimos.

Quien tenga oídos para oír, que oiga. No hacemos literatura nosotros. Cuando ha sido necesario, hemos actuado. Estamos dispuestos a volverlo a hacer si alguien es demasiado insensato como para lanzarse a alguna aventura.

De momento, dejamos escrita nuestra advertencia. La democracia republicana —toda la democracia republicana— tiene que vivir alerta, en pie de guerra. Pero sin perder la serenidad ni dejarse influir por alarmismos y rumores que las derechas tienen interés en difundir con objeto de producir un estado de pánico y de desmoralización.

Sólo hay que escuchar una voz, que resonará, si es necesario, en el momento adecuado. Esta voz será la de Esquerra Republicana, que en una mala jornada para la República, ha mantenido alta y firmen Cataluña la bandera de la revolución y los postulados del 12 de abril.

¡Arriba los corazones, ciudadanos catalanes! Todos, vosotros y nosotros, sabremos escuchar y meditar la terrible lección del día 19. Y procederemos en consecuencia. Hemos sido generosos, cordiales, comprensivos, amables. Es la hora de ser implacables, inflexibles, rígidos.

EN PEU DE GUERRA!

Mala hora per a la República, aquesta d'avui, dèiem en el nostre comentari d'ahir.

En efecte. Ha estat un allau incivil el que s'ha llançat contra el règim per tal de liquidar-lo. Perquè aquí no es tracta d'una qüestió de matís social. Es tracta d'un fet antirepublicà i antidemocràtic.

Hem vist com votaven els bisbes. Com les monges i els frares de clausura sortien en massa dels seus cataus per votar contra el règim. Hem vist com es compraven vots a tots els preus, com es regalava dinar i seient a l'elector, com es feia propaganda política des de les trones, com es feien mítings a les sagristies. Ha estat tota la tropa negra i lívida de la Inquisició i del fanatisme religiós, que ha utilitzat una llei de la democràcia per apunyalar la democràcia.

No ha estat la Lliga, ni Acción Popular, la triomfadora. Ha estat, aquí a fora, el Bisbe. Ha estat l'Església, ha estat Ignasi de Loiola. [...]

Es hora de repetir —però en posició de portar-les rotundament a la pràctica— aquelles paraules històriques de Manuel Azaña: [...]

«Si algú tomba la cadira, nosaltres bolcarem la taula!»

Prenguin-ne nota la Lliga, el bisbe i la seva tropa sinistra. Prenguin-ne nota. Amb tota cura. , i meditin bé el significat de les nostres paraules d'avui. No amenacem. Advertim.

Que qui ha d'entendre, entengui. No fem literatura, nosaltres. Quan ha calgut hem actuat. Estem disposats a tornar-hi si algú fos prou insensat per llançar-se a qualsevol aventura.

De moment, deixem escrit el nostre advertiment. La democràcia republicana —tota la democràcia republicana— ha de viure alerta, en peu de guerra. Però sense perdre la serenitat ni deixar-se influir per alarmismes i rumors que les dretes tenen interès a escampar per tal de produir un estat de pànic i de desmoralització.

Només cal escoltar una veu, que ressonarà, si cal, en el seu moment precís. Aquesta veu serà la d'Esquerra Republicana, que en una mala jornada per a la República, ha mantingut alta i ferma a Catalunya la bandera de la revolució i els postulats del 12 d'abril.

Amunt els cors, ciutadans catalans: tots, vosaltres i nosaltres, sabrem escoltar i meditar la terrible lliçó del dia 19. I procedirem en conseqüència. Hem estat generosos, cordials, comprensius, amables. Es l'hora d'ésser implacables, inflexibles, rígids.

(22-11-1933; retranscrito)

DESPRES DE LA TURBONADA

El gran responsable

... Heus ací les dues figures que resten, passat el trasbals, en el panorama desolat: l'autor i l'inductor. El braç i la consciència. La ma i el somriure, ambdós tacats de sang. Durant la rebeldia la nostra condemnació hagué d'adreçar-se especialment a l'autor material de la bretolada. Ell era la figura afollida i vermella, que voltava la seva contradansa endimoniada entre l'esclat de la metralla. Ell pagarà la culpa perquè la Llei és seca i estricta. Bé. Que pagui. Que es faci justícia. Sense rancúnia, sense odi, però també sense massa enterniments que a res no conduirien. Que pagui. Però que no pagui per tots. En l'ombra de la covardia, potser en la tebior confortable d'algun pis luxós, hi ha l'altre, el gran financer del crim, el gran firaire de l'odi i de la venjança.

Es aquesta figura, és aquest inductor, és aquest responsable moral el que ha de buscar-se, el que ha d'ésser arrancat de la seva ombra d'infàmia i llançar-lo a la llum implacable de la vindicta pública. [...]

(13-12-1933; retranscrito)

Después del atentado

El gran responsable

... He aquí las dos figuras que se mantienen, pasado el aturdimiento, en el desolado panorama: el autor y el inductor. El brazo y la conciencia. La mano y la sonrisa, ambos manchados de sangre. Durante la rebeldía, nuestra condena tuvo que dirigirse especialmente al autor material de la canallada. Él era la figura enloquecida y roja que brincaba en su contradanza endiablada entre las esquirlas de la metralla. Él pagará la culpa porque la ley es seca y estricta. Bien. Que pague. Que se haga justicia. Sin rencor, sin odio, pero también sin demasiados enternecimientos que a nada conducirían. Que pague. Pero que no pague por todos. En la sombra de la cobardía, quizá en la confortable tibieza de algún piso lujoso, está el otro: el gran responsable de la tragedia, el gran financiero del crimen, el gran feriante del odio y de la venganza.*

Es esta figura, es este inductor, es este responsable moral el que ha de buscarse, el que ha de arrancarse de su infame sombra y lanzarlo a la implacable luz de la vindicta pública. [...]

* *«El autor»: se refiere a los terroristas anarquistas, que en diciembre de 1933 realizaron una gran ola de atentados. «El inductor»: se refiere a los burgueses y políticos de derechas, privilegiadas víctimas, por cierto, de los anarquistas.* (N. del T.)

EL PROGRAMA DE LA F. A. I.

La catàstrofe de l'exprés Barcelona-Sevilla

Les primeres notícies

València, 10 (a les quatre de la matinada).– A les deu del vespre, hora que té fixada la seva arribada el tren «andalús», procedent de Barcelona, va saber-se que li havia ocorregut un accident de greus conseqüències. Poc després ja es precisava que el tren número 702, procedent de Barcelona, havia descarrilat en el quilòmetre 20'500, entre les estacions de Puig i Puzol, per haver estat volat un pont. [...]

UNA OBRA DELS ASSASSINS DE LA F. A. I.

(12-12-1933; retranscrito)

El programa de la F. A. I.

La catástrofe del exprés Barcelona-Sevilla

Las primeras noticias.

Valencia, 10 (a las cuatro de la madrugada.– A las diez de la noche, hora a la que tiene fijada su llegada el tren «andaluz», procedente de Barcelona, se supo que le había ocurrido un accidente de graves consecuencias. Poco después ya se precisaba que el tren número 702, procedente de Barcelona, había descarrilado en el kilómetro 20,500, entre las estaciones de Puig y Puzol, por haber sido volado un puente.

El Sr. Companys fou homenatjat amb gran entusiasme al seu pas pels pobles de la Catalunya francesa

S'ACABA, AIXÒ?

Paraules de sinceritat

... Hi ha, de molt poques hores, unes paraules magnífiques i clares del President de la Generalitat de Catalunya. Son aquestes:

«Si l'antic concepte de l'Espanya monàrquica, despòtic, injust, ridícul, fastigós, no s'ha extingit i es manté en actiu, si la República nega la nostra llibertat i no vol alliberar-se alliberant els altres, si així fos, la República no em mereixeria cap respecte!..."

Són les paraules de Catalunya, expressades per boca del seu President. Prou clares perquè qui vulgui entendre, entengui. Reproduïdes avui, en aquesta hora de fallides, tenen un valor excepcional. I una sinceritat definitiva.

(22-8-1934; retranscrito)

El Sr. Companys fue homenajeado con gran entusiasmo a su paso por los pueblos de la Cataluña francesa

¿SE ACABA ESTO?

Palabras de sinceridad

... Hace muy pocas horas, el Presidente de la Generalidad pronunciaba unas magníficas y claras palabras. Son éstas:

«Si no se ha extinguido, si se mantiene activo el antiguo concepto de la España monárquica, despótica, injusta, ridícula, asquerosa; si la República niega nuestra libertad y no quiere liberarse liberando a los demás, si tal fuera el caso, la República no me merecería ningún respeto!...»

Son las palabras de Cataluña, expresadas por boca de su Presidente. Son lo bastante claras para que quien tenga oídos para oírlas, las oiga. Reproducidas hoy, en esta hora de quiebras, tienen un valor excepcional. ¡Y una sinceridad definitiva!

Francesc Macià

Ostrowsky, delegat dels soviets —no recordem qui ens contà l'anècdota— comparà Macià a Lenin, per la seva popularitat. Algú observà que Macià no era home de discursos, i Ostrowsky respongué:

«No cal pas. Només ha de mirar...»

En efecte, Macià només havia de mirar. En tenia prou amb els seus ulls, amb el seu mirar —barreja d'amor i d'energia— per a comptar en tot moment amb el poble. Més que en les seves paraules trencades, més que en els seus discursos de construcció incoherent, l'atracció de Macià residia en aquells ulls que no veurem més.

Un matí nadalenc van cloure's per sempre. El cos del patriota rebé sepultura. Però la flama que encengueren aquells ulls no s'ha apagat. Dirieu que a través de la llosa feixuga de pedra de Montjuïc, aquells ulls continuen mirant-nos. [...]

(14-4-1934, retranscrito)

Francesc Macià

Ostrowsky, delegado de los soviets —no recordamos quién contó la anécdota— comparó a Macià con Lenin, por su popularidad. Alguien observó que Macià no era un hombre de discursos, y Ostrowsky respondió:

«No hace falta. Sólo tiene que mirar...»

En efecto, Macià sólo tenía que mirar. Le bastaba con sus ojos, con su mirar —mezcla de amor y de energía— para contar en todo momento con el pueblo. Más que en sus palabras deslavazadas, más que en sus discursos de construcción incoherente, la atracción de Macià residía en aquellos ojos que ya no veremos más.

Se cerraron para siempre una mañana navideña. [...] El cuerpo del patriota recibió sepultura. Pero no se ha apagado la llama que alumbraron aquellos ojos. Diríase que a través de la pesada losa de piedra de Montjuich, aquellos ojos siguen mirándonos. [...]

AUGURIS IMPRUDENTS

Fantasia d'estiu?

Amb paraules poc prudents, incompatibles amb la responsabilitat d'un governant, el President del Consell de ministres i el ministre de la Governació, els senyors Samper i Salazar Alonso, han anunciat no sabem quins moviments subversius i determinades mesures per a la seva repressió. [...]

Moviments subversius? Sorprenent, la noticia. [...]

Passés el que passés, la democràcia catalana es mobilitzaria —si calgués mobilització en qualsevol sentit— quan rebés el mot d'ordre necessari. Ni abans ni més tard. En el minut i en el segon precisos. Es, i sempre serà així, com es demostra una força positiva, una organització efectiva i un esperit coratjós. [...]

(1-8-1934; retranscrito)

Augurios imprudentes

¿Fantasía de verano?

Con palabras poco prudentes, incompatibles con la responsabilidad de un gobernante, el Presidente del Consejo de ministros y el ministro de Gobernación, los señores Samper y Salazar Alonso han anunciado no sabemos qué movimientos subversivos y determinadas medidas para su represión. [...]

Ocurriera lo que ocurriera, la democracia catalana se movilizaría —si hiciera falta movilizarse en cualquier sentido— cuando recibiera la correspondiente consigna. Ni antes mi más tarde. En el minuto y en el segundo precisos. Es, y será siempre así, como se demuestra una fuerza positiva, una organización efectiva y un espíritu aguerrido. [...]

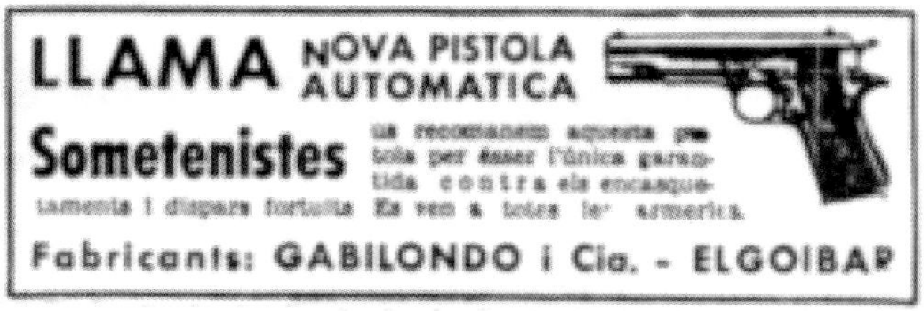
LLAMA
NOVA PISTOLA AUTOMATICA
Sometenistes
Fabricants: GABILONDO i Cia. - ELGOIBAR

Sometenistes
Armes curtes i llargues a preus especials i facilitats de pagament
Beristain, S. A.
Fiveller, 1 - Telèf. 14667
Rambla de les Flors, 12 - Telèfon 10163

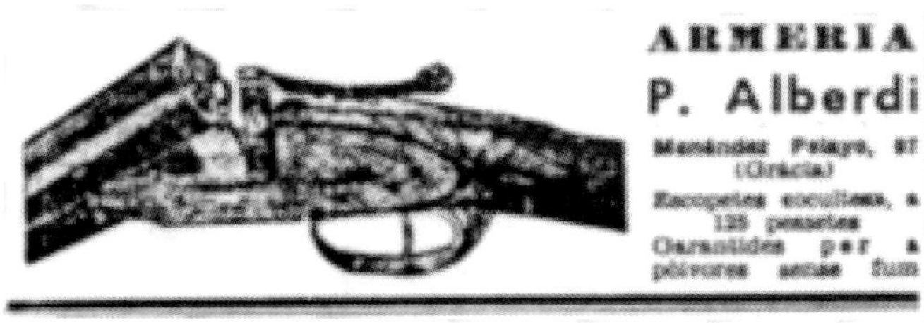
ARMERIA
P. Alberdi
Menéndez Pelayo, 97
(Gràcia)

VAYA PREVENIDO CONTRA TODO..... SIN OLVIDAR LA
"STAR"
FABRICA DE ARMAS "STAR" - EIBAR

¡PREVINGUI'S!
LA MILLOR DEFENSA DELS SEUS DINERS ES UNA PISTOLA
ASTRA
De venda a totes les armeries de Barcelona
Per a qualsevol dada o referències, dirigiu-vos a
J. FIGUERES. Telèfon

Catalunya, reducte de la revolució

Aquesta és l'acusació que ens fan "ABC" i "La Veu". Per primera vegada coincidim amb la Premsa monàrquica

(11-1-1934; retranscrito)

Cataluña, reducto de la revolución

Ésta es la acusación que nos hacen "ABC" y "La Veu". Por primera vez coincidimos con laprensa monárquica

Una de las iglesias incendiadas durante la sublevación catalana. Ésta en Villafranca del Penedés

Barcelona tributà una rebuda d'indescriptible emoció als parlamentaris catalans i bascos que s'han retirat del Parlament espanyol

Davant l'enorme multitud, el President Companys declarà:

"Quan nosaltres diem que estem disposats a deixar la vida, no diem una paraula vana ni fem una frase de míting i d'exaltació..."

(14-6-1934; retranscrito)

Barcelona tributó anoche un recibimiento lleno de indescriptible emoción a los parlamentarios catalanes y vascos que se han retirado del Parlamento español.

Ante la enorme multitud congregada en la Plaza de la República, hablaron Casanoves, Santaló, Gassol, Monzón y el Presidente Companys.

«Cuando nosotros decimos que estamos dispuestos a dejar la vida, cuando decimos esto, no decimos una palabra vana ni hacemos una frase de mitin y exaltación...»

Las tropas leales recogen
las armas en Barcelona
una vez sofocada la sublevación

El momento político y las izquierdas catalanas

¡Consigna única!

... No nos cansaremos de llamar la atención de la democracia catalana sobre estos aspectos interesantísimos de su educación política. Quizá se habla demasiado en Cataluña, quizá se improvisa en exceso, quizá quedan sin el necesario control demasiadas iniciativas privadas. Hay que acabar con esto. El Presidente Companys ha insistido reiteradamente en estos conceptos que compartimos y enfatizamos absolutamente. Cuanta mayor disciplina, tanta mayor eficiencia política. En este sentido, las formaciones del fascismo han de ser un ejemplo para las izquierdas. Sin querer significar que se ha de llegar a la cosa militarizada de las soldadescas italianas y alemanas —cuyas consecuencias ya hemos visto—, no puede negarse que la rigidez de sus consignas colectivas y el sometimiento absoluto de los militantes a los jefes responsables han sido, y son, un factor decisivo en su actuación.

Nunca como ahora ha sido más necesaria la disciplina dentro de los partidos y las organizaciones que aspiran a encuadrar las aspiraciones de la opinión pública. Y si, como en Cataluña, son las izquierdas las que tienen la responsabilidad del gobierno, la necesidad se convierte en imperativo categórico. Una desviación en momentos así, por insignificante que fuera, podría y puede acarrear lamentables consecuencias y catastróficas derivaciones.

La consigna ha de ser: cada uno en su sitio. Atención exclusiva a la voz de los dirigentes responsables. Iniciativas, estridencias, gritos, determinaciones, no. No sólo carecen de utilidad, sino que pueden perjudicar gravemente a la causa misma que se quiere defender.

EL MOMENT POLITIC I LES ESQUERRES CATALANES

Consigna única

... No ens cansarem de cridar l'atenció a la democràcia catalana sobre aquests aspectes interessantíssims de la seva educació política. Potser es parla massa a Catalunya, potser s'improvisa excessivament, potser queden sense el control necessari massa iniciatives privades. Cal acabar amb això. El President Companys ha insistit reiteradament en aquests conceptes, que compartim i subratllem en absolut. A major disciplina, major eficiència política. En aquest sentit les formacions del feixisme han d'ésser un exemple per a les esquerres. Sense voler significar que cal arribar a la cosa militaritzada de les soldadesques italianes i alemanyes —que ja n'hem vist les conseqüències—, no pot negar-se que la rigidesa de les seves consignes col lectives i el sometiment absolut dels militants als caps responsables, han estat, i són, factor decisiu en la seva actuació.

Mai com ara ha estat més necessària la disciplina dintre els partits polítics i les organitzacions que aspiren a enquadrar les aspiracions de l'opinió pública. I si, com a Catalunya, són les esquerres les que tenen la responsabilitat del Govern, la necessitat es converteix en imperatiu categòric. Una desviació en moments així, per insignificant que fos, podria i pot reportar conseqüències lamentables i derivacions catastròfiques.

La consigna ha d'ésser: cadascú al seu lloc. Atenció exclusiva a la veu dels dirigents responsables. Iniciatives, estridències, crits, determinis, no. No solament no tenen utilitat, sinó que poden perjudicar greument la mateixa causa que es vol defensar.

(22-9-1934; retranscrito)

la humanitat

Catalunya, recull el guant

... Bé. Catalunya, i el seu Govern autònom, i les seves organitzacions nacionalistes, responen a la provocació amb un gest senzill i categòric: recollint el guant que acaba de caure als seus peus, llançat pels aventurers de la política i pels servidors del feixisme.

No és hora de massa comentaris, ho dèiem ahir en l'angoixa del que pressentíem, i ho repetim avui en la certesa de la desventura. Es hora de plantar cara als qui venen per la nostra dignitat d'homes lliures. I és hora de defensar fins a tots els extrems la nostra ciutadania exemplar i democràtica. ¿Això pot fer-se amb paraules? Creiem que ja és tard. Aleshores queda un segon camí, més expeditiu: el dels braços de cadascú. [...]

Catalunya està presta. Reivindiquem per ella el lloc d'honor en les hores que vénen. Alerta, les esquerres nacionalistes i republicanes de Catalunya! Ha sonat l'hora de la mobilització. Que cadascú ocupi el seu lloc, l'arma al braç i l'oïda atenta a les ordres.

Els organismes responsables, i els homes representatius d'Esquerra Republicana de Catalunya tenen les instruccions necessàries i la consigna oportuna. A través d'ells, cada grup, cada militant sabrà tot seguit allò que cal fer. No faltaran segurament rumors, alarmes o iniciatives privades. Que ningú mogui ni un peu sense ordre precisa.

(5-10-1934; retranscrito)

Cataluña recoge el guante

Bien, Cataluña y su gobierno autónomo, junto con sus organizaciones sociales y políticas de la democracia nacionalista, responden a la provocación con un gesto sencillo y categórico: recogiendo el guante que acaba de caer a sus pies, lanzado por los aventureros de la política y los servidores del fascismo.

No es hora de excesivos comentarios, lo decíamos ayer con la angustia de lo que presentíamos, y lo repetimos hoy ante la certidumbre de la desventura. Es hora de plantar cara a quienes vienen a por nuestra dignidad de hombres libres, y es hora de defender hasta todos los extremos nuestra ciudadanía ejemplar y democrática. ¿Puede esto hacerse con palabras? Creemos que ya es tarde. Entonces, queda un segundo camino, más expeditivo: el de los brazos de cada cual.

Cataluña está presta. Reivindicamos para ella el sitio de honor en las horas que se avecinan. ¡Alerta, las izquierdas nacionalistas y republicanas de Cataluña! Ha sonado la hora de la movilización. Que cada cual ocupe su lugar, el arma al brazo y el oído atento a las órdenes.

Los organismos responsables, y los hombres representativos de Esquerra Republicana de Catalunya. tienen las instrucciones necesarias y la consigna oportuna. A través de ellos, cada grupo, cada militante sabrá de inmediato lo que hay que hacer. No faltarán seguramente rumores, alarmas e iniciativas privadas. Que nadie mueva ni un dedo sin una orden precisa.

Las fuerzas del Ejército apostadas delante del palacio de la *Generalitat*

Entierro en Barcelona de los militares leales a la República

HORES D'INQUIETUD

Dissabte a les vuit i vint minuts del vespre el President de la Generalitat proclamà l'Estat Català dintre la República Federal Espanyola

La matinada del diumenge, després d'intens foc que durà vuit hores, amb intervenció de l'artilleria i morters, la Generalitat, l'Ajuntament i Governació caigueren a poder de les forces de l'exèrcit

(8-10-1934; retranscrito)

HORAS DE INQUIETUD

El sábado a las ocho y veinte minutos de la noche el Presidente de la Generalidad, señor Companys, proclamó el Estado Catalán dentro de la República Federal Española.

En la madrugada del domingo, después de un intenso fuego que duró ocho horas, con intervención de la artillería y morteros, la Generalidad, el Ayuntamiento y Gobernación cayeron en poder de las fuerzas del ejército.

Las fuerzas leales a la República toman posición
en la Plaça de Sant Jaume

Barricadas levantadas en Barcelona
a la puerta del edificio de Aliança Obrera

Estado en que quedaron las celdas de las monjas
del convento de Santa María en Villafranca del Penedés

EL DEBATE

CINCO EDICIONES DIARIAS

Una acción inmediata

No había lugar a dudas. Era ocioso planteárselas, después de tanta amenaza sin disimulo. Pero ahora poseemos el acuerdo de la Agrupación socialista de Madrid que quiere que no se pongan obstáculos de ninguna clase al "frente único" para que "se pueda emprender el movimiento revolucionario que nos consienta la conquista del Poder político lo más pronto posible".

Sin rebozo, pues, nos anuncian los socialistas que piensan dedicarse a la organización de un movimiento, con el propósito de suplir su falta de adeptos en el país, demostrada por el sufragio, con la ofensiva perturbadora y sangrienta, con el asalto al Poder, a mano armada. Saben ellos — y queremos atenernos a los datos que ellos mismos han hecho públicos — que no representan más que la quinta parte de la nación. De ocho millones de votantes, han obtenido en las elecciones últimas la adhesión de un millón seiscientos mil. Aunque ahora supongamos incrementada esa fuerza — gracias al frente único — con las abstenciones de los "apolíticos", más amigos de la acción directa con la pistola que de la acción civil con el voto, tendremos que un 20 por 100 de los españoles, desahuciados por la masa popular, quieren recurrir a la violencia para conquistar el Poder que se les ha escapado. Quieren hacerlo así y además lo proclaman y lo anuncian. Nadie puede llamarse a engaño, ni puede consentirse en una sociedad organizada semejante actitud..... sin reaccionar ante ella en la forma debida.

Exige, desde luego, esta situación una obra de Gobierno, enérgica e inmediata. No hablemos hoy del problema jurídico que plantea el que una asociación legalmente constituida tome acuerdos que son un delito perfectamente clasificado en el Código. Sin perjuicio de esa acción legal, es indudable que a los gobernantes se les plantea una grave cuestión de orden público, ante la cual sería insensata la postura pasiva que, confiando en los resortes coercitivos del Estado, aguardase a la explosión para reprimir. No es eso. Hay una labor previsora indispensable que no queremos sugerir hoy, punto por punto, porque corresponde al Gobierno la iniciativa de lo que deba hacerse. Pero sí tenemos que decir que no es posible cruzarse de brazos. Se cierne sobre la tranquilidad pública y sobre la seguridad del Estado un peligro cierto. A los gobernantes toca, como representantes del bien común, adelantarse a la ofensiva, inutilizándola y desmontando hasta donde sea preciso el engranaje de la revolución.

Pedimos, pues, a nuestros gobernantes de hoy que salgan enérgicamente al paso, cumpliendo un sagrado deber de patriotismo y de defensa de la sociedad, de los manejos francamente subversivos y de hondísimo alcance que se llevan a cabo bajo nuestros ojos, con un alarde deliberado que tiende a impresionar a la masa ignara y a sembrar el desconcierto. No pretendemos, ciertamente, hacer el juego a la revolución contribuyendo en lo más mínimo, por nuestra parte, a fomentar un ambiente de alarma y de nerviosismo con el cual cuentan siempre los revolucionarios como uno de sus más preciosos auxiliares. No. Nada de histéricas inquietudes, ni de confiadas pasividades. Sólo el cumplimiento del ineludible deber de cortar el paso, con serena y firme energía, a lo que se prepara y se anuncia. La obra es de aliento; pero no creemos que para realizarla falten en la opinión, ni en las Cortes, los apoyos precisos. Tema es ese que por su interés desborda los límites de nuestro artículo de hoy. Pero no renunciamos a dedicarle en día próximo la necesaria atención.

(2.2.1934)

LO DEL DIA

Por los cauces legales

Cada vez más belicoso y amenazador el socialismo, batido en las urnas, se refugia en la invención de no sabemos qué tremendos peligros que acechan a la clase trabajadora, imputa a las derechas propósitos dictatoriales que nadie abriga sino él y declara permanecer vigilante y arma al brazo. En suma, que trata por todos los medios de turbar la paz pública, fruto bien ganado por un pueblo que ha demostrado que quiere y sabe arreglar sus asuntos por la vía legal.

Aparte de las constantes maquinaciones perturbadoras que, en todo tiempo, son índice de las actividades del socialismo y del despecho que siente por la repulsa de que le ha hecho objeto el país, importa que, después de la gran victoria conseguida por los caminos legales y en víspera de lograr otra nueva, nadie se deje inducir a confusión, ni permita que flaquee su ánimo.

(28.11.1933)

El discurso pronunciado ayer por don José María Gil Robles

El Gobierno tiene que recoger el resultado electoral

Nosotros, frente a un Gobierno minoritario y teniendo una masa que puede influir decisivamente en los destinos de su política, no sentimos la tentación de pretender imponerle un programa político. Ni él dignamente lo aceptaría, ni nosotros discretamente podríamos pedírselo. No; nosotros lo que podemos, lo que debemos hacer, es pedirle al Gobierno que recoja el resultado de las elecciones, que vea cuál ha sido la voluntad del Cuerpo electoral, y que la lleve a la práctica en la legislación y en la administración. Porque en una democracia, el resultado de la voluntad del pueblo obliga lo mismo a los que están en el banco azul, que a los que se encuentran en los escaños de la oposición. Obligación suya es llevarlo a la práctica; obligación nuestra es velar, porque eso no sea defraudado. Y esto clara y noblemente, sin regateos de momento, con la amplitud con que el Gobierno necesite hacerlo, porque de otro modo el Gobierno no podría vivir con dignidad y la dignidad del Gobierno es algo que le interesa tanto a él como a nosotros mismos. *(Muy bien, muy bien.)*

(20.12.1933; retranscrito)

EL DEBATE

Frente único y revolución social

Al par que se hacen anuncios de revolución social y se recuentan "milicias proletarias", negóciase—y esto es más verdad—un frente único de las fuerzas obreras revolucionarias.

Clamaban por él desde hacía años los núcleos comunistas; pero eso significaba poco, porque eran los más débiles. A sus voces nunca dieron oídos los socialistas, que se sentían ofendidos por la sola propuesta de unión tan morganática. Pero he aquí que las cosas cambian y se inician los tratos. El contacto lo han establecido las Juventudes de ambos partidos y, pese al desdén propio de su superioridad con que los socialistas hablan, se adivina que hay ya convenida una cierta inteligencia. No se hace ésta para rescatar a Thaelmann, defender de presuntos ataques a la Unión Soviética, ni acabar con el "imperialismo" español en Ifni....., monsergas comunistas, así calificadas por sus aliados. Con más sentido práctico se endereza, según la mente socialista, a erigir "los órganos de la insurrección".

Estos "órganos de la insurrección" son las llamadas "Alianzas obreras". Hechura de los socialistas, en cada una de ellas se dan cita la Agrupación provincial del partido, las Sociedades afectas a la U. G. T. de la provincia y los núcleos obreros políticos o sindicales que se consigue atraer a ella, ya pertenezcan a la ortodoxia comunista, ya a cualquiera de sus cismáticas sectas, o bien al anarquismo. Las Alianzas obreras son organismos distintos e independientes de las Agrupaciones que las componen....., pero ya se entiende que están bajo el control socialista.

Como todo gesto desesperado, el frente único del obrerismo revolucionario es, sin embargo, un peligro. Conjurarlo toca casi exclusivamente a los Poderes públicos. Y ya se tarda. No entendemos cómo no se hace. Con la ley en la mano, esas Alianzas obreras, como cualesquiera otras organizaciones, sin otro objetivo que la revolución, pueden y deben ser inmediatamente desbaratadas. No son tolerables esos declarados propósitos de atentar contra la seguridad del Estado. Y los pactos que para eso se conciertan, ¿a quién sino a la autoridad toca romperlos, castigando a las partes? Cualquier Gobierno que se haga cargo de cómo estas maquinaciones amenazan a la paz pública, tomaría sus medidas, y bien por sí, bien acudiendo a los Tribunales, en poco tiempo aniquilaría todo el plan revolucionario.

Deshecha la revolución, no quedan con eso desarraigadas las fuerzas sociales que la alimentan. Esos núcleos sindicales imbuidos de espíritu de lucha, esas masas adoctrinadas en el odio, educadas en la esperanza de la subversión, ¿cómo habérselas con ellos el país en vías de reconstrucción? ¿Cómo los gobernantes que emprendieron esta obra? Que no sea cosa fácil incorporar a los ideales nacionales constructivos estos sectores rebeldes, ya se observa por lo que a otros países ha costado y cuesta. Y entre nosotros, ¿quién prepara esta empresa? ¿Quién se ocupa desde ahora en sentar sus jalones?

Mucho podrá hacer en su día para atraerse a estas masas una política social decidida, una acción de Gobierno que redunde en beneficio del pueblo. Pero hay también por hacer un esfuerzo social inmenso de educación popular, de propaganda que contrarreste a la revolucionaria, de desintoxicación espiritual, de reforma de las costumbres.

(28.7.1934)

Extractos de EL DEBATE sobre la agitación revolucionaria antes de la insurrección de Asturias (de diciembre de 1933 a septiembre de 1934)

El comunismo libertario se proclamó en seis pueblos de la Rioja

San Vicente de la Sonsierra se rindió después de volar sobre él cuatro aviones. A las diez y media de la mañana del domingo, grupos de revoltosos se apoderaron de las armas y comestibles, y establecieron el racionamiento. Pan y pescado por familia. La moneda fué abolida, y parece que fueron quemados billetes. Bajas en la fuerza pública y en los rebeldes

Dos iglesias, una de ellas de gran valor, incendiadas, y seis Archivos municipales perdidos

Dos muertos en Zaragoza al estallar una bomba

UNO DE ELLOS, UN NIÑO DE CINCO AÑOS

Resultaron, además, otras cinco personas heridas de gravedad

UN SOCIALISTA DISPARA CONTRA UN JOVEN EN LA GRAN VIA

Resultó herido este joven y otro que leía, con su novia, la cartelera de un "cine"

El agresor tuvo que ser protegido para que el público no lo linchara

El agredido dice que es de ideas fascistas y que estaba fichado por los socialistas

Es imposible la permanencia en el campo de Jaén

Grupos de obreros recorren los pueblos y las fincas y se apoderan por la violencia de la aceituna. Muchas veces son amparados por la autoridad municipal. Así lo afirma en un telegrama al Gobierno la Federación de Labradores

En Toledo comenzó ayer la huelga general de campesinos

EL DEBATE

Se proponían incendiar 200 coches en Barcelona

Durante el día de ayer se produjeron varios atentados y sabotages con bombas. Tres autobuses completamente destrozados. La Policía sostuvo un tiroteo con unos desconocidos que intentaban colocar una bomba de catorce kilos junto a los carriles de tranvías. Los automóviles particulares son requisados por turno para escoltar a los vehículos de servicio público

Un estudiante asesinado por dos socialistas

Le hicieron varios disparos por la espalda. Cuando la víctima cayó al suelo, volvieron a hacerle, a quemarropa, otros tres disparos en el vientre. El estudiante muerto vendió por la mañana el semanario F. E.". Hasta el año pasado perteneció a la F. U. E., de la que se dió de baja

Nuevos disturbios en la zona fabril de Vizcaya

Doscientas mujeres se apoderaron de un vagón de harina en Las Arenas

Dificultades para el abastecimiento en los pueblos

Estalla una bomba en el domicilio de un alcalde

Este contribuyó a la detención de los complicados en la explosión de bombas en Alfafar

Incendian una escuela en las Ventas

Grupos de extremistas produjeron disturbios durante la mañana de ayer. Asaltos a tiendas de comestibles y pedreas a los tranvías. Arrebataron y quemaron ropas que unas damas distribuían entre los pobres. Una sala de máquinas de Colmenar Viejo destruída por una bomba. Las pérdidas ascienden a más de medio millón de pesetas

Por la noche asaltaron una carnicería e incendiaron un camión

EL DEBATE

Incitación al asesinato y al incendio

EN UN MANIFIESTO DE LOS EXTREMISTAS DE GRANADA

Si acuden las Juventudes de A. P. a El Escorial, dicen, conventos, iglesias y círculos deben ser quemados

"Y castigados con dureza jóvenes y no jóvenes católicos y fascistas"

Un teniente de Asalto tiroteado en Granada

Estaba amenazado por haber detenido a varios terroristas

Atraco en Málaga a tres empleados de una fábrica

Estalla una bomba en "El Noticiero", de Zaragoza

Era el único periódico que se publicaba a pesar de la huelga

Los huelguistas le venían haciendo objeto de constantes coacciones y amenazas

Los que quemaron en Adra la iglesia, detenidos

LAS AUTORIDADES MUNICIPALES HAN SIDO DESTITUIDAS

Estalla una bomba en un taller de automóviles

A raíz de una huelga el personal socialista había sido sustituido por obreros no afiliados a la U. G. T.

Continúa en el mismo estado el conflicto de los metalúrgicos

AYER SE TRABAJO EN TODAS LAS OBRAS DE LA CONSTRUCCION

Los guardias de Asalto tiroteados en Mieres

POR LOS ELEMENTOS SOCIALISTAS Y COMUNISTAS

Estos protestaban contra la salida de una procesión que no se iba a celebrar

En la refriega resultaron cuatro revoltosos heridos

EL DEBATE

Dos imagenes del siglo XV destruídas por el fuego

Se guardaban en una iglesia de Hornachuelos, que ha sido incendiada por unos desconocidos. El incendiario de Madridanos ha sido detenido

Ha muerto el estudiante herido en Acción Popular

El guardia Eleuterio Martín se hâ agravado, y se cree que habrá que amputarle una pierna

ULTIMA HORA

Estalla una bomba en la calle de Atocha

Una pareja de guardias detiene a los tres individuos que la colocaron

Uno de ellos llevaba otra bomba de doce centímetros, y otro una pistola cargada

Atentado contra un fabricante en Barcelona

Parece que se ha organizado un plan de agresiones a los dueños de fábricas. Ayer fueron incendiados dos tranvías. Continúan las medidas de precaución en los Centros oficiales

Protesta contra la agresión en Manresa a los congresistas de la JAP

EL DEBATE

Jueves 3 de mayo de 1934 (6)

Siete camiones incendiados en Barcelona

Unos individuos asaltaron un garage para cometer el hecho. A uno de los autores se le inflamaron las ropas. El público creyó que se trataba de un obrero y le prestó auxilio. Cuando se dió cuenta de quién era, ya no pudo ser detenido

MAS PISTOLAS EN CASA DEL DIPUTADO SOCIALISTA POR JAEN

Se le encontraron cincuenta y cuatro y 2.700 cápsulas

Los agentes fueron acompañados de un cerrajero

EL SEÑOR LOZANO HA SIDO DETENIDO

AYER DESCUBRIO LA POLICIA UN IMPORTANTE DEPOSITO EN CUATRO CAMINOS

Seiscientas diez y seis pistolas y 81.000 cápsulas

En el mismo lugar fueron detenidos socialistas y afiliados a la U. G. T.

Un chófer declara haber llevado paquetes del depósito a casa de un diputado socialista

Dispáran desde un "taxis" contra un Centro fascista

Dos afiliados resultaron heridos, uno de gravedad y otro de pronóstico reservado

Los agresores amenazaron al chófer para que se prestara a sus propósitos

Numerosos actos de violencia en Zaragoza

En la ventana de un bar estalló una bomba, que, por fortuna, no causó más que dos heridos leves. Algunos obreros fueron agredidos y varios comercios apedreados. Una Comisión de la Cámara de Comercio vendrá a Madrid para interesar del Gobierno que ponga fin al conflicto

EL DEBATE

MAÑANA LLEGAN A MADRID LOS PRIMEROS TRENES ESPECIALES

Tres a la estación de Atocha y otros varios a la del Norte

En Tarragona han sido alquilados los "taxis" y autobuses de casi todos los pueblos

De Zaragoza vendrá también una nutrida representación

Llamamiento del Comité de Enlace de Entidades Agropecuarias a todos los agricultores de España

ANOCHE FUE ASALTADO EL INSTITUTO AGRICOLA CATALAN

Veinte extremistas irrumpieron pistola en mano en el local

Vaciaron cuatro bidones de gasolina y arrojaron después una botella de líquido inflamable

El incendio destruyó un tríptico valioso y algunos muebles

Los asaltantes estaban protegidos por grupos numerosos situados en los alrededores del Instituto

Secuestran en Barcelona a un contramaestre

Por haber impedido que prosperase en su fábrica la huelga textil. La Policía rescata al secuestrado en el local del Sindicato. El vicepresidente del partido agrario ha comenzado una serie de artículos contra la ley de Cultivos

ESTA MADRUGADA ESTALLO UNA BOMBA DE GRAN POTENCIA EN UN POSTE DEL TRANVIA

Obrero de "A B C" herido grave en atentado

Cuando, terminado el trabajo, se dirigía a su domicilio, dos individuos le hicieron varios disparos

Los agresores huyeron en un automóvil preparado al efecto

La víctima había ingresado en Prensa Española cuando la huelga de Artes Gráficas

Dos guardias heridos por un grupo de extremistas

Dispararon contra ellos cuando prestaban servicio en el domicilio de la Federación Patronal. Uno de los heridos sufre probable rotura de la femoral. También resultaron heridos dos transeúntes. Los agresores lograron huir

Los huelguistas metalúrgicos también agredieron a dos obreros

"¡Atención al disco rojo!"

El frenesí a que de algún tiempo a esta parte se entrega "El Socialista" está alcanzando el paroxismo. A creer sus editoriales, el país, aún no bien salido del movimiento anárquico, se halla de nuevo en vísperas de la revolución social. Y el colega se encarga de mantener en tensión los espíritus proletarios, a fuerza de literatura de delirio. Cuidando de apartar lo que haya de táctico en esta actitud, penetremos a través del periódico los designios del socialismo en el momento presente. Será, sin duda, instructivo para todos.

El socialismo español ha sufrido recientemente dos grandes decepciones. Pueden expresarse en dos frases de su periódico, no de un mismo artículo, ni aun del propio número, pero ambas de estos días. Dice una: "Miramos hacia los republicanos y no encontramos a nuestros afines"; y completa la otra: "Por el camino legal no podemos vencer".

La decepción ha acarreado –era lógico- un cambio en la actitud del socialismo. Si nada había que hacer con los republicanos, era forzoso mirar a otra parte. Y si los cauces legales no servían, había que buscar otros. El socialismo vuelve sus ojos a su izquierda y los posa en "los trabajadores de ideas idénticas y tácticas diferentes", en las masas anarquistas y comunistas, a las que llama a "¡frente único!". Y se lanza a predicar a todos los vientos "la revolución social".

El trance es duro; los socialistas en el Poder se han cansado de tener por insensatos aliados de la burguesía a comunistas y sindicalistas, porque éstos propugnaban las subversión violenta. Ahora tienen que hacer que cobren fe los suyos en esa misma Revolución. Algún motivo poderoso ha de justificar el cambio repentino de consigna. Y se forja para explicarlo el mito de "la reacción". El Gobierno Lerroux, ahora, y más tarde el Poder para las derechas, serán el "aplastamiento" del obrerismo, la privación y el despojo violentos de las reivindicaciones proletarias, el imperio de las represalias patronales, la sustitución del derecho del obrero por la misericordia, la domesticación, o bien la muerte, de las Sociedades obreras... ¡Ah! Y entonces, ante este inminente peligro, no hay más camino que la Revolución. "El proletariado –y son palabras de Largo Caballero pronunciadas el domingo- no tiene otra salida más que la de la violencia para imponerse y la de la violencia para sostenerse después de haberse impuesto."

Queda por decir que, mientras públicamente se desarrolla esta campaña de alarma entre los adeptos del socialismo, sus jefes, en silencio, urden los planes. Reuniones secretas de los Comités, entrevistas, convocatorias... Se vuelve a los tiempos de 1930. Si no diremos que desde ahora disponga el socialismo los preparativos de la Revolución, si decimos que desde ahora la cultiva.

Y frente a esta actitud, ¿qué? "Atención el disco rojo", titula "El Socialista" su último artículo –último por ser el de ayer- de esta serie de terror que dirige a sus afines. Pues bien, esa misma consigna damos nosotros a quienes nos lean. Nos dirigimos en particular a las fuerzas políticas antimarxistas, más obligadas que ningunas otras a velar por el orden y por la paz social, a lo que se ve tan seriamente amenazados. Y llamando su atención les repetimos: "¡Atención al disco rojo"! Oído a la Revolución! Que su peligro no está, ni muchos menos, conjurado, y acaso nunca como ahora haya sido real.

(4.1.1934; retranscrito)

Persecución en Alemania

Los extremistas del racismo germánico han logrado, según parece, imponer su criterio en lo referente a la cuestión religiosa, y tanto los católicos como los protestantes de Alemania se encuentran en vísperas de una persecución. A decir verdad, para los primeros ya ha comenzado: desde hace algunas semanas se cuentan por decenas los sacerdotes detenidos, y castigados una veces con proceso, y otras sin formación de causa. Al mismo tiempo, se prohíben con fútiles pretextos las manifestaciones religiosas, especialmente si tienen carácter juvenil, y se trata con dureza injusta a los periódicos católicos.

El ataque a los protestantes que quieren mantener la independencia de su confesión se hace por otros medios. Es, para el Estado, más sencillo «incautarse» de las iglesias luteranas que nunca fueron libres, y que ahora tiene dentro de su solar al enemigo bajo forma de una secta, los «cristianos alemanes», a la que el Poder público reconoce toda autoridad en los asuntos del protestantismo. Por esta razón, las brutalidades y las violencias exteriores se practican contra los católicos, de modo casi exclusivo.

De este modo se precisa por minutos la amenaza latente contra la religión, contenida en todos los nacionalismos exaltados y en el racismo germánico por su tradición luterana más que ningún otro. En esto, Hitler, bien que según todos los indicios, muy a pesar suyo, entronca con los soberanos absolutos que precedieron a Bismark en su tentativa contra las libertades religiosas.

(27.1.1934; retransscrito)

Aumentan los temores de persecución religiosa en Alemania

Los jefes extremistas quieren "incorporar" al racismo a todas las Asociaciones católicas

Como director de educación se ha designado a uno de los más exaltados

(De nuestro corresponsal)

Berlín, 8- El buen deseo ha engañado al informador. O, por lo menos, le ha hecho ver en los últimos días, con excesivo optimismo, la posibilidad de una solución satisfactoria para el conflicto entre la Iglesia y el racismo.

Casi al mismo tiempo que se publicaban mis telegramas del 1 y del 2, el ministro bávaro Schemen, tan desgraciadamente conocido de nuestros lectores, repetía, el sábado en Berlín y el domingo en Koenisberg, ante grandes Asambleas de maestros racistas, sus peregrinas ideas sobre Religión y racismo. Ni que decir tiene que tornaba a conminar a la Iglesia cristiana para que las aceptase. Durante ese mismo fin de semana se apropiaban los racistas del hermoso edificio de la Sociedad popular para los alemanes católicos, incautado por el Estado nada menos —¡Oh capricho del destino!—, en virtud de la ley sobre embargo de los bienes de los enemigos del pueblo y del Estado.

Lo que más dolor ha producido, con todo, a los católicos es que el sábado se haya nombrado director y jefe de la Educación (escuelas, juventudes, milicias, etc.) del nacional-socialismo a Rosemberg, director de la política exterior del partido y aspirante a sustituir a Neurath. Este personaje, que además dirige el *Volkische Beorbachder*, es un representante típico de esos intelectuales racistas de ideas seudocientíficas y absurdas, que tanto daño hacen al movimiento.

(6.2.1934; retranscrito)

EL DEBATE

LO DEL DIA

Línea recta

Creemos oportuno subrayar aquel pasaje del discurso del Presidente de la República en Valladolid, apuntado ayer solamente en nuestro artículo de fondo, y en el que advertía que quien no se aparta del camino legal «no sólo no realiza un mal negocio, sino que evita la ruina propia y el triunfo de la tendencia contraria».

Es indudable que la realidad española nos ofrece una confirmación patente de esta verdad. Lo ocurrido en España con la derecha, ¿qué es sino una prueba clarísima y rotunda de lo que se consigue actuando, noble y sinceramente, por los caminos legales? Prescindiendo de concretar visibles triunfos, hay algo más importante en definitiva, que es la ganancia más preciada que por esos caminos se obtiene. La derecha se afianza de día en día en el ánimo público. Y es que la gran masa de la nación, la que trabaja y quiere vivir en paz para desarrollar honradamente sus tareas, la que busca un régimen templado, tiende siempre, por instinto de conservación, por sanidad de espíritu, por rectitud de conciencia, hacia los sectores que realizan una política serena y clara, de horizontes amplios, con sentido de gobierno y defienden al país contra los bandazos y perturbaciones.

Así vienen y vendrán a la derecha todos los núcleos sociales ordenados y fecundos. Es el fruto de una conducta rectilínea no desmentida en los momentos más penosos y difíciles, mantenida heroicamente en instantes de amargura y persecución, arrostrando a veces una pérdida que arrostran siempre quienes quieren realizar el bien del pueblo contra los estados pasionales en que éste mismo se deje envolver: la pérdida de la popularidad. De la popularidad de un día, entiéndase bien, de ese hervor momentáneo con el que nada se construye y se puede derribar tanto. Pues la otra popularidad, la honda, la que se forma en las entrañas de la voluntad nacional, se consigue como la está logrando, como la ha logrado entre nosotros la derecha.

Sí. Tiene razón el Presidente de la República. Salirse de esa senda puede significar, con la propia ruina, el triunfo de los enemigos. ¡Qué más quisieran éstos que la derecha abandonase la firme conducta que la ha convertido en la fuerza más poderosa de la nación!

(26.9.1934)

Otro alijo

No repetiremos aquí la lista. Véala el lector para darse cuenta de la magnitud del arsenal descubierto ayer, durante el registro efectuado por la Policía en la Casa del Pueblo de Madrid. Únase este hallazgo con el de la costa asturiana y se comprenderá que no se trata de fantasías ni de irritabilidades de adversarios políticos cuando se dice que el socialismo prepara concienzudamente a la nación días de sangre y de luto. Con el material de guerra hallado últimamente en manos socialistas o a ellos consignado, hay más que suficiente para llevar a cabo un serio y profundo ataque a toda la organización de la sociedad.

Suponemos que cada cual formulará para sí las consideraciones del caso y que será imposible que nadie que no esté de acuerdo con el propósito de ensangrentar y destruir España deje de experimentar la adecuada reacción ante estos hechos. En cuanto a la opinión que pulsamos y reflejamos todos los días, es sabido que reclama imperiosamente que se alejen del horizonte estas gravísimas amenazas. Por lo que ser refiere a las autoridades hay que hacer, hasta el presente, una mención elogiosa y honorífica del señor Salazar Alonso, que, en pugna con dificultades no escasas, ha rendido a su país servicios indudables, pues no son de pequeña monta los descubrimientos realizados, que denotan a la par el desvelo por atender el orden público, propio de un ministro de la Gobernación que quiere cumplir con su deber.

¿Y ahora? Porque es indudable que estos hechos exigen una consecuencia. Si la Casa del Pueblo, en virtud de una orden judicial, veía ayer levantada su clausura, es obvio que el nuevo suceso trae consigo una medida de mayor amplitud. Ya no es la entidad que se cierra de acuerdo con los preceptos de la ley de Asociaciones y, por razón de los mismos, se abre en el plazo fijado, sino el arsenal clandestino y el foco revolucionario, que nada tienen que ver con lo que son y significan las Asociaciones obreras que sean puramente tales.

(15.9.1934; retranscrito)

EL DEBATE

Una excitación de Largo Caballero a la violencia

Hay que ir a la organización militar de las milicias socialistas

En el Poder, tras una etapa moderada, implantaremos el comunismo

En el salón de fiestas del Teatro Me-
tropolitano se celebró anoche la clausura del Congreso de Juventudes Socialistas, con un discurso de Largo Caballero.
Este dirigió censuras al actual Parlamento, donde dijo que a los socialistas se les impide actuar. Debemos meditar—añade—si esta situación debe pro-
longarse. No nos convendría abandonar
el Parlamento en determinada ocasión,
pero tampoco podemos seguir atados a
él. No nos conviene tampoco hacer la
revolución al siguiente día de abandonar el Parlamento; la haremos cuando
más nos convenga.
En esta República de trabajadores estamos peor que con la Dictadura y con
la Monarquía. Yo pequé de ingenuo al
creer en el republicanismo de determinadas personas, que sólo tenían rencores personales con don Alfonso XIII.
Defiende la necesidad del frente único
para apoderarse del Poder y establecer
el comunismo después de una etapa socialista. Esa conquista del Poder la rea-
lizaremos con las milicias socialistas, organizadas militarmente. Cuando gober-
nemos—agrega—desaparecerá el Ejército y armaremos al pueblo.

Un grupo de pistoleros comete un atentado frente a Acción Popular

Los asesinos llegaron escudados por varias filas de mujeres y se parapetaron tras unos "taxis". Inopinadamente, hicieron unos cuarenta disparos y huyeron

Jóvenes de la J. A. P. detuvieron a cuatro y los entregaron a la Policía

(21.4.1934)

PRIETO AMENAZA CON EL TRIUNFO INMEDIATO DEL SOCIALISMO

"En el Poder—dice—aplastaremos a la burocracia"

"Todos los Centros de la Administración controlados por Comisiones del pueblo"

"CERRAREMOS LA UNIVERSIDAD A LOS SEÑORITOS"

"Socializaremos la tierra". "No suprimiremos la renta; pero la desviaremos a favor del Estado"

"IGUALDAD DE CASTAS DENTRO DEL CUARTEL"

"Hay que democratizar el Ejército, hasta llegar al pueblo armado"

(6.2.1934)

EL DEBATE

Los socialistas preparaban un movimiento revolucionario de gran alcance

EL ALIJO DE ARMAS EN ASTURIAS PONE AL DESCUBIERTO LA TRAMA

Se han encontrado fusiles y ametralladoras

(13.9.1934)

El "Turquesa" llevaba 343 cajas de armas

La expedición estaba compuesta por cerca de trescientos mil cartuchos, 24 ametralladoras, cuatrocientos fusiles, granadas y bombas

LOS COMPRADORES DEL BARCO DIJERON QUE PENSABAN DESTINARLO AL TRANSPORTE DE GASOLINA

(14.9.1934

EL DEBATE

LO DEL DIA

Frente a la crisis

En la crisis que va a sobrevenir inmediatamente, van a ponerse a prueba doctrinas, propagandas y conductas.

Para que la solución sea nacional y democrática, han de tenerse presentes la realidad y la voluntad del país. La realidad del país ha sido descrita muchas veces; ahí están, sin necesidad de comentario, las informaciones que todos los días se publican; ahí pueden verse, moviéndose sin trabas y con holgura, a los empeñados en destruir el régimen. Ellos dicen «superar»; da lo mismo. La realidad del país ha quedado concretada en votos; también son conocidos.

Un Gobierno de minoría no puede hacer más que aplazar los conflictos. Pero, ¿qué novedad tiene este sistema de aplazamientos? ¿Cuáles son sus consecuencias necesarias? Justamente acaba de llegar a las librerías un volúmen del señor Salazar Alonso. Hay en este libro curiosos testimonios.

A ellos añade el ministro estas palabras: «Para evitar la revolución es preciso tener presente que las claudicaciones, los acomodos, cuando no los maridajes con los interesados en la Revolución, no harán otra cosa que producirla». No es precisamente la autoridad de quien hace esta observación, con ser ella muy respetable, lo que nos mueve a traerla a este lugar. Es que en esas palabras se condensa una ley infalible. Siempre, y en todas partes, la Revolución ha sido posible por el miedo a la Revolución.

[29.9.1934]

EL DEBATE

LOS SOCIALISTAS TIROTEAN A LA FUERZA PUBLICA EN LA PROSPERIDAD

DESDE LA CASA QUE OCUPA EL CENTRO SOCIALISTA

Resultaron muertos un guardia de Asalto y un revoltoso

En el local fué encontrado un gran depósito de bombas

FUERON DETENIDOS DOSCIENTOS INDIVIDUOS

Se les ocupó catorce pistolas ametralladoras y numerosas armas cortas

También hubo tiroteos en varios sitios de Madrid

(8.10.1934)

HAY NUMEROSAS CAJAS QUE SE SUPONE CONTIENEN CENTENARES DE BOMBAS

Se han encontrado 600 paquetes de cartuchos, pistolas ametralladoras y siete bombas cargadas

TAMBIEN SE HAN COGIDO NUMEROSAS CAJAS DE FUSIL

En los sótanos se cree que hay gran cantidad de explosivos

INSTALADO EN EL HOTEL DE UN EX DIPUTADO DE LAS CONSTITUYENTES

Fueron encontrados en él noventa kilos de dinamita

Había además todos los elementos necesarios para la fabricación de explosivos

(15.9.1934)

EL DEBATE

En la cuenca minera se instauraron varios regímenes políticos

Comunismo libertario, socialismo también libertario, medio socialismo y medio burguesía. En Sama de Langreo, bajo el primer Comité que era socialista, culminó la sevicia y la crueldad de los rebeldes. En Laviana hubo más moderación, porque el jefe era burgués. La rendición fue precedida de una proclamación cínica: "Como ya se ha mostrado la suficiencia revolucionaria, procede un bien ganado descanso". Los partes revolucionarios eran una serie de mentiras. Querían reclamar a la Sociedad de Naciones los que asesinaron a más de cien guardias

A CULATAZOS SEPARARON DEL CADAVER DEL SR. ARANCO A SU ESPOSA Y A SU HIJO

(De nuestros enviados especiales)

GIJON, 21 (dos madrugada) [...]

Los socialistas, más crueles

Los atentados contra los ingenieros fueron realizados sobre todo en los lugares donde imperaron los socialistas. En Sama fue donde remataron a los guardias vencidos. Ya se batieron éstos con un heroísmo loco durante dos días; al final, con el cuartel destrozado, quisieron retirarse a La Felguera; pero antes, el propio capitán, señor Alonso Nart, que cubría la retaguardia del menguado destacamento, hizo saltar una casa que impedía el paso, volándola con granadas de mano. Pero habían llegado al puente y al barrio de este nombre [...] y, atacados por todas partes, sucumbieron poco a poco. Los que, abrumados por la superioridad numérica, fueron cogidos con vida, se les fusiló esa noche o en las sucesivas, llevándolos previamente al cementerio. Sólo escaparon diez o doce heridos que estaban en el hospital y que fueron defendidos por el director revolucionario del mismo, médico muy conocido por sus ideas comunistas. No hay estadística completa de los muertos que la revolución ha costado en la villa de Sama y aliadas. En el hospital que mantienen las Empresas, y que había sido construido en la Duro Felguera, una maravilla en su género y en su régimen, fueron curados unos cien heridos, de los cuales murieron dieciséis. En la calle deben haber quedado muertos entre cincuenta y sesenta; pero luego quedan los muertos de los refuerzos que a Sama y pueblos vecinos hasta Labiana enviaron de Oviedo, y de los que faltan muchos en la lista.

(23.10.1934; retranscrito)

EL DEBATE

Varios jefes de milicias socialistas, detenidos

Poseían abundantes armas y municiones y unos planos detallados de los distritos de la Universidad y Palacio. Además del asalto al cuartel del paseo de Moret, proyectaban el del Centro Electrotécnico. Hallazgo de armas y documentos comunistas en Tetuán de las Victorias

SE HA PRACTICADO LA DETENCION DE LOS QUE INTENTARON APODERARSE DE LA FABRICA DE LA MARAROSA

(14.10.1934)

El martirio de Oviedo durante los ocho días de la bárbara ocupación revolucionaria

Más de sesenta edificios destrozados, sin contar los oficiales y las iglesias y conventos. Millares de familias sin albergue ni medios de sustento. Forzaron con dinamita la cámara acorazada del Banco de España y robaron más de cuatro millones de pesetas. Una lista negra para los asesinatos y ejecuciones.

Destruida por la dinamita la Cámara Santa y sepultadas en los escombros sus joyas de arte

Lo que cuentan los primeros viajeros de Asturias

En Mieres hubo un régimen soviético por espacio de trece días

Han sido asesinados los párrocos de La Rebollada, Murias y Olloniega y dos Hermanos Pasionistas

(De nuestro redactor don Rafael de Luis)

(20.10.1934)

Se arrepienten y desisten de profanar una iglesia

Los revolucionarios de Galdámez que vieron llorar al párroco

BILBAO, 18.—En Galdámez, durante los sucesos pasados, un grupo de revoltosos se presentó en la casa cural pidiendo las llaves de la iglesia, con el propósito de profanarla. El sacerdote, anciano que es muy querido en aquella zona minera, manifestó con gran serenidad a los revolucionarios que no tenía inconveniente en darles las llaves, siempre que le permitieran ir con ellos. Accedieron los revoltosos. Una vez en la iglesia, el sacerdote abrió la puerta y dijo a los revolucionarios: «Esperad un poco que voy a despedirme del Señor a quien vais a ofender, y a rogar por vosotros». El sacerdote se puso de rodillas y oró ante el Sagrario llorando. Terminadas sus oraciones advirtió que los revoltosos se habían marchado del interior del templo, y al salir les encontró a la puerta liando un cigarrillo, que brindaron al sacerdote, y se ausentaron poco después. En toda esta zona no se registró ningún ataque ni a las personas de los sacerdotes, ni a las iglesias.

(9.10.1934)

La Generalidad había contratado la adquisición de treinta mil fusiles de Suiza

Ha sido detenida una señora que sirvió de enlace
para esta adquisición. El juez especial, señor
Alarcón, conocerá también en la preparación del
movimiento revolucionario. Los quince millones
robados en el Banco de España en Oviedo serán
recuperados casi en su totalidad. El Gobierno se
hará cargo de los niños abandonados en Asturias

(16.10.1934)

La Cámara, después de aclamar al Gobierno y aprobar su conducta, suspende sus sesiones

"Apoyo de toda la España honrada para concluir la vergüenza revolucionaria" (Gil Robles)

"Un solo criterio: paz pública, imperio de la ley,unidad de la Patria" (Lerroux)

"NI IMPLACABLES, NI BENÉVOLOS: LO QUE DIGA LA LEY"(Lerroux)

Discurso de Gil Robles después de la sublevación de Asturias

... Tampoco es ésta ocasión de que entremos a examinar los acontecimientos anteriores que han producido, en algunos lugares de España, una catástrofe, que de tal quiero calificarla, de un volumen que nosotros no podíamos sospechar. Y, al hablar así, yo tendría que ostentar en estos momentos la representación de nuestros compañeros diputados por Asturias *(Varios señores diputados dan vivas a Asturias, a España y a la República.)* No es ésta ocasión de entrar en el examen de esos acontecimientos. Yo tengo la seguridad de que la Mesa y el Gobierno han de dar toda la amplitud necesaria a este debate para que todo se esclarezca y se puntualice.

Voy únicamente a razonar, aunque creo que ya es innecesario, el por qué de la proposición que acabo de defender con una manifestación concreta y terminante, que yo me atrevo a hacer en nombre de todos los diputados que en estos escaños se sientan: que el Gobierno, que tan admirablemente ha sabido cumplir con su deber aplastando implacablemente la rebeldía allí donde se ha manifestado, ha de contar en todo momento con el apoyo de la Cámara y con el apoyo de toda la España honrada para concluir con esta vergüenza en un país civilizado, y para que pueda tener la evidencia de que nosotros le consideramos la representación genuina de España, y que a su lado, sin distinción de significaciones políticas, estamos en estos momentos, entendiendo que la representación de la República es la misma encarnación de España. *(Muy bien. Grandes aplausos y vivas a la República.)*

(10.10.1934; retranscrito)

EL DEBATE

SERAN DERROTADOS

Escrito ya el fondo, llegan a nuestro conocimiento las primeras noticias de la huelga. Los enemigos de la legalidad y de la Patria se har decidido... No se dan cuenta de que provocan una batalla que pierden No quieren comprender que la razón no está con ellos. Ni la razón, n la sociedad, ni la ley. Se rebelan contra una ley que ellos hicieron, protestan contra un sistema de mayorías que ellos han pretendido defende en otros tiempos, se abalanzan contra la autoridad, que les disgusta. Saldrán de este trance definitivamente derrotados. Laboran contra sí mismos, como ya advertimos en el fondo. Todas estas contradicciones y consecuencias las ve un niño; ellos, no, porque no quieren, o porque han perdido el juicio. Si por sus obras no fueran conocidos antes de ahora, esta sinrazón y esta ilegalidad y esta pretensión de imponer su capricho y este afán insensato de monopolizar el Estado, ponen de manifiesto los designios de tiranía de unos cuantos agitadores. Porque son unos cuantos los que lanzan a la calle a los obreros, mientras ellos disfrutan de las ventajas con la política logradas, o mientras especulan con la sangre y la miseria de esos hombres, o mientras se agazapan en la ciudadela del antiespañolismo y de la rebeldía.

Tienen perdida la batalla, si es que hay batalla. El Gobierno está prevenido; las medidas adecuadas a la situación, tomadas; previstas todas las contingencias. Que los ciudadanos se den cuenta de que lo son y de los deberes que impone la ciudadanía; que adviertan que se atenta contra las libertades públicas, y que las defiendan. No es éste un enemigo desconocido; se sabe lo que ha hecho y lo que quiere; el que siga dejándose engañar, que no se queje.

La perturbación será, en todo caso, pasajera y superficial. El Gobierno cuidará de que no falten los elementos necesarios. Serán, en fin de cuentas, los obreros engañados los que pierdan, y los agitadores, que de estas perturbaciones viven, los que ganen. Como siempre.

Al propio tiempo que protestamos enérgicamente contra esta violencia a las libertades, aseguramos a los lectores el servicio de EL DEBATE. Nuestro periódico se publicará, como acto de ciudadanía y como ejercicio de la ley.

(5.10.36)

POR LA CIVILIZACIÓN, CONTRA LA BARBARIE

Ocupa todavía el primer plano de la actualidad española la revuelta de Asturias. El país entero se halla consternado; su consternación va transmutándose en indignación justificada, según van llegando los testimonios autorizados las informaciones verídicas. Se han cometido en Asturias monstruosidades horripilantes; nada tiene que ver que sean éstas o aquéllas con tales o cuales caracteres de bestialidad. Nos importa solamente la exactitud más rigurosa en la información, y así han podido irlo comprobando todos los lectores de EL DEBATE y hasta nuestros mismos adversarios. No se han confirmado algunas que circulaban por Madrid cuando los medios de información eran insuficientes o nulos; pero cuando ha habido posibilidad de informarse y de sabe se ha comprobado que las salvajadas y lo crímenes perpetrados han sido, por desgracia, horrorosos. A ellos nos atenemos y sobre ellos queremos discurrir con serenidad y ponderación.

Han sido fríamente asesinados religiosos, agentes de la autoridad y personas civiles; ha sido vandálicamente devastada una hermosa población española; destruida inútilmente parte de la riqueza nacional; saqueada las tiendas, los comercios, los Bancos y las casas particulares; las circunstancias de algunos asesinatos son verdaderamente escalofriantes, para la mayoría inauditas y para muchos increíbles. La sociedad española, en una palabra, ha tenido ocasión de ver cara a cara el semblante desembozado de la revolución, de la única revolución que verdaderamente se quiere y de la única posible.

Ante ello caben varias suertes de reacción. La de los revolucionarios está descontada; muchos de ellos no han desarmado, sino que persisten en sus nefandos propósitos. Se les puede agradecer esa actitud franca, porque contribuye al conocimiento de la realidad tal cual es. La de algunos periódicos de izquierda y la de los políticos cuyo pensamiento interpretan es más curiosa.

Se resistieron primero a informar; la fuerza de la corriente los arrastró después, aún a pesar suyo, y fueron recogiendo informaciones; ahora todo su empeño consiste en desvirtuar lo ocurrido, en restarle importancia, en desnaturalizarlo. Se apoyan para ello en que algunas de las versiones circuladas al principio por Madrid ha sido falsa; ¿pero es que las comprobadas después con tiempo y medios no son bastante horrorosas? ¿Es que hay alguna persona de sensibilidad que pueda dejar de rebelarse contra esa matanza ciega y feroz de religiosos, agentes de la autoridad y personas civiles? Al paso que van esos periódicos, la próxima etapa del plan va a consistir en disculpar a los rebeldes. Nos sabemos de memoria sus procedimientos y los va sabiendo también todo el país.

La sociedad española daría muestras de voluntad de suicidio si tolera por más tiempo esa maniobra. Llega ahora España a un trance por el que han pasado en los últimos tiempos casi todos los pueblos de Europa; que los españoles conscientes, patriotas y civilizados lo comprendan. Se agrupan en dos bandos las milicias de la civilización y las hordas de la barbarie. Hay que escoger.

(28.10.1934; retranscrito)

Pasquines revolucionarios

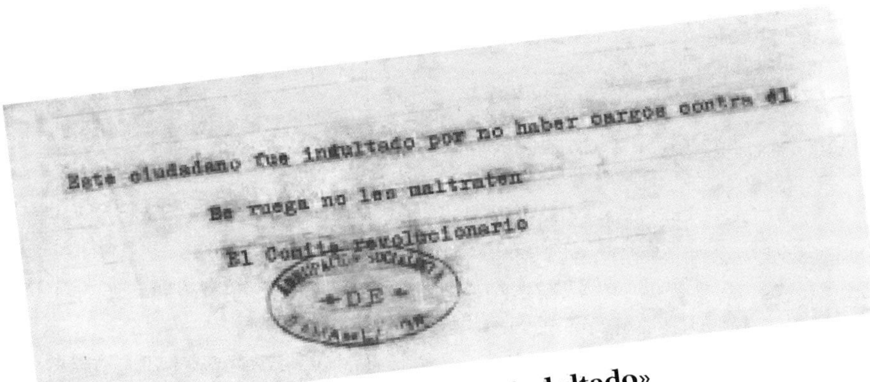

Este ciudadano fue indultado por no haber cargos contra él

Se ruega no les maltraten

El Comité revolucionario

Uno que fue «indultado»

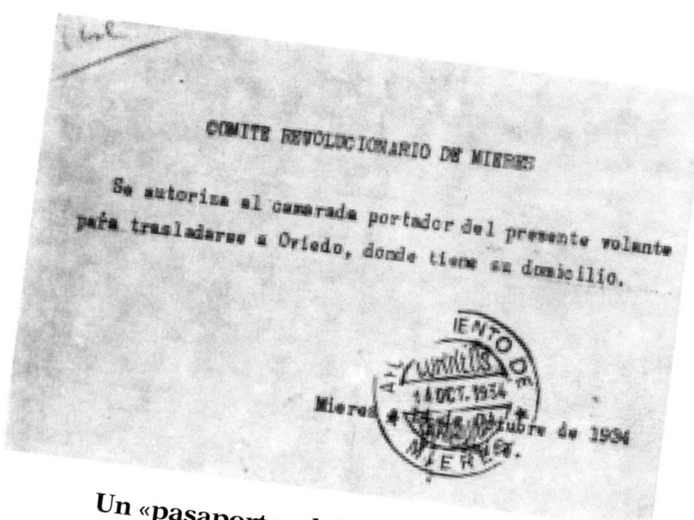

COMITE REVOLUCIONARIO DE MIERES

Se autoriza al camarada portador del presente volante para trasladarse a Oviedo, donde tiene su domicilio.

Mieres a 14 de Octubre de 1934

Un «pasaporte» del nuevo «Estado»

República de Obreros y Campesinos de Asturias

TRABAJADORES:

El avance progresivo de nuestro glorioso movimiento se va extendiendo por toda España; son muchísimas las poblaciones españolas en donde el movimiento está consolidado con el triunfo de los trabajadores, campesinos obreros y soldados.

Establecidas y aseguradas nuestras comunicaciones interiores, se os tendrá al corriente de cuanto suceda en nuestra República y en el resto de España.

Instaladas nuestras Emisoras de radio, las cuales en onda corriente y en onda extra-corta, os pondrán al corriente de todo.

Es preciso el último esfuerzo para la consolidación del triunfo de la Revolución,

El enemigo fascista se va rindiendo así como se van entregando los componentes mercenarios con su aparato represivo, fusiles, ametralladoras, cartuchería, proyectiles varios (que no podemos señalar) para que no se conozca del material de combate de que disponemos, ha caído en nuestras manos.

Las fuerzas del ejército de la derrotada República del 14 de Abril se baten en retirada y en todas nuestras avanzadillas se van sumando los soldados para enrolarse a nuestro glorioso movimiento.

¡ADELANTE TRABAJADORES, MUJERES, CAMPESINOS SOLDADOS Y MILICIANOS REVOLUCIONARIOS!

¡VIVA LA REVOLUCION SOCIAL!

El Comité Revolucionario.

SERVICIO OFICIAL DE INFORMACION DEL COMITE CENTRAL REVOLUCIONARIO

PARTE DEL DIA 15 DE OCTUBRE DE 1.934

MADRID.-Las fuerzas revolucionarias avanzan hacia el interior de la capital siendo dueñas de la mayor parte de la misma.
El Comite Revolucionario mandó un ultimatun al Gobierno de la República,para su rendición.

BILBAO.-En esta Capital son dueñas de la ciudad las fuerzas revolucionarias.

CADIZ.- Desde hace dias las fuerzas revolucionarias son dueñas de la provincia,contando con buques de guerra,a favor de las fuerzas revolucionarias.

VIGO.- Las fuerzas revolucionarias después de tomar la ciudad se dirigen hacia la Coruña,donde aún resisten algunas fuerzas gubernamentales,donde se espera la rendición dentro de breves horas.

FERROL.-Las fuerzas de marina se han sublevado uniéndose al movimiento revolucionario,habiendo fusilado a un Comandante de Marina.

CATALUÑA.-COMPANYS dice:que presta ayuda a los revolucionarios españoles hasta su triunfo total.

SAN SEBASTIAN.-Las fuerzas del gobierno huyen hacia la frontera Francesa.

OVIEDO.-Las fuerzas del Gobierno siguen sitiadas por los revolucionarios.El decaimiento de las filas del ejército gubernamental es grande,hasta el punto de que hay fusilamientos por negarse a seguir combatiendo.Se van entregando mas de un centenar de soldados,cuatro sargentos y un teniente.Entre los defensores de la causa hay gran entusiasmo.

ZARAGOZA.-Sigue el avance revolucionario apoderándose de toda la provincia.

VITORIA.-Fuerzas de Artillería sublevadas se han apoderado de la ciudad.

La radio de París,dice en sus últimas noticias,que la situación del gobierno español es insostenible,dada la arrolladora fuerza de los revolucionarios,que son dueños de la mayoría de las poblaciones.

En la última reunión del consejo de ministros de España se ha tratado de pedir un armisticio a las fuerzas revolucionarias.

GRADO 15 de octubre de 1.934

El Comité Provincial Revolucionario de Asturias

PROLETARIOS TODOS, OBREROS Y CAMPESINOS

Es nuestro deber en estos momentos de franca ascendencia insurreccional, orientaros sobre el estado real de la revolución saliendo al paso a los falsos informes que la prensa de la burguesía ha dejado caer en el ambiente. Los periódicos que en la fecha de ayer fueron arrojados, a la vez que granadas explosivas, por los aeroplanos pretenden desmoralizarnos con su jesuítico método para producir
en nuestras filas un confusionismo, que de plasmar, sería el triunfo de ellos. Aparte de mentir abiertamente respecto a la situación de las provincias hermanas, dice no haber empleado el bombardeo
aereo, cuando este recurso bélico condenado por la carta fundamental de los derechos del hombre y
hasta por la propia Sociedad de Naciones: Ha causado su uso criminal víctimas inocentes, pues la ve-
sanía les llevó a cometer contra las humildes chozas que habitan los desposeidos, sin pararse, ellos,
que hablan de amor y caridad cristiana a pensar que en estos días de frente admirable los únicos
moradores son nuestras compañeras y nuestros hijos.

Estad prevenidos hermanos proletarios, nuestra revolución sigue su marcha ascendente. De esta
realidad que nadie os aparte, de nuestra potencia es un exponente la debilidad de las fuerzas enemi-
gas, acusada en los procedimientos asesinos que emplean en la lucha, penetrando en las casas de
Oviedo de los barrios pobres, y degollando con la gumia en uso en las cábilas del Rif, seres inocentes,
niños a presencia de sus madres, provocando la locura de éstas, mártires por muchos conceptos, para
luego rematarlas con fruición demoniaca.

OBREROS:

En pie de guerra, se juega la última carta, nosotros organizamos sobre la marcha el Ejército Rojo,
el servicio obligatorio con la incorporación a filas de todos los hombres, desde los 17 hasta los 40 años.
Todos a sumarse a la revolución, aquel que no sirva para el frente tendrá su destino en los comités
organizadores o en servicios complementarios. Lo repetimos, en pie de guerra, hermanos, el mundo nos
observa. España, la españa productora confía su redención a nuestro triunfo. Que Asturias sea un
baluarte inexpugnable, y que si su bastilla fuera tan asediada sepamos antes que entregarla al enemigo confundir a este entre escombros no dejando piedra sobre piedra. Rusia, la patria del proletariado
nos ayudará a construir sobre las cenizas de lo podrido el sólido edificio marxista que nos cobije para
siempre.

¡ADELANTE LA REVOLUCION! ¡VIVA LA DICTADURA DEL PROLETARIADO!

Dado hoy 16 de octubre de 1934.

Las acusaciones de atrocidades: tan ciertas como las del avance de la revolución en toda España

Actas de las reuniones del Comité Nacional de la UGT entre septiembre de 1933 y enero de 1934

Triunfan los socialistas revolucionarios sobre los moderados

Destitución de Julián Besteiro

Reproducimos seguidamente los pasajes más relevantes de las Actas de las reuniones que la UGT, el sindicato socialista presidido por el legendario líder Julián Besteiro, celebró entre los meses de septiembre de 1933 y octubre de 1934.

Los textos proceden del libro *1934: el movimiento revolucionario de octubre* (Akal, Madrid, 1984), publicado por el dirigente socialista Amaro del Rosal, uno de los más destacados representantes del ala izquierdista, que, derrocando a Besteiro y a los suyos, impuso su línea revolucionaria y abrió las puertas a la revolución de octubre y a la guerra civil. Los textos se reproducen literalmente, sin efectuar ninguna corrección de sintaxis.

Presentando dichas Actas, escribe Amaro del Rosal:

> En la historia del Partido Socialista y de la UGT no existe el antecedente de una lucha ideológica, tan agria, tan violenta, en su fondo y en su forma, como la que se registra en el período de octubre de 1933 a octubre de 1934. No era para menos, puesto que esa etapa encerró trascendentales problemas políticos que pusieron en vilo a España.
>
> Las actas respectivas de los Comités Nacionales de la UGT, de septiembre de 1933 hasta febrero de 1934 son el mejor exponente de una lucha sin cuartel que tiene una gran carga ideológica mezclada, lamentablemente, con subjetivos problemas personales carentes, en muchos casos, de razón y en otros de nobleza.*

* Op. cit., pág. 25.

Reunión del 23 de diciembre 1933*

SABORIT:

¿Se trata de que hay un peligro inmediato de fascismo? Yo digo que eso seriamente no hay quien lo diga. Seriamente, en España, después de siete años de dictadura militar y monárquica, no hay quien lo diga. Lo que ha habido en España es una coalición electoral terrible contra nosotros, no contra la República. Porque, además, permitidme que os diga que yo conozco un poco el mapa político-geográfico de España y que, además, lo que nos ha pasado en estas elecciones es que el Parlamento del que formaba yo parte hizo una ley que luego no hemos estudiado para sacarle el jugo, porque se pudo hacer otra y, si se hubiera hecho otra, habría que haber luchado con arreglo a esta ley. [...]

VIDAL ROSELL:

Existe [el peligro inmediato de fascismo], hasta en Madrid, tengo pruebas de que hay individuos pagados con diez pesetas y la comida.

SABORIT:

Yo lo que niego, compañero Vidal, es un fascismo preparado para asaltar el Poder. No niego la existencia de grupos más o menos pagados para asaltar en un momento determinado este edificio, El Parlamento, la Casa del Pueblo, la Presidencia de la República. Pero eso es distinto. Yo de lo que hablo es de una organización que pueda hacer temblar a la Unión y al Partido, no de un golpe de mano. Golpes de mano de la derecha o de la izquierda los puede haber y los habrá siempre. [...]

Ahora el periódico publica artículos francamente comunistas y de tendencia comunistas y es donde está, a mi juicio, la raíz y la desviación. [...]

AMARO ROSAL:

Pero, ¿qué influencia ha tenido *El Socialista*, que es el culpable? ¡Ah! *El Socialista* representa al Partido; si el Partido ha dicho revolución, no porque quiera el Partido, sino porque las masas marchan a ella, no vamos a ser tan torpes que dejemos escapar la ocasión, ya que el proletariado tiene que

* Op. cit., págs. 34-93

seguir la misma maniobra que la burguesía y es evidente y fatal que ha de reproducirse la revolución socialista pena de que se nos diga lo contrario de que renunciemos a la revolución, de que sea preferible sucumbir sin lograr los deseos de emancipación de la clase trabajadora, [....]

Esta situación determina que hay que hacer el movimiento y que es favorable. En el año 23 no había República, pero no había una corrupción absoluta de la pequeña burguesía española, no existía la fuerza que tiene la Unión General de Trabajadores, no había un descontento en el Ejército, como lo hay hoy, no estaban minados los fundamentos de la sociedad española. El año 23 no se puede comparar en absoluto con el año 33. El año 33 es favorable a la revolución. Existe un espíritu revolucionario; existe un Ejército completamente desquiciado, hay una pequeña burguesía con incapacidad de gobernar, que está en descomposición, que está completamente desligada, aunque ahora en estos años quiera reincorporarse. Tenemos un gobierno que no conoce la historia de España, que es el de menor capacidad, el de menos fuerza moral, el de menos resistencia. Por eso yo opino que ahora todo está propicio. [...]

PETREL

Evidentemente, *El Socialista* ha influido a que en toda la clase trabajadora española se haya creado un estado de opinión favorable de una manera que no deja lugar a dudas, por lo menos para cuantos estamos en contacto con la masa respecto a la necesidad de ir a la revolución social, si queremos acabar con este estado cada vez de mayor opresión con que se nos va cercando. [...]

VIESCA:

Si vamos a ir a un movimiento, si vamos a hacer la revolución social, debemos mirar bien cómo lo hemos de hacer. ¿Nada más que con declararnos en huelga? ¿Nada más que con nuestras fuerzas? O ¿sumándonos a esos otros elementos que están en la calle? Y yo os digo: trescientos hombres en Zaragoza traen en jaque a toda la ciudad y a toda la fuerza pública, y la traen en jaque porque indiscutiblemente son elementos que yo creo que lo mismo disparan en Zaragoza que en el Tercio o en cualquier parte, porque son profesionales. [...]

Y nosotros, ¿tenemos medios? Porque allí hemos pensado en armarnos para defendernos, y yo no sé cómo pueden adquirirse armas. Ha salido un compañero para San Sebastián, que decían que allí podían facilitar armas, ha salido haciendo un sacrificio enorme, iba a por cien pistolas y resulta que cuestan 6.000 pesetas y pico, y no hemos podido hacernos con ellas. [...]

BESTEIRO:

Ya saben ustedes que acaso yo sería uno de los que estarían memos conformes con muchas partes de la Constitución, la cual se ha redactado en muchos puntos de una manera hasta opuesta a mi modo de ver las cosas. Sin embargo, creo que una vez que la Constitución se ha votado y que la tenemos y que la Constitución marca el procedimiento por el cual únicamente puede reformarse, nosotros debemos procurar que esa garantía subsista porque estamos en un momento de reacción que yo esperaba, y temo que cuando llegue me parezca todavía mucho mayor que mis previsiones, y esto, naturalmente, tiene que preocuparme.

Pero si podemos en ese instante tener algún arma para defendernos, ésta es el arma de las garantías que nos ofrece el Estado democrático más o menos puro que hemos creado. [...]

AMARO ROSAL:

También dice [Besteiro] que una de las garantías para nosotros es el Estado moderno democrático que habíamos creado. Me parece que no haría falta andar en disquisiciones históricas para demostrar que a la clase trabajadora este Estado democrático creado por nosotros ya deja de servirla en cuanto la República entre declive.

BESTEIRO:

Desde luego, yo no he querido ni he intentado una controversia sobre la necesidad de la dictadura del proletariado o sobre la democracia. [...]

AMARO ROSAL:

Es decir, que yo hago una proposición concreta de que acordemos ir a un movimiento revolucionario para defender los intereses de la clase trabajadora que están en peligro. [...]

PRETEL:

Yo creo que el punto de toque y lo que conviene aclarar es lo siguiente: que mientras existan organizaciones influenciadas por esos criterios a que antes aludía, que opinan que de lanzarse a un movimiento ha de ser para implantar la dictadura del proletariado, hay por el contrario, otro criterio que dice que, de ir a un movimiento, éste se detendrá sólo en los puntos que acaba de manifestar el compañero Besteiro, es decir, en defender la Constitución.

Reunión del 31 de diciembre de 1933*

PASCUAL TOMAS:

Es verdad que ha hablado de revolución, pero yo he de decirle a usted, compañero Besteiro, que han hablado de ello casi la totalidad de hombres que se han dirigido al pueblo en la campaña electoral, pero todos han dicho lo mismo poco más o menos: si las derechas tratan de arrebatarnos aquello que en justicia merecemos, si no se nos deja dentro de la ley realizar la marcha ofensiva a que tenemos derecho, el Partido y la Unión responderán con la máxima violencia. Esto lo han dicho la casi totalidad de los hombres representativos de la Unión y del Partido.

¿Qué han sido las elecciones? El atraco mayor que se puede hacer a las leyes y al respeto de la voluntad popular. Y ¿qué concepto tiene de esto el actual Jefe del Gobierno? Miren ustedes las palabras preliminares con las que inició su discurso Lerroux: «Señores diputados: Cumplimos el grato deber de comparecer a vuestra presencia, representación legítima de la soberanía popular». Es decir, que don Alejandro Lerroux declara que el Parlamento español es la representación de la soberanía popular, y llega a decir: «que la luz orientada ha surgido de las urnas electorales y el sufragio popular ha hablado con una claridad y una independencia que jamás han sido superadas».

TRIFÓN GÓMEZ:

Pues bien, ahora se está ya hablando y propagando de Frente Unico a todo trapo y, naturalmente, el Frente Unico, ¿para qué ha de ser, amigo Pascual Tomás? ¡Pues para hacer la revolución! Porque para defenderse, para impedir, mejor dicho, que las fuerzas reaccionarias, como se dice en las notas de las Comisiones Ejecutivas, rebasasen los cauces constitucionales en su público designio de hacerlo y anular toda la obra de la República, yo digo: pero ¿es que los comunistas, los sindicalistas, se van a unir a nosotros, van a establecer el Frente Único con nosotros para impedir que las fuerzas reaccionarias, rebasando los cauces constitucionales, traten de impedir la obra de la República? Pero ¿no han dicho, lo mismo los sindicalistas que los comunistas, que no estaban conformes con la obra de la República, y han realizado toda serie de esfuerzos para anular a la República misma desde el primer momento en que se estableció? [...]

* Op. cit., págs. 93-150.

Entonces, ¿qué es lo que es lo que nos separa de la actitud de la comisión Ejecutiva del Partido [es decir, la actitud revolucionaria] y de la actitud de los órganos de expresión del Partido Socialista que están acumulando todos los elementos que pueden para desencadenar la revolución social al mismo tiempo que se compaginan todos los elementos que servirían para realizar ese movimiento de defensa a que se hace referencia en la primera y segunda notas de las Comisiones Ejecutivas? Pues lo que nos separa es que, cuando en frío pensamos remediar la situación que tiene creada la clase trabajadora, rechazamos ese movimiento revolucionario de que se nos habla. Nos preguntamos: esta situación difícil, grave, para la clase trabajadora, ¿puede llegar a desaparecer, puede ser dominada por la clase trabajadora misma lanzándose a un movimiento revolucionario? Y la contestación que yo tengo sin que nadie me la dé es ésta: si queréis facilitar en España el paso a la reacción, al fascismo, o a una dictadura, lanzaros por ese camino. Y yo no acepto la responsabilidad de contribuir, como han hecho los sindicalistas toda su vida en España, y como han hecho los comunistas en otros países, en Alemania o en Italia, de contribuir a que el fascio o la dictadura militar o un régimen reaccionario se implante en nuestro país, más que por la fuerza de los enemigos, por la torpeza nuestra, por empeñarnos en sacar las cosas de quicio. [...]

TORRES FRAGUAS:

Por eso yo digo que para nosotros el problema está planteado de esta manera. Hay una discrepancia. El Partido Socialista estima que ha llegado el momento de actuar y de preparar el movimiento revolucionario, mientras que la Comisión Ejecutiva de la UGT estima que no ha llegado el momento.

BESTEIRO:

Precisamente porque tal es la situación, la responsabilidad de los elementos dirigentes es mayor. Porque de un estado de desesperación clarividentemente apreciado puede salir un movimiento de liberación. Pero de un estado de desesperación ciegamente apreciado, locamente apreciado, puede salir un desastre, no digo que definitivo, pero sí de mucho tiempo y que cause muchos sufrimientos a la clase trabajadora y dé lugar a un desarrollo de la reacción muchísimo mayor que el que tenemos; y por eso a mí me parece que es de una ligereza imperdonable todo lo que haya en ese sentido. [...]

El compañero Trifón ha leído algunas comunicaciones que hemos recibido, En suma, vienen a decirnos: vosotros estáis divorciados de la opinión predominante en la masa que quiere la revolución y, por consiguiente, debéis dejar los puestos. [...]

PASCUAL TOMAS:

Al hacer usted la crítica severa de la actitud en que se están desarrollando las fuerzas socialistas de España y al enjuiciar más severamente aún cómo se aconseja a las masas obreras del país, ha llegado usted a hablar de deshonor en la conducta y en el final de la acción que se pueda desarrollar. Yo, que no sé por qué circunstancias de la vida ocupo un cargo en la comisión Ejecutiva del Partido, me permito decirle que me parece un poco fuerte el que usted suponga que en la línea de conducta que se desarrolla se lleva a conciencia a las masas socialistas al deshonor, abusando de sus esperanza o de su ignorancia.

BESTEIRO:

He dicho que tengo la impresión, sin que lo pueda demostrar, de que los elementos que así proceden no dirigen, sino que son dirigidos, que se dejan de buena fe arrastrar, pero que esa tendencia conduce al deshonor de la clase trabajadora. De manera que la buena fe queda salvada.

PASCUAL TOMAS:

Ya no es cosa de la buena fe, compañero Besteiro. Cuando un hombre de la autoridad y de la responsabilidad de usted hace manifestaciones como las que aquí se han hecho, a nosotros nos queda un camino. No vale ya la buena fe, sino la meditación íntima para poder decirle a usted y a todos que no somos juguetes de nadie, y que si alguien, que no puede haberlo, hiciera del Partido Socialista lo que usted ha dicho aquí, éste ni podría estar en el Partido Socialista ni en la Unión General de Trabajadores. [...]

BESTEIRO:

Yo cada vez estoy más en contra de la agitación de masas. Eso para los demagogos que quieren servirse de ellas, pero para los socialistas hay que llevar el convencimiento a las almas de nuestros militantes. Por consiguiente, sobre todo en los elementos directivos, y los del Partido más que nadie, tienen que poner coto a esa propaganda caótica, destructiva, porque el hecho es que tal como se tiene a la clase trabajadora no hay más salida, sino apoderarse del Poder y gobernar en nombre de la clase trabajadora. Eso se hace con una habilidad extraordinaria. Pero llevar este espíritu caótico a las masas, tal como está el ambiente y la economía y la historia española, yo digo que es conducirlas al desastre. [...]

AMARO ROSAL (propuesta de resolución presentada):

«Ante la situación política actual, el Pleno acuerda la inmediata y urgente organización, de acuerdo con el Partido Socialista, de un movimiento de carácter nacional revolucionario para conquistar el poder político para la clase obrera, aceptando la colaboración de todas aquellas fuerzas que quieran contribuir al movimiento y sean una garantía para nuestros intereses y propósitos. El momento para determinar el movimiento será estimado, de ser posible, por los plenos de Unión General y del Partido Socialista, de no serlo, por sus respectivas Ejecutivas o Comisión Nacional que pudieran haberse constituido por ambos organismos.»

Reunión del 9 de enero de 1934*

DIAZ ALOR:

A los pocos días de estar en el Poder y, por consiguiente, de ocupar el Ministerio de Trabajo el camarada Largo Caballero, coincidimos en el Ministerio unos compañeros, que yo no sé de dónde eran, y una Comisión del Sindicato de Artes Blancas de Madrid, y aquellos compañeros se quejaban y el camarada Caballero les dijo: «¡Ah! pero ustedes no saben que tenemos que acabar con el mito de la República. Ustedes no saben que si yo no hubiera venido aquí, ni esto siquiera tendrían, y que para que se afiance esto tenemos necesidad de continuar en este lugar. Pero qué duda cabe que nosotros tenemos que hacer nuestra revolución, porque ésta no es nuestra revolución». Yo reaccioné y dije: «Pues es verdad». Y desde aquel momento consideré que se debía ir pensando en hacer la revolución. Es muy posible que en algunos sitios de la organización se haya pensado con algo de alegría que esto de la revolución se puede hacer como cuando se celebraron las elecciones, con unas banderas, con las calles llenas de gente. Yo no lo creo así, y como no lo creo así, a mí me ha dolido que en el Pleno pasado el compañero Besteiro, al cual le guardamos todos la consideración que se merece y el respeto del cual es merecedor, pero que si sigue por ese camino con harto dolor, especialmente para mí, tendré que colocarme en ese terreno [sic]. [...]

BESTEIRO:

Se da por ofendido [Díaz Alor] y, además, me amenaza, diciendo: «Y si el compañero Besteiro sigue por ese camino...» Díaz Alor, yo estoy satisfecho del camino y pienso seguir por él sin variar, porque creo que de esta manera sirvo mejor los intereses de nuestras organizaciones. Yo siento esto mucho, porque ello hace pesar sobre mí un peso efectivamente de responsabilidad demasiado grave, pero no me hunde el peso ni me escapo de él. Si como el compañero Díaz Alor, los demás compañeros estiman que yo personalmente soy un obstáculo, no sólo lo dicen y amenazan, sino que me eliminan. Personalmente no me causa ningún perjuicio. Lo sentiría, pero no por mí, porque estoy convencido de que presto un gran servicio al Partido y a la Unión, que van por un camino equivocado y ahora que la cosa es más grave pienso seguir el mismo camino y no me voy; pero si se me elimina, muchas gracias, porque me han quitado un peso de encima. [...]

---

* Op. cit., págs. 15-187.

Reunión del 27 de enero de 1934*

BESTEIRO:

Evidentemente, ése es el centro de la cuestión. Los programas [que se enfrentan: el moderado y el revolucionario] serían más o menos discutibles, pero uno [el moderado] supone un programa de acción continua, según los momentos, como sea necesario; y el otro [el revolucionario] supone un programa para hacer un movimiento, apoderarse del Poder y ejercer dictatorialmente este Poder para encauzar la revolución social. [...]

Nos reunimos al día siguiente Prieto y yo. Yo le leí nuestra propuesta y él me dijo: «Bueno, eso es un programa a desarrollar global, pero no es el programa de acción inmediata, y la cuestión está en que precisamente lo que nosotros queremos es un movimiento inmediato. Un movimiento lo más próximo posible y con la finalidad de asaltar el Poder». Y yo le dije estas mismas palabras: «Bueno, me alegro que digas eso porque si no te lo iba a decir yo. Y voy a hablar contigo de corazón a corazón como hago siempre». Y le dije: «El programa que tú expusiste ayer me parece a mí de temeridad tan grande que si logra el proletariado asaltar el Poder en esas condiciones, llegará a él en una situación, por el esfuerzo que haya tendido que realizar, por los sacrificios que haya tenido que hacer, a la que no ha llegado, asaltando el Poder, ningún Partido revolucionario socialista del mundo, inclusive el ruso, el cual, para ocupar el Poder, encontró, por la relativa situación desgraciada del país, muy grandes facilidades». [...]

Entonces Prieto me empezó a contar las probabilidades que él creía que tendría el movimiento para triunfar por los enlaces que tenían con elementos de fuerza. Y eso yo, naturalmente, no lo voy a reproducir aquí. Él dijo: «Esto es lo que yo sé y en lo que yo he intervenido». [...]

DÍAZ ALOR:

Yo por mi parte digo, porque es así como lo siento, que a mí me produce un verdadero sentimiento el que no se haya podido llegar a un acuerdo y que no podamos actuar completamente unidos. En fin, ni todos los que pensamos de esta manera creemos honradamente estar equivocados, y a ustedes, en el caso contrario, les sucede lo mismo y no hay posibilidad de llegar a un acuerdo.

* Op. cit., págs. 188-197.

A mí me satisface que el Pleno haya agotados todos los procedimientos que ha tenido a su alcance para llegar a este acuerdo, pero como eso no ha podido ser, no queda más que ir a la votación.

BESTEIRO:

Vamos a someter a votación la aceptación del punto de vista del programa de acción del Partido. Los que digan que SÍ votan la posición del Partido [es decir, la opción revolucionaria].

Se realiza la votación con los resultados siguientes: [...]

Han votado que SÍ: 33 representantes de Federaciones.

Han votado NO: 2 representantes de Federaciones y la Comisión Ejecutiva.

Última reunión del Comité Nacional de la UGT presidido por Besteiro (29 de enero de 1934)*

Comentarios de Amaro del Rosal

El Comité Nacional dio por terminados sus trabajos a las diez y media de la noche, dejando constituida la nueva Comisión Ejecutiva. Desde ese momento, los dos órganos ejecutivos, el del Partido Socialista y el de la Unión, quedarían identificados en su política. Largo Caballero pasaría a ocupar la Secretaría general de la UGT para la que había sido designado en el XVII Congreso Nacional de 1932 y de cuyo puesto no se había hecho cargo. Desde este momento tendría la responsabilidad política del Partido, de la Unión, de la minoría parlamentaria y contaría con la adhesión incondicional de las Juventudes Socialistas.

A los pocos días de constituida la nueva Ejecutiva de la UGT, celebróse una reunión [...] en la que participaron, en pleno, las Ejecutivas del PSOE y de la UGT con la asistencia de Santiago Carrillo en representación de las Juventudes Socialistas [...]. Presidió la reunión Largo Caballero, y en ella quedó planteada definitivamente y por unanimidad la necesidad de la organización del movimiento revolucionario. La única posición vacilante, aparentemente, fue la de Fernando de los Ríos. Indalecio Prieto, por el contrario, se mostró en todo momento plenamente, sin ninguna reserva, identificado con el movimiento.

El papel jugado por la masonería en las conspiraciones, en lo que va de siglo, en todos los conflictos y luchas políticas regis-tradas en este largo y conflictivo período, en ningún momento ha sido analizado en su importancia y trascendencia desde el campo del movimiento obrero. En la que se refiere al movimiento de octubre, creemos que nada mejor que reproducir lo que a ese respecto dice Juan Simeón Vidarte, miembro de la Comisión Ejecutiva del Partido Socialista, del Comité Nacional de Enlace Revolucionario y connotado masón, en su libro *El bienio negro y la insurrección de Asturias*:

---

* Op. cit., págs. 200- 204.

> Después de la dimisión de Besteiro, Saborit y Trifón Gómez de sus cargos en la Ejecutiva de la UGT, se tuvo la impresión de que la actuación revolucionaria era inminente, como si aquellos compañeros, y no las circunstancias, fueran los únicos culpables de no haberse implantado ya en España el socialismo.
>
> Bajo esta impresión, en el mes de marzo se reúne el pleno de las dos Ejecutivas, de la UGT y del Partido. Largo Caballero, que presidía, dio cuenta de los adelantos realizados en la organización del movimiento, y nos dijo que todos deberíamos estar preparados para cuando llegase el momento de actuar.
>
> Cuando Amaro Rosal, de la UGT, le preguntó si el movimiento iba a ser netamente socialista o en colaboración con sectores burgueses, Largo Caballero le contestó que sería dirigido exclusivamente por nosotros, y socialista sería también el Gobierno provisional que se nombrara, aunque, después del triunfo, no descartaríamos la colaboración de aquellas personas que en los gobiernos republicano-socialistas habían demostrado simpatía y compenetración con nuestros ideales. [...]

En efecto, resultaba obvia la incompatibilidad de contar con la masonería, formalmente, en serio, para la organización de un movimiento revolucionario de clase que se daba por objetivo la conquista del poder para la clase obrera y desde él ejercer la dictadura del proletariado y marchar hacia el socialismo.

Comentarios de Amaro del Rosal acerca de la organización y objetivos de la revolución socialista y de su insurrección armada*

Organización de las milicias socialistas

La organización de las milicias descansaba en el siguiente esquema: formación de escuadras de diez individuos con un jefe y un subjefe; de secciones, de compañías integradas por diez escuadras con sus jefes respectivos. Un grupo de contingentes se asignaba a uno de los cinco sectores en que estaba dividido Madrid, cada sector tenía su jefe. Fueron éstos: José Laín Entralgo, Fernando de Rosa, Victoriano Marcos, Menoyo y Coello (Mariscal Vinagre). A su vez, estos jefes estaban bajo la dirección del Comité Revolucionario de Madrid y del Comité Nacional de Enlace. ¿Quién ejerció una jefatura superior? Esto nunca fue precisado. En abstracto, parecía que era el equipo dirigente de las Juventudes. [...]

Cada Comité Provincial se responsabilizaba en constituir y controlar los comités locales en los pequeños pueblos y localidades de su radio de acción, siguiendo las normas de carácter general establecidas por el Comité Nacional Revolucionario. [...]

Romper con la República democrático-burguesa. Establecer en su lugar la dictadura del proletariado

Si de lo que se trataba era de recuperar la República para desarrollar la revolución democrático-burguesa, que el régimen republicano o había logrado en sus tres primeros años de existencia, Azaña estaba con el movimiento; pero nosotros propugnábamos y proclamábamos como objetivo la conquista del poder para establecer la dictadura del proletariado. Azaña y los suyos no estaban con este plan, sino que les asustaba. [...]

* Op. cit., págs. 208-244

La adquisición de armas

Como es natural, el problema de la adquisición de armas estaba situado en un primer plano, tanto por su importación como por su delicadeza [sic]. Había dos caminos: el de la importación por procedimientos de contrabando y el de lograrlas en medios nacionales. El de la importación siempre resultaba aventurado. Dado el ambiente nacional en el que la idea del movimiento había calado muy hondo, no sólo en las masa, sino en los propios organismos del Estado, se estimaba que existían posibilidades, que no faltarían medios para la adquisición de armamento y productos químicos en el país. [...]

Este abastecimiento de productos químicos se aseguraba, como es natural, de aquellas zonas mineras de consumo de dinamita, pólvora, fulminantes y demás elementos. [...]

Taller de bombas y manipulación de productos químicos

El Comité Nacional, con el de Madrid, había montado un taller para la fabricación de bombas, de acuerdo con fórmulas facilitadas por un elemento de artillería de los comprometidos en el movimiento. Se instaló el taller en la villa Florencia de la Ciudad Lineal, y estaban «encerrados» en él Gabriel Morón, un dirigente socialista andaluz, de la provincia de Córdoba —Puente Genil—, ex diputado de las Constituyentes y como técnico, un minero asturiano, Cayetano López, el Asturiano, que manipulaba la dinamita con toda familiaridad. Habían logrado un magnífico ritmo de producción. El propio Indalecio Prieto, con otros compañeros, había formado parte de una excursión a la sierra con el objeto de probar la eficacia de las «naranjas», que fue positiva. [...]

La «Primera República de Soviets del Noroeste de España»

(De nuestro enviado especial Federico Goya)

HE AQUÍ EL SOVIET

Ruinas del Instituto de Enseñanza Media de Oviedo

El 4 de octubre, a las doce de la noche se declaró la huelga general revolucionaria en Asturias. El 4 de octubre, a la salida del trabajo los mineros de todo el país se concentraron en los locales de sus agrupaciones, C. N. T., U G T., Partido Comunista, uniformáronse a su manera —camisa roja, brazalete negro—, y bien provistos de armas y cartuchos, salieron a cumplir misiones concretas. La unanimidad en la acción pronto fue absoluta. En la mañana del viernes, Asturias entera pertenecía lo que la literatura burocrática del comité de guerra llamó pomposamente en sus bandos y pasquines: «Primera República de Soviets del Noroeste de España».

El comité de guerra lanzó a su ejército rojo la siguiente consigna: «No beber, no robar, respeto a las vidas y bienes de la población civil.» Existía también otra consigna confidencial: «Ni un hombre uniformado vivo; ejecución sin vacilaciones de las sentencias políticas que emanen del comité.»

Las dos consignas se cumplieron relativamente.

Se volaron casi todos los puestos de la Guardia Civil destacada en pueblecillos; en los mayores, luego de la lucha firme en las calles, la Guardia Civil y los de Asalto hiciéronse fuertes como pudieron en sus cuarteles.

El comité de guerra dividíase en tres ramas: guerra, aprovisionamiento y política. Los tres resortes funcionaron a la perfección.

El de guerra puso en pie de combate, bien disciplinado y armado, un ejército de treinta mil hombres. El de aprovisionamiento tomó las siguientes medidas: incautación de aparatos particulares de radio, gasolina, víveres, ferrocarriles, teléfonos, telégrafos, automóviles y camiones. La población civil, para abastecerse, necesitaba un vale con la autorización y el sello del radio comunista local. Cualquier género de desobediencia se castigaba con pena de muerte.

El comité de política «se incautó» diplomáticamente de médicos, ingenieros y veterinarios sobre todo en la zona minera. Tomó rehenes de las personas más calificadas de la población y ayudó al ramo de guerra en el cumplimiento de algunas ejecuciones. [...]

LA REVOLUCIÓN ES ROJA

Sangre. Mucha sangre. Las fuerzas del Gobierno reaccionaron con gran espíritu. Batiéronse en Gijón, en Oviedo, en Mieres, en Sama, en Campomanes, y luego de una heroica lucha, diezmadas en su mayoría se replegaron a sus cuarteles.

Veamos algunos detalles:

En Gijón, los revolucionarios hiciéronse dueños de la fábrica de armas, coparon unas existencias de treinta y seis mil fusiles y cuatrocientas ametralladoras.

Cometieron toda suerte de desmanes contra las autoridades y sus enemigos políticos. Volaron las cajas de algunos Bancos. Cortaron la luz y el agua. Tomada así por completo la ciudad, construyeron una cintura de trincheras. De allí, a punta de bayoneta, tuvo que sacarlos el Tercio. En Oviedo la cosa fue muy parecida. El Ejército retiróse a sus cuarteles tras unas horas de combate callejero. Los guardias de Asalto y Guardia Civil convirtieron en fortín el edificio del Gobierno. Los revolucionarios volaron también los Bancos. Con unas piezas de obuses que había en Trubia, bombardearon la catedral y algunas casas de gente rica, pero en ningún instante lograron rendir por completo a la población.

En un tiroteo constante, con numerosos muertos y heridos, resistió Oviedo hasta ser libertado por la columna López Ochoa.

En Mieres y en Sama, la matanza fue horrible. Las mujeres de Sama tomaron en la lucha un papel activísimo. Ellas coparon una compañía de guardias de Asalto y la pasaron a cuchillo. Han muerto numerosos sacerdotes. [...]

En Campomanes, un puebluco de doscientas casas, se ve el coche que utilizó la Guardia Civil. Está agujereado a tiros, lleno su interior de tricornios, cartucheras y manchas de sangre. En su carrocería se lee este letrero: «Viva el soviet. Así hace justicia el soviet.»

(*Estampa*, octubre-noviembre 1934; retranscrito)

Las milicias rojas

Milicianos asturianos

LOS «GRUPOS»

Lo primero que se puso en marcha en el nuevo Estado creado por los revolucionarios asturianos fue, naturalmente, el ejército. Las milicias rojas estaban ya preparadas desde algún tiempo antes, con sus jefes nombrados, sus ordenanzas y su disciplina. Al estallar la revolución fue cosa solamente de empuñar las armas y echar a andar. El ejército de la U. H. P. estaba formado.

Dentro de este ejército no había más unidad que el «grupo», compuesto por veinticinco hombres y un jefe. En Oviedo estos jefes de grupo, como vigilaban a la vez varias calles, se llamaron «jefes de barrio» y también «jefes de sector». No había unidad de combate inferior o superior al grupo. Cuando se reunían varios de éstos, formaban una «columna» mandada casi siempre en persona por alguno de los más destacados lideres del movimiento.

EL ARMAMENTO

Los hombres que componían cada grupo llevaban un armamento irregular y variado. Junto a los fusiles con el alza curva, tipo de arma nueva, desconocida para la mayoría del Ejército español, aparecían viejas escopetas de caza, y al lado de los nuevos modelos de cañones, fabricados en Trubia, se veían herrumbrosas pistolas de dos cañones, de mediados del siglo pasado.

Sin embargo, todos los revolucionarios tenían gran fe en sus armas respectivas. Me han contado el caso de un muchacho de diez y ocho años que estaba apostado en una terraza y disparaba sobre los aviones con una escopeta de caza del calibre nueve. Cada vez que un trimotor blindado, que volaba aquel día sobre la ciudad, iniciaba una acrobacia o descendía rápidamente para arrojar víveres o municiones a los defensores del cuartel de Pelayo, el muchacho creyendo que había derribado el aparato, empezaba a gritar:

—¡Le di ¡Le di! ¡Miradlo cómo cae! He sido yo...

LOS DINAMITEROS

Dentro del ejército rojo había como una especie de cuerpo especial: los «grupos de dinamiteros». Estos grupos estaban compuestos por diez hombres y un jefe. Su misión era ir detrás de los primeros grupos de fusileros. No llevaban más arma que una pistola, pero iban materialmente forrados de cartuchos de dinamita, que manejaban expertamente. Estos dinamiteros eran los soldados más valientes de todas las milicias rojas, y, por lo tanto, los más temibles. Todos ellos eran mineros. Arrojaban la dinamita con un desprecio absoluto de sus vidas. En algún pueblo se dio el caso de que uno de estos mineros, para destruir el cuartel de la Guardia Civil, se subiese al tejado del edificio, y, desde allí, empezase a tirar los cartuchos de dinamita.

SIN UNIFORME

Ni estos dinamiteros, ni ningún otro miembro del ejército de la U. H. P. llevaban uniformes ni distintivos. En Trubia, alguno de los «grupos» que ocuparon la fábrica de armas se apoderaron de los cascos de acero que ahora utiliza el Ejército español y los usaron dos o tres días. Pero una vez se tirotearon dos grupos de revolucionarios por haberse confundido mutuamente con soldados del Ejército y abandonaron en seguida los cascos.

DISCIPLINA

Regia las milicias rojas una disciplina severa, pero nada detallista. No había faltas leves. O eran graves, o no eran faltas. Muchas de las graves, casi todas, estaban castigadas con la pena de muerte. Los tribunales para juzgar a los milicianos los formaban tres jefes de grupo y dos miembros del comité revolucionario en cuya localidad estuviesen actuando las milicias. Se ha propagado mucho la noticia de que en los últimos días de la revolución los miembros de las milicias rojas se mataron y se fusilaron entre sí. No lo he podido comprobar.

MILICIANAS

Tanto dentro del ejército rojo como fuera de él, en la lucha irregular de guerrillas y «paqueos», se batieron, al lado de los revolucionarios, bastantes mujeres. Algunas eran todavía unas niñas. Una de éstas, muy conocida en Oviedo por el mote de *la Libertaria*, murió el día 13, a la entrada del Tercio en la capital. La mató un legionario, que me ha contado cómo estuvieron otros dos compañeros suyos y él a punto de sucumbir ante la indomable muchacha.

«Ella estaba a la puerta de la Iglesia de San Pedro con una ametralladora. Nos mató, con intervalo de unos segundos, a dos sargentos. Debía de tirar muy bien... Cuando recibimos la orden de entrar al cuerpo a cuerpo, no quedaban ya en la puerta más que otros dos revolucionarios y ella. Poco después cayeron también los otros dos En este momento, cuando yo, seguido de dos legionarios, había avanzado hasta casi tocarla, y le gritaba: "¡Ríndete!", ella me dio un golpe muy fuerte con una barra de hierro que llevaba en la mano derecha y me derribó. Mis compañeros tropezaron conmigo y cayeron también. Entonces, aunque estaba aturdido por el golpe, vi que ella se había sacado una pistola del pecho. Iba a disparar... Pero yo fui más rápido en disparar la mía, y cayó... Iba toda vestida de rojo, y era muy guapa. Después lo he sentido...»

LA ARTILLERÍA Y LOS TRANSPORTES

Los dos grandes fallos del ejército rojo residieron, desde los primeros momentos, en la artillería y en los transportes. El mismo día que estalló la revolución se encontraron con que no tenían ninguna de las dos cosas. La artillería se la proporcionaron en Trubia. Pero ni sabían manejar bien los cañones, ni tenían espoletas, y fracasaron desde un principio. Los transportes los adquirieron en todas las carreteras y en todos los garajes de Asturias. Hay todavía multitud de coches que conservan las tres letras rojas: U. H. P. o H. P. S., iniciales del nuevo Estado. Uno de los primeros soldados del Ejército español que cayeron en poder de los revolucionarios, José Corpas, del primer regimiento de Artillería pesada, estuvo once días conduciendo uno de estos coches, hasta que las tropas del Gobierno entraron en Trubia.

Tenían muchos coches, pero pocos conductores —me ha dicho—. A mí me obligaron a conducir a la fuerza. Los primeros días me maltrataron, y me dijeron que iba a ser fusilado de un momento a otro. Eran unos energúmenos... Yo hice muchos viajes, conduciendo un camión de Trubia a Grado y viceversa. No me dejaban hablar. «No hables, no hables nada —me decían—; tú eres un espía»...

(*Estampa*, octubre-noviembre 1934; retranscrito)

¿Por qué han incendiado la universidad de Oviedo?

Era el domingo 7 de octubre último. Un grupo de soldados del 3 ocupaban los balcones de las oficinas de Telégrafos. Cuatro números de Carabineros asomaban las bocas de sus fusibles por la ventana de la Telefónica. Entre ambos edificios está enclavado el de la Universidad.

Las diez de la mañana.

—¡Los mineros han llegado al barrio de San Lázaro!

—¿Y las tropas?

—Son pocas y se repliegan defendiéndose.

Se oyen las detonaciones de la dinamita y los estampidos de las bombas a menos de un kilómetro de distancia. También funcionan las ametralladoras.

Las diez y media.

—Los mineros se acercan. Están ya a la entrada de la calle de la Magdalena.

—¿Son muchos?

—Unos cuantos miles. Porque, además, se les han unido muchos centenares de los pueblecitos próximos a Oviedo

—¿Traen municiones?

—Varios camiones llenos.

Las once de la mañana.

Un capitán retirado se acerca a un sargento que mandaba la pequeña patrulla de los soldados que ocupaban Telégrafos.

—Oiga, sargento: soy capitán retirado, y he peleado cuatro años en África. Parece que los mineros están muy próximos al Ayuntamiento. Tome usted la torreta de la universidad y será usted el amo de esta plaza de Riego y calles colindantes.

—No tengo orden de hacerlo.

—Muy bien; era un consejo.

Las doce.

—Los mineros han entrado en la plaza del Ayuntamiento y se han apoderado de la Casa municipal. En el salón de sesiones se ha instalado el comité revolucionario.

A la una de la tarde irrumpía la horda por la plaza de Riego. Fueron detenidos algunos de los soldados que ocupaban las oficinas de Telégrafos. Los rebeldes avanzaron por la plaza; en medio de un fuego graneado, vieron abierto el portalón de la Universidad, cuyo edificio estaba en reparación, se colaron en el interior y, dos minutos más tarde, se asomaban por los huecos de la torreta.

Desde ella dominaban el Banco Asturiano, ocupado por tropas leales, y el edificio de la Telefónica, defendido bravamente por los cuatro carabineros; desde ella mataron a los cuatro soldados, luego de cuatro días de lucha desesperada, y desde ella, en fin, incendiaron el Banco, con toda su magnífica manzana de casas. ¡Triste destino el de la torreta vigilante que, durante tres siglos y medio protegió la paz de la cátedra!

Dueños los rebeldes del edificio universitario, instalaron en él un cuaterlillo. A veces, salían al patio enrejado, vivaqueaban tranquilamente y abrían las latas de conservas que les llevaban los camaradas de turno. Por la noche se sentaban en el suelo, recostados sobre los muros, fusil en mano, y apoyaban la cabeza sobre los brazos tensos. Al filo del amanecer comenzaba el tronar de la fusilería. Y así, un día y otro.

A las diez de la mañana del sábado día 13 llegó a la puerta de la universidad un camión conducido por rebeldes. Estos extrajeron tres ametralladoras y un buen número de cajas de

El patio de la universidad de Oviedo después de haber sido incendiada

dinamita de veinticinco kilogramos cada una. Todo ello pasó al interior. Transcurrió una hora larga. Luego se vio que sacaban las ametralladoras, que las devolvían al camión, y que éste salía disparado por la calle de Los Pozos. Por último, a las dos de la tarde un grupo de cincuenta o sesenta revolucionarios que eran los que estaban guarecidos en los claustros y torreta, salieron a la plaza de Riego y huyeron precipitadamente hacia el Ayuntamiento.

Los que presenciábamos la maniobra desde nuestro Hospital de Sangre, sito en la misma plaza de Riego, nos mirábamos perplejos, sin adivinar la palabra del enigma. Ignorábamos que las tropas leales estaban en las afueras de la ciudad y que entre los rebeldes se había dado el grito de dispersión. Por lo demás, pronto vimos claro. Asomados a un balcón observamos que entre las tejas de la Universidad asomaban unas volutas de humo negruzco correspondientes a los locales de Secretaría.

—¡Fuego en la Universidad!...

Los rebeldes quisieron cobrarse de su fracaso. El humo se intensificaba por momentos y, de pronto, un estampido brutal que arrojó un centenar de tejas al espacio nos dijo que acababa de explotar una caja de dinamita. Abrióse un boquete en el tejado, se estableció inmediatamente una corriente de tiro y pronto una gran llamarada coronó el edificio. Al mismo tiempo, apareció otra lengua de fuego en la pared este, y más tarde, en la esquina de la calle de Tartiere. La Universidad ardía por tres sitios a la vez.

Luego otra explosión y otra, hasta diez, probaron que las cajas de dinamita habían sido distribuidas estratégicamente por todo el inmueble para que no se salvara un libro, un papel, ni siquiera una teja.

A medianoche, toda la Universidad era una antorcha que iluminaba la ciudad.

A la mañana siguiente, libertada la ciudad de rebeldes, corrimos hacía los claustros. ¡Nada!

Los doscientos mil volúmenes de su biblioteca, los diez y ocho mil de la de Derecho, el Museo de Historia Natural, los laboratorios de Química, el Instituto del Carbón, todo convertido en pavesas, delataba «cuanta fue su grandeza y es su estrago». La estatua, intacta, de Fernando de Valdés, creador de la Universidad en el siglo XVI, contemplaba el informe montón de ruinas.

Entré en el paraninfo, donde tantas veces sonó la voz de Estrada, Barrio y Mier, Aramburu, Buylla, Canella, Melquíades Alvarez, Altamira, Posada, Sela, Rey Pastor; allí donde nació la Extensión Universitaria en beneficio de los obreros, donde se dieron cursos gratuitos y se hicieron lecturas comentadas y se repartieron millares de libros por la provincia... ¡Cuatro paredes humeantes desmoronándose, bajo el peso del dolor! Entré en la cátedra de *Clarín*, donde alumnos reverenciosos habían puesto una placa recordatoria y el retrato del maestro... En los muros desnudos y calcinados se había borrado todo recuerdo.

Pero ¿qué sentido revolucionario ha podido tener el incendio de la Universidad?

Unamuno, Ortega y Gasset, Ors, Baeza, Grau, Fernando de los Ríos, Valle Inclán, *Azorín*, pensadores y poetas, maestros todos que habéis profesado en nuestros Ateneos populares de Asturias, ¿qué contestación tiene esa pregunta? Porque nosotros los que estamos aquí, francamente no la vemos.

A. J. ONIEVA

(*Estampa*, octubre-noviembre 1934; retranscrito)

Nueve días en un hospital de Oviedo entre los sublevados

Para escapar a las iras de los revolucionarios que le perseguían, el vecino de Oviedo que ha escrito el artículo que publicamos se disfrazó de enfermero, y, audazmente, se fue a ofrecer sus servicios a uno de los hospitales de sangre instalado por los mismos insurrectos. Este ardid le salvó la vida y le permitió observar de cerca las costumbres y la psicología de los mineros sublevados.

En las interesantísimas cuartillas que damos a continuación cuenta sus impresiones. Atendiendo sus deseos, omitimos su nombre pero, desde luego, respondemos de la autenticidad de su relato.

* * *

Estado de una calle de Oviedo después de los combates

Una noche de los últimos días de septiembre se acercaba cautelosamente una vapora hacia la playa del Aguilar, cerca de San Esteban de Pravia. Un grupo de sujetos, con tres camiones, esperaban con unas lanchonas para acercarse a la vapora y traer a la playa el cargamento.

Pero el mar estaba picado y entonces resolvió la vapora penetrar por el puerto de San Esteban de Pravia, hacia la ría donde le seguía fácil la maniobra. Los camiones se prepararon para el descargue y todo hubiera salido de rositas si unos carabineros no hubiesen advertido oportunamente el extraño movimiento de gente y lanchas.

Llegaron al lugar donde estaban los individuos; unos huyeron y otros fueron apresados. Debajo del puente de San Esteban habían descargado gran número de cajas, que contenían unos doscientos mil cartuchos de máuser.

El barco contrabandista era el *Turquesa*. Y aquel era el octavo viaje que hacía a Asturias, conduciendo fusiles, ametralladoras y cartuchería.

Inmediatamente adquirimos todos el convencimiento de que en la futura y próxima revolución, Asturias había de jugar un gran papel. Los dirigentes eran socialistas y contaban con la adhesión de cuarenta mil mineros, dispuestos a hacer de España la segunda edición de la U.R.S.S.

Pero hacía falta una consigna para lanzarse todos al movimiento. ¿Cuál?

Sencillamente: la entrada en el Gobierno de ministros pertenecientes a la CEDA. Al día siguiente de publicarse los pasquines con la lista del nuevo Gobierno, todo el mundo extremista debía lanzarse a la calle.

¿Armas? En Asturias las había infinitas. Los haces de maíces no eran tales, eran fusiles máuser. Las facinas de heno no eran tales facinas: eran depósitos de municiones. Los socavones de las minas agotadas o abandonadas eran verdaderas santabárbaras. Si en Asturias llegan a estallar de una sola vez todos los explosivos soterrados, de la provincia no hubiera quedado sino el nombre.

El viernes, día 5, se desencadenó la rebeldía en la cuenca minera, especialmente en los valles de Mieres y Langreo. La Guardia Civil y de Asalto luchó bravamente, pero, ante el número de rebeldes, tenía forzosamente que sucumbir. Allí no quedó guardia para contarlo. Ni cura, ni fraile. Todos fueron ametrallados. Inmediatamente se izó la bandera roja en las Casas municipales y se implantó el comunismo libertario.

Dueños los rebeldes de la situación, se impuso un solo grito: ¡Todos contra Oviedo! [...]

(*Estampa*, octubre-noviembre 1934; retranscrito)

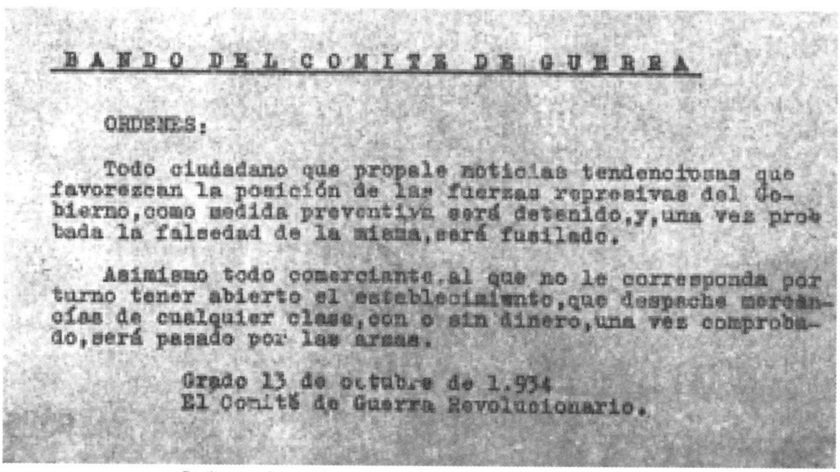

BANDO DEL COMITE DE GUERRA

ORDENES:

Todo ciudadano que propale noticias tendenciosas que favorezcan la posición de las fuerzas represivas del Gobierno, como medida preventiva será detenido, y, una vez probada la falsedad de la misma, será fusilado.

Asimismo todo comerciante, al que no le corresponda por turno tener abierto el establecimiento, que despache mercancías de cualquier clase, con o sin dinero, una vez comprobado, será pasado por las armas.

Grado 13 de octubre de 1.934
El Comité de Guerra Revolucionario.

Serán pasados por las armas quienes difundan «falsas noticias» y quienes abran sus comercios a horas indebidas

La economía en la U.H.P.

En la nueva República socialista, la Economía alcanzó un desarrollo tan rápido y tan brillante, que a estas horas infinidad de comerciantes de Asturias están arruinados. He encontrado en Oviedo a uno de éstos que tiene vales por valor de treinta mil pesetas, y en Trubia, en Mieres, en Sama, en Grado, los he visto mesarse los cabellos, llenos de desesperación, mientras clamaban:

—¡No me dejaron nada! ¡Estoy perdido para siempre! ¡Canallas, canallas!...

Al principio de la revolución, los vales no se prodigaron. Todavía circulaba el dinero, y los primeros comités concedieron vales solamente para adquirir los artículos indispensables. De esta fecha son los más pintorescos: «Vale por un par de calcetines», «Vale por una camiseta fuerte», «Vale por seis velas», «Vale por dos kilos de pan»... Pero después, abolida de una manera terminante la circulación monetaria, la emisión de vales se incrementó extraordinariamente. Entonces es cuando se lanzaron esos otros vales «por una bicicleta», «por un automóvil», «por dos frascos de colonia». En algunos de los comités, en el de Mieres, por ejemplo, existía una «comisión de abastos» y un jefe de negociado, que extendía, comprobaba y firmaba el documento. En La Felguera he llegado a encontrar un «Vale por una casa». Después ya fue el caos. Los comerciantes se negaban tenazmente a abrir las puertas de sus establecimientos, y cuando lo hicieron, ante las amenazas y los bandos conminatorios, no quisieron admitir las nuevas y copiosas emisiones de vales.

—Es igual; de todos modos nadie nos va a pagar los vales. Llevaos lo que queráis...

En algunos sitios se aprovecharon bien de esto.

—Hasta el champaña de la Viuda se me bebieron —me aseguró un comerciante de Oviedo.

En Grado hubo un sastre que se negó rotundamente a abrir.

—Prefiero que me maten... —dijo.

Pero no le sirvió de nada su gesto. Violentaron las puertas y saquearon el comercio.

—Se llevaron lo mejor —me decía ese mismo sastre—: camisas de seda, corbatas y calcetines de seda, piezas enteras de paño inglés...

En esta sastrería no dejaron ni las prendas que estaban a medio hacer, hilvanadas, y los que se las pusieron las iban perdiendo por la calle: una manga, otra, un bolsillo...

En Mieres, que fue uno de los pueblos donde se vivió en absoluto régimen comunista, el comité revolucionario, y dentro de este comité, la «comisión de abastos», lanzó las «libretas de consumo». Estas libretas se entregaron a los cabezas de familia, a cuyos nombres estaban extendidas, y figuraba en ellas la asignación diaria que la comisión de abastos había concedido: tres pesetas diarias a cada matrimonio, y cincuenta céntimos más por cada hijo o miembro de la familia.

Cada mañana los vecinos de Mieres hacían cola, con sus libretas en la mano, a la puerta del Ayuntamiento, donde estaba instalado el comité revolucionario, y recibían los vales correspondientes a la asignación que tuviese cada cual en su libreta. El dinero no circulaba en absoluto, y así, las familias muy numerosas que tuvieron que vivir solamente de los alimentos conseguidos por medio de las libretas, pasaron un hambre terrible hasta la llegada de las tropas.

Cuando alguien se quejó al comité de la insuficiencia de la asignación diaria, recibió esta respuesta:

—Estamos haciendo la revolución, y hay que sacrificarse un poco.

(*Estampa*, octubre-noviembre 1934; retranscrito)

Cataluña: Diez horas de revolución

(De nuestro enviado especial Juan Puente)

Las tropas situadas delante de la Generalitat *después de la rendición de ésta*

CINCO REVOLUCIONES EN UNA NOCHE

Mejor que una revolución en Granollers se hicieron, durante la noche del 6 al 7 de octubre, cinco revoluciones. Algo parecido ocurrió en otros muchos pueblos, pero indudablemente Granollers batió el *record* de revoluciones en menos tiempo.

El comité revolucionario se apoderaba a las nueve de la noche de las Casas Consistoriales y hacia ondear en el balcón principal la bandera de la estrella solitaria. Poco después entraban los comunistas y desalojaban el local, substituyendo en el balcón la bandera estrellada roja. No bien se había realizado este segundo cambio, otro grupo de comunistas, los libertarios, tomaban asiento en el salón de sesiones y aseguraban que ellos, nada más, eran los dueños de la situación y del Ayuntamiento, naturalmente.

Poco —todas las glorias son efímeras— duró el gozo de los comunistas libertarios. El grupo que en Granollers constituía el Partido Socialista les expulsó del Consistorio y se proclamó responsable de lo que allí ocurriese. Los cinco grupos se las tenían entre sí. Los disparos sonaban en todas direcciones, y nadie sabia exactamente contra quién tiraba. Cuando dos vecinos se encontraban frente a frente, antes de romper las hostilidades, se preguntaban:

—Tú, ¿de cuál eres?

Tampoco fue duradera la segunda recalada de los del Estat Català. Un afiliado, que hasta entonces estuvo metido en su casa escuchando la radio, al enterarse de la rendición de la Generalidad, creyó llegado el momento de intervenir, y bajó a la plaza dirigiéndose a los del Ayuntamiento:

—*No tireu!* La Generalidad ha capitulado.

Desde el balcón, los catalanistas, dirigiéndose a los de los partidos de clases, que dominaban la calle les decían por el voceador:

—*Feu-fi el paquet.*

Y el pobre hombre, asustado, no hacia más que repetir:

—*¡Serenitat!¡ Serenitat!*

EL CRISTO QUE NO ARDIÓ

Villafranca del Panadés, una de las poblaciones del llano tarraconense, fue teatro de sangrientos sucesos. Pero Villafranca ha visto caer destruida en la revuelta su basílica de Santa María y ha visto huir, llenas de espanto, durante la noche, a las hermanas carmelitas descalzas, que tenían su convento junto a la magnífica iglesia.

Todo fue destrozado y saqueado. La nave de la basílica quedó solo en pie como testigo eterno de lo acaecido. Tres siglos de existencia contaban la iglesia y el convento, durante los cuales se habían almacenado en ellos multitud de obras de arte y objetos para el culto, y todo lo destruyó el fuego, todo, incluso las humildes celdas de las monjitas que quedaron reducidas a un montón de escombros. Ellas, con un «Ave María Purísima» en los labios, se refugiaron en casa de los vecinos piadosos, mientras iglesia y convento eran una viva llama.

La imagen de Cristo Crucificado, tan venerado en Villafranca del Panadés, cayó de su altar. Pero la talla, que representaba al Redentor, no ardió. Cuando al día siguiente pudo entrarse en la gran nave de la basílica, entre las cenizas, destacaba la forma pálida e incólume de Cristo crucificado.

LA REVOLUCIÓN, EN UNA FONDA DE SABADELL

El propietario de una fonda de Sabadell, que se encontraba en Barcelona, consiguió del «Generalísimo» Dencás un permiso especial para trasladarse con su auto a Sabadell, donde llegó a medianoche después de haberse visto obligado a mostrar el documento doce o catorce veces durante el trayecto.

La fonda de sus amores la encontró ocupada por unos cuarenta miembros del comité revolucionario.

—¡Por fin! —fue el saludo con que le recibieron—. Ya era hora. Estamos muertos de hambre. Pronto; prepare cena para todos. Y tenga, cobre por adelantado.

Esto diciendo, le alargaron un papel, en el que podía leerse:

«*Val per quranta sopars. —El Comité*»

—Pero ¿esto qué es?— preguntó alarmado el fondista.

—*Això son calers* —le respondieron—. *Nosaltres no demanen caritat.*

Guisó el fondista para los cuarenta miembros del comité, y en la preparación de la cena vio agotarse sus fuerzas, además de las existencias que había conseguido almacenar en la despensa. [...]

TRES BANDERAS

La huelga iniciada el jueves en Villanueva fue intensificándose el viernes, produciéndose a la una de la madrugada un vivo tiroteo y estallando varias bombas, que sembraron el pánico entre los vecinos

Un grupo numeroso asaltó el Centro Automovilista, adherido a la Lliga, y después de saquearlo, arrojó los muebles a la calle, prendiéndolos fuego. Entraron también en algunas iglesias y las rociaron de bencina, con ánimo de incendiarias, lo que no consiguieron del todo.

El sábado quedó paralizada por completo la vida en la industriosa ciudad. Y a mediodía los revolucionarios, armados de *winchesters* y pistolas ametralladoras, se presentaron en el Ayuntamiento y proclamaron el Estat Català. Pero entre los revolucionarios se produjo tan acalorada disputa acerca de cuál debía de ser la bandera que se izase en el balcón, que estuvieron a punto de matarse unos a otros. Finalmente, se pusieron de acuerdo, y en el balcón principal ondeó la bandera con la estrella solitaria, y en la cumbre del edificio se colocaron otras dos banderas: la roja de los socialistas y la roja de los comunistas

DOS SACERDOTES ROCIADOS DE GASOLINA

En San Vicente de Castellet, lo mismo que en Sampedor y en Fonollosa, los *rabassaires* armados se apoderaron de los Ayuntamientos, sembrando el pánico entre el vecindario.

Pero en San Vicente, la noche del día 6, se apoderaron del cura párroco y del vicario de la parroquia, trasladándolos a la iglesia. Al grito de «*Us ferem a bocins!*» los rociaron con bencina y colocándolos frente al altar mayor cerraron las puertas y empezaron a prender fuego al edificio.

En la calle, uno de los revolucionarios reconvino a los otros por el acto vandálico, recordándoles su promesa de no cometer ningún crimen. Emocionados por el discurso, sofocaron rápidamente el fuego, salvando a los sacerdotes de morir abrasados.

EN TARRASA SUELTAN A LOS PRESOS

El paro general dio comienzo en Tarrasa a las diez de la noche del día 5. Por orden de la Alcaldía fueron requisados los automóviles particulares, con los cuales grupos de jóvenes armados recorrieron la ciudad. La Guardia Civil se retiró de las carreteras por haber recibido órdenes de acuartelamiento. Los Ferrocarriles del Norte dejaron de circular, y en la iglesia parroquial se obligó a suspender la función religiosa.

La sirena instalada en el Ayuntamiento que es utilizada para las señales de la alarma en casos de incendio sonó a las ocho y media de la noche del día 6, como si ésa fuera la consigna. Los revolucionarios se apoderaron de todos los edificios públicos y de las centrales eléctricas. A las seis de la madrugada las noticias que dio la radio sobre la capitulación de la Generalidad produjeron enorme confusión entre la gente armada, que se dispersó rápidamente. Fue abandonado el Ayuntamiento por los que lo ocupaban, y minutos después penetraron en él los anarquistas, registrando las dependencias y llevándose las armas y municiones que encontraron. Enseguida se dirigieron a la cárcel, la abrieron y pusieron en libertad a los presos.

«UNOS BANDOLEROS MUY SIMPÁTICOS»

La estación del ferrocarril de Lérida quedó en poder de los revolucionarios el viernes, de madrugada. En una de las vías se hallaba parado un tren de mercancías. A los empleados y al maquinista se les hizo descender del convoy y uno de los revolucionarios puso en marcha la máquina, se arrojó de ella, y el tren, sin conductor, fue a descarrilar sobre el puente del Segre, quedando destrozados treinta y cinco vagones.

El día 6, por la tarde, fue asaltada la radio, lanzando por ella noticias tendenciosas del movimiento revolucionario en España. Para que las autoridades no pudiesen hacer uso del micrófono, inutilizaron la emisora.

Unos turistas ingleses, para poder proseguir su excursión, fueron provistos por los mismos revolucionarios de unos brazaletes rojos. Los turistas, que en un principio habían dado muestras de la natural alarma, decían después en el hotel que los revolucionarios españoles «eran unos bandoleros muy simpáticos».

(*Estampa*, octubre-noviembre 1934; retranscrito)

La Puerta del Sol despejada por la policía

Huelga en Madrid

PRÓLOGO

La pasada huelga revolucionaria —como todos los sucesos trágicos de la vida— tiene también su parte cómica, su faceta pintoresca, que aclara un poco los tintes negros del melodrama. En las sombras, ignorados del espectador —el ciudadano pacífico en este caso—, el ingenio y la acometividad de defensores del orden y rebeldes, se enfrentan a menudo con caracteres que harían reír, si tras ellos no hubiese una posibilidad siniestra. Después de la carcajada puede sonar el disparo de la pistola o el estampido de un petardo.

El disfraz, la añagaza, la estratagema se emplearon ahora profundamente por los revolucionarios. Fracasaron, a veces, las más. Triunfaron otras... Al fin, la rebelión fue vencida. Pero hemos querido que el lector conozca algo de «los secretos de la revolución», de la trama de la huelga. Y le referimos noticias anecdóticas, avaladas unas por el marchamo oficial, logradas otras por nuestros reporteros. [...]

EL 27 DE SEPTIEMBRE DEL AÑO 2004 SE
TERMINÓ DE IMPRIMIR LA PRIMERA
EDICIÓN DE ESTE LIBRO EN LOS
TALLERES DE NOVAGRÁFIK
Y G2B, IMPRESORES EN
LA CIUDAD DE
BARCELONA
Ω